宁波工程学院学术专著出版基金资助出版

中国经济问题的实证研究
——基于开放经济效率视角

Empirical study of China's economic problems
——Based on the perspective of open economic efficiency

聂红隆　著

人民日报出版社
北　京

图书在版编目（CIP）数据

中国经济问题的实证研究：基于开放经济效率视角/
聂红隆著. --北京：人民日报出版社，2021.12

ISBN 978-7-5115-6934-9

Ⅰ.①中… Ⅱ.①聂… Ⅲ.①中国经济—研究 Ⅳ.
①F12

中国版本图书馆 CIP 数据核字（2021）第 249071 号

书　　名	：	中国经济问题的实证研究——基于开放经济效率视角
作　　者	：	聂红隆

出 版 人	：	刘华新
责任编辑	：	孙　祺
封面设计	：	贝壳学术

出版发行 **人民日报**出版社

社　　址	：	北京金台西路 2 号
邮政编码	：	100733
发行热线	：	（010）65369509　65369512　65363531　65363528
邮购热线	：	（010）65369530　65363527
编辑热线	：	（010）65369518
网　　址	：	www.peopledailypress.com
经　　销	：	新华书店
印　　刷	：	天津和萱印刷有限公司

开　　本	：	710mm×1000mm　　1/16
字　　数	：	353 千字
印　　张	：	17
版　　次	：	2022 年 3 月第 1 版
印　　次	：	2022 年 3 月第 1 次印刷

书　　号	：	ISBN 978-7-5115-6934-9
定　　价	：	90.00 元

|前　言|

从开放经济效率视角对国家经济和科技等各领域存在的产出与投入是否相匹配的现象进行解答是中国经济研究的一大主题。中国改革开放经历了 40 多年波澜壮阔的发展历程，对我国经济社会发展的巨大推动作用已经被历史证明。在 40 多年历史发展进程中，中国不断深化改革，扩大对外开放，推动和深化进出口贸易、吸引外资投资，经济规模和贸易规模快速扩张，同时中国也加快国内企业和资本走出去参与国际竞争和合作，提高国际竞争力，经济开放度不断提高。对外开放不仅实现了中国经济的快速发展，使中国的经济规模跃居世界第二并且仍然在继续快速增长，同时也促使中国经济发展不断进行结构优化升级，结构调整和经济发展效率稳步提升。在改革开放的引领下，国民经济无论整体发展规模还是产业发展结构以及经济发展效率均取得了巨大进步，在世界各国经济发展中独树一帜，成为世界经济增长的重要引擎，创造了中国经济发展的奇迹，国家综合国力跃居世界前列，十四亿人民的生活水平得到显著的提高。因此，对外开放在中国特色社会主义经济发展中扮演着十分重要的角色和作用。我国作为世界上最大的发展中国家以及全球重要的进出口贸易大国，在对外开放中实现国内经济的高质量发展，无论是对于国内自身经济发展还是对于全球经济增长都具有十分重要的意义。基于此，本书从开放经济效率视角研究宏观经济运行效率、金融与资本市场效率、企业与产业经济效率（尤其是高技术产业经济效率）以及贸易效率与贸易潜力等问题是非常必要的。从这些方面衡量经济高质量发展并进行理论和实证分析，有助于为提升中国经济发展质量与效率提供一些借鉴，从而为构建我国高质量发展的现代化经济体系提供理论和现实依据。

本书采用文献研究法，理论研究与实证分析相结合、定量与定性研究相结合和多学科交叉融合研究相结合的方法。主要运用经济效率研究常用的数据包络分析模型（Data envelope analysis model，以下简称 DEA 模型）、随机前沿模型（Stochastic frontier model，以下简称 SFA 模型）、全要素生产率（Total factor productivity，简称 TFP）和马姆奎斯特（Malmquist）指数等数量经济理论与方法，从开放经济效率视角对中国宏观经济增长与运行、财税政策效率、金融与资本市场、企业与产业经济、投资与贸易等诸多问题进行专题实证研究，并提出有利于经济效率与生产效率提升的对策建议。全书共分为五章：第1章为经济效率理论与测度方法；第2章为宏观经济运行效率研究；第3章为金融与资本市场效率研究；第4章为企业与产业经济效率研究；第5章为贸易效率与贸易潜力研究。本书的研究视角、研究方法和研究内容具有一定的理论和实践意义。

本书借鉴了众多学者的相关研究方法、假设和理论模型，书中引用的很多数据资料是一些课题组成员的辛勤劳动成果，在此一并表示感谢！本书的出版还要感谢宁波工程学院学术专著出版基金资助及宁波市江北区慈城镇人民政府课题费（1020030200006）资助。

囿于时间和水平，本书难免存在一些不当或错讹之处，敬请广大专家读者批评指正。

作　者
2021 年 10 月

| 目 录 |

第1章　经济效率理论与测度方法

经过改革开放 40 多年来的飞速发展，我国经济已经从高速增长转向了高质量发展，当前社会的主要矛盾也转化为人民日益增长的美好生活需要和不平衡不充分的发展之间的矛盾。中国经济发展仍然处于新旧动能转换的关键时期，扩大改革开放促进了经济效率的提升，迫切需要整合经济资源，加速生产要素流动，探索制度创新，推动经济结构优化升级，以助力中国经济高质量发展。政府通过扶持创新、优化资源配置、发展网络经济影响全要素生产率，对经济效率的提升形成支撑力。

1.1　经济效率理论研究综述

在不同的时间，经济学家解释效率的概念有不同的分析方式和不同的理解过程。萨缪尔森和诺德豪斯（Samuelson & Nordhaus，2014）在《经济学》一书中将经济效率定义为"经济效率是经济在不减少一种物品生产的情况下，就不能增加另一种物品的生产时，经济的运行便是有效率的，有效率的经济位于其生产可能性边界上"。中国经济学家樊刚（1990）认为经济效率一般地称为资源的利用效率，是社会利用现有资源进行生产所提供的效用满足的程度。梁小民（2004）认为"经济效率是成本与收益之间的关系，当成本既定收益最大或成本最小时，才实现了经济效率。利润最大化就是要在技术效率的基础上实现经济效率"。经济学上所说的效率，主要是指帕累托效率（Pareto Efficiency）。它是意大利经济学家和社会学家帕累托（Pareto，1906）在其 1906 年出版的《政治经济学教程》中提出的。谢泼德（Shephard，1970）、法雷尔和普雷蒙特（Farrell & Primont，1995）提出投入距离函数和产出距离函数计算的技术效率、配置效率和总体效率。科埃利和拉奥（Coelli & Rao，2005）提出配置效率和技术效率可以联合提供一个全面经济效率测度。在经济学中，效率不仅是从投入和产出的角度来考虑，还更多地考虑了时间对经济发展的影响，经济效率是从影响效率的基本因素——资源配置、技术进步、规模经济及生产管理入手，分析研究这些资源的配置效率、技术效率、生产效率及规模效率等，这种研究既说明经济效率变动的原因，又能寻找提高经济效率的途径。经济效率的高低，是通过经济剩余来判断的，有效率的社会，其社会福利达到最大化。其实质是要最大限度地发挥人的经济行为，即最大限度地提高收入或降低成本。

本书从古典经济理论经济效率思想、新古典经济增长理论的经济效率思想和现代经济理论的经济效率思想不同阶段的理解和发展谈起，建立不同历史阶段较完整的经济效率系统。

1.1.1　古典经济理论的经济效率思想

古典经济学理论的代表人物亚当·斯密（Adam Smith，1776）和大卫·李嘉图（David Ricardo，1817）都力图弄清促进新兴资本主义财富增长和决定经济生产率增长的因素。

亚当·斯密在1776年出版的《国民财富的性质与原因的研究》一书中认为要促进经济增长，可以有效提高劳动生产率的劳动分工，他突破了将单一产业作为研究对象的局限性，将各个产业部门都纳入资本和劳动力研究领域。根据亚当·斯密关于决定和影响经济增长主要因素的分析，可以用一个简单的模型来概括这些因素与国民财富增长的关系。

大卫·李嘉图对经济生产率增长问题的研究承袭了亚当·斯密的基本思路。被马克思称为"古典经济学的完成者"，他将亚当·斯密的经济理论发展到了极致，在著名的《政治经济学及赋税原理》一书中将研究对象从亚当·斯密的国民财富拓展到了国民财富的分配，提出了在当时具有创新性的资本理论。不过大卫·李嘉图将考虑的重点放在工资、利润和地租的相互关系对经济生产率增长的影响上。他在1821年试图证明利润增长促进资本积累和资本积累的生产力，促进发展。他还认为物化劳动只参加产品的形成过程和价值转移，却不创造任何新价值，只有劳动者的活劳动才创造新价值。

古典经济学的另一位代表人物是威廉·配第（William Petty），威廉·配第在《赋税论》（1662）中提出了"土地是财富之母，劳动是财富之父"，由于商品价值的大小来源于生产货物所需的劳动力数量，他归因于商品价值的劳动。他认为，劳动生产率的提高是促进一个国家的财富增长的最重要因素。他承认，提高劳动生产率，生产成本将降低，利润将上升。发明和创造财富还将成倍增加科学和技术活动，国家必须重视教育和技术人才的选拔。威廉·配第把资本、劳动力、技术引入分析，运用变动的相对要素价格和生产率，从而可以改变生产过程投入要素的组合比例，同时模型假定的技术进步是一个固定的常数。

综上所述，在这一时期，古典经济学家的代表人物已经意识到了投入要素对经济增长的决定作用，比如劳动投入和资本积累对拉动经济增长效率所起的作用，同时也意识到提高单要素生产率对经济增长的好处。

1.1.2 新古典经济增长理论的经济效率思想

新古典经济学代表人物哈罗德和多马（R. F. Harrod & E. D. Domar），索洛（R. Solow, 1957）等学者的经济增长理论的经济效率思想阐述如下。

1. 哈罗德–多马（Harrod-Domar）

英国经济学家哈罗德（1938）发表的《动态理论》考察了国民收入和就业稳定均衡增长的条件。美国经济学家多马（1946）发表的《资本扩大、增长率和就业》提出了与哈罗德类似的理论。两位学者合起来的模型被认为是现代经济增长和效率理论的基石。哈罗德–多马模型（Harrod-Domar model）的基本假设：

（1）假定生产要素是按固定比例组合的，即技术系数是固定的。

（2）假定资本产出比率是固定不变的。

用 K 代表资本存量，Y 代表按照不变价格计算国民的产出，哈罗德–多马经济增长模型用公式表示如下：

$$G_w = \frac{S}{K} = \frac{S/Y}{K/Y} = \frac{s}{v} = s\sigma \qquad (1-1)$$

这里，s 表示储蓄倾向，v 表示资本产出比率，σ 表示资本产出比率的倒数。哈罗德将该式表示的经济增长效率 G_w 称为"有保障的增长率（合意的增长率）"。如果 s 和 v 已定，那经济按照这个比率增长，储蓄会全部转化为投资。如果经济的实际增长偏离了上述有保证的增长率，它能否自动回到这个增长率上，这就是所谓的经济增长的稳定性问题。哈罗德认为，有保证的增长效率是极其不稳定的。

2. 索洛（Solow）

美国经济学家罗伯特·索洛等人在发表的《技术进步和总量生产函数》一文中建立了索洛模型。索洛在分析经济增长的过程中采用了一种连续性生产函数，索洛的长期增长模型打破了一直为人们所奉行的"资本积累是经济增长的最主要的因素"的理论，认为长期经济增长除了要有资本以外，更重要的是靠技术的进步、教育和训练水平的提高。并假设技术进步是希克斯中性的，根据这种假设，经济的总量生产函数可以写成如下形式：

$$Q = A(t)f(K, L) \qquad (1-2)$$

其中，Q 代表产出；$A(t)$ 为技术进步因子，它表示技术随着时间 t 的推移而不断进步；K 和 L 分别表示表示资本投入和劳动投入。经济增长效率写成如下形式：

$$\frac{dQ}{Q} = \frac{dA}{A} + \frac{\partial f}{\partial K} \cdot \frac{K}{Q} \cdot \frac{dK}{K} + \frac{\partial f}{\partial L} \cdot \frac{L}{Q} \cdot \frac{dL}{L} + \frac{\partial f}{t} \cdot \frac{t}{Q} \cdot \frac{dt}{t} \qquad (1-3)$$

3. 法布雷肯（Fabricant）

美国经济学家法布雷肯（S. Fabricant，1954）认为生产率表示在经济历史、经济分析和经济政策中被广泛应用的各种以经验为依据的投入产出比。这个概念可以理解为四个层次：第一，劳动生产率的测量与劳动力环境的变化和多样有关；第二，生产率的测度与生产中使用的各种资源（人力资源和资金）结合效率；第三，生产力反映了实际工资的趋势；第四，生产率是确定劳动和资本的主要因素之一。他还强调了劳动生产率和资本生产率相结合的重要作用的全要素生产率的重要性。

新古典增长理论揭示了当经济体处于稳定状态时，经济增长速度等于外生的技术进步，即技术进步是经济增长的引擎，而且假定资本边际生产率递减，不同经济体间将不断缩小差距，也就是存在经济增长长期趋同。

1.1.3 现代经济理论的经济效率思想

1. 法雷尔（Farrell）

现代的效率测度理论代表学者是法雷尔（Farrell，1957），他提出企业效率包含两个部分：技术效率（Technical Efficiency，以下简称 TE），它反映了企业在一个给定的投入集合中获得最大产出的能力；配置效率（Allocative Efficiency，以下简称 AE），配置效率合理划分投入成分，反映了企业生产和技术的能力。

法雷尔首次从投入的角度提出技术效率，认为技术效率是在产出规模不变、市场价格不变的条件下，按照既定的要素投入比例所能达到的最小的生产成本占实际生产成本的百分比，或者反过来定义，即为投入既定时所能达到的最大产出，也就是企业在给定的投入下所能获得最大产出的能力。而配置效率反映的则是在给定的价格条件下，企业最优化分配投入资源的能力。在这里通过公式和图例表示技术效率和配置效率。一方面，企业的技术效率通常可以表示为：

$$TE = OQ/OP \qquad (1-4)$$

即 $TE = 1 - QP/OP$ 取值为 $0 \sim 1$，反映了企业技术效率的程度。若 $TE = 1$，则说明公司是全技术效率。如 Q 点在效率等值线 SS' 上就表示其为技术效率。

另一方面，企业的配置效率表示：

$$AE = OR/OQ \qquad (1-5)$$

AE 测量结果取值为 0～1。

图 1-1 表示的是技术效率和配置效率。曲线 SS' 表示全效率企业的单位等产量线。

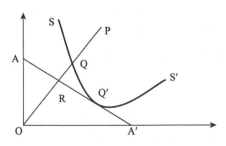

图 1-1 技术效率和配置效率

理查德·H. 莱夫特威奇（R. H. Leftwich，1973）认为经济效率不同于物理效率和机械效率，是用货币单位计量有用资源投入与产出之间的比率。格林沃尔德（D. Greenwald，1981）认为经济效率与制造产品的不充裕的资源有关，与产品自身也有关，它是指以最有效的方式利用各种资源。如果目前工艺所生产效率在现有方法和资源 100% 的条件下生产，那么经济效率也达到了100%。戴维·皮尔斯（D. W. Pearce，1988）认为经济效率是通过投入要素的最有效组合生产出最优的或最适度的产品组合。

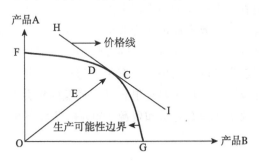

图 1-2 经济效率解析示意图

在图 1-2 中，配置效率趋于改进的点为从 D 点移动到 C 点，技术效率上升的点为从 E 点移动到 C 点，如果生产边界 FDCG 的向外运动加速而资源基础未变则动态效率上升。

2. 罗默（Romer）

保罗·罗默（Paul Romer）的模型比索洛模型更有微观基础，该模型较为系统地分析了知识与技术对经济增长的作用，突出了研究与开发对经济增长的贡献的实际价值。罗默内生增长模型的特点是从技术内生化开始，始终强调以创意或知识品为基础来理解经济增长和发展的机制。罗默认为在模型中所列入的技术水平要素表示技术创新的成果，这种技术创新的成果体现于物质产品之上，如新的设备、新的原材料等。罗默还认为知识的进步体现在两方面：一方面用人力资本表示劳动者的熟练程度；另一方面用技术水平表示新设备、新原材料等物质产品作用的技术先进性。罗默模型的不足之处是保留了索洛模型其他缺陷性，Y/L 的增长率为 g，但其如何增长不知，无限期界假定不一定成立。

3. 卢卡斯（Lucas）

罗伯特·卢卡斯（R. Lucas，1988）提出了两个内生增长模型，揭示了新古典增长模型的经验缺陷。卢卡斯认为物质和人力资本之间的不平衡对经济增长过程产生深远的影响，物质资本对人力资本的比率离其稳态值的距离越大，产出增长率就越高。卢卡斯强调人力资本在经济增长中的关键作用，认为人力资本是经济增长效率的内在机制，而实物资本的投资却不是经济增长效率的内在机制，还界定了人力资本的外部效应。卢卡斯的增长效率模型如下：

$$f(K/H) - f'(K/H)(1+K/H) = \delta_k - \delta_H \qquad (1-6)$$

其中，H 为劳动力数量和劳动力质量的乘积，δ_K 和 δ_H 分别为物质和人力资本存量的速度折旧率。在这个框架中，经济增长率相对人力资本越充裕，就越随着人力和物质资本之间的不平衡程度加大而上升，但如果人力资本相对稀缺，它们就趋于随着不平衡程度加大而下降。

综上所述，现代经济效率理论认为假设收益递增来自外部经济性，经济增长表现为发散的过程，经济效率主要包括配置效率、技术效率和动态效率三种。经济效率与制造产品的不充裕资源有关，与产品自身也有关，它是以最有效的方式利用各种资源，而投入要素组合是以最低的机会把产品生产出来，如果目前工艺所生产效率在现有方法和资源 100% 的条件下生产，那么经济效率也达到了 100%。

1.2　效率理论

对于效率的研究一直是学术界关注的焦点，但是对于效率的含义还没有明确的定义。现代经济学在"帕累托最优"思想的基础上试图阐明效率的内涵：当某一生产主体无法通过增加其他投入或是减少产出来进一步减少某种投入时，或是无法通过减少其他产出量或增加投入量来进一步减少某一产出量时，该经济体就是最有效率的，即已经达到最有效的资源配置方式。这一内涵界定与玛格达和迭戈（Magda & Diego，2001）对效率思想的解读不谋而合。本书认为，效率就是一个经济体在既有条件下追求利益最大化或是成本最小化时投入产出的状态。

1.2.1　生产技术集

对于效率的研究，最早可追溯到法雷尔 1957 年的研究。为了研究资源的最优配置，法雷尔将效率分析与边界生产函数联系起来。与传统生产函数不同，边界生产函数是指给定的投入与最大可能产出之间的关系。位于生产前沿面上的是最优配置的决策单元，而位于生产前沿面下方被前沿面包围的生产可能性区域内的则为无效决策单元。

在理解这一理论前，首先要对其中包含的生产可能集、生产函数以及生产前沿面三个重要概念进行明确。现代经济理论认为，生产可能集是指技术条件一定，厂商投入要素集合与其产出构成的生产可能性集合。如果某厂商只有一种投入（x）和一种产出（y）时，该厂商的生产可能性集合就如图 1 - 3 中 F 曲线与 X 轴所夹区域。

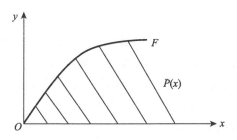

图 1 - 3　单投入单产出的生产可能集

生产函数是指每个时期各种投入要素的使用量，与利用这些投入所能产出的最大数量之间的关系，即最佳投入和产出的关系。假设一个厂商投入 N 种生产要素产出一种产品，此时的生产函数为：

$$y = f(x) \tag{1-7}$$

这里的投入向量为 $x = (x_1, x_2, \cdots, x_N)^T$，$y$ 是投入要素组合所能形成的最大产出量。生产函数具有的主要性质：

（1）单调性。单调性表示的是投入要素的边际生产率始终为正。用 $\frac{\partial f}{\partial x_i}$ 代表投入要素 x_i 的边际生产率，则单调性如下所示：

$$\frac{\partial f}{\partial x_i} > 0, (i = 1, 2, \cdots, n) \tag{1-8}$$

（2）凸性。凸性即生产要素的边际收益递减规律，是指某一生产要素不变，边际生产率随着另一个投入要素量的增加而减少。凸性可表示为下式：

$$\frac{\partial^2 f}{\partial x_i^2} \leqslant 0, (i = 1, 2, \cdots, n) \tag{1-9}$$

（3）齐次性。当投入要素为原来的 $\lambda(\lambda > 1)$ 倍时，产出将随之增加到原来的 λ^α 倍，即

$$f(\lambda x_1, \lambda x_2, \cdots, \lambda x_N) = \lambda^\alpha (x_1, x_2, \cdots, x_N) \tag{1-10}$$

当 $\alpha > 1$ 时，生产过程中的规模收益递增；当 $\alpha = 1$ 时，表示规模收益不变；当 $\alpha < 1$ 时，代表生产过程中的规模收益递减。这称为生产函数的 α 阶齐次性质。

当 $\alpha = 1$，$\lambda > 1$ 时，如果 $f(\lambda x_1, \lambda x_2, \cdots, \lambda x_N) > \lambda(x_1, x_2, \cdots, x_N)$ 称为生产过程是规模报酬递增的；如果 $f(\lambda x_1, \lambda x_2, \cdots, \lambda x_N) = \lambda(x_1, x_2, \cdots, x_N)$ 称为生产过程是规模报酬不变的；如果 $f(\lambda x_1, \lambda x_2, \cdots, \lambda x_N) < \lambda(x_1, x_2, \cdots, x_N)$ 称为生产过程是规模报酬递减的。

（4）当 $f(x) = f(x_1, x_2, \cdots, x_N)$ 中的任一投入要素为 0 时，产出 y 为 0，即 N 种投入缺一不可。

厂商所受到的技术约束完全可以通过生产函数反映出来。生产函数代表了厂商的最优生产状态，形成的生产可能性边界即为生产前沿面。从图 1-3 可知，OF 曲线表示的是投入要素与其最大产出量间的关系，即该厂商所在行业的生产前沿面。通常认为位于生产前沿面上的厂商是技术有效的，位于生产前沿面之下的厂商都是技术无效的。

虽然生产函数能够很好地描绘只有一种产出的行业技术状况，但当厂商在生产中有多种产出时，就必须通过生产集合来描述生产技术，即"生产技术集"。

生产技术描述的是效率测度的起点和理论基础。所有技术上可行的生产计划集合成了生产技术集合 T。假设一个厂商有 N 种投入，投入集合为 $X = (x_1, x_2, \cdots, x_n)^T \in R_+^N$，有 M 种产出，产出集合为 $Y = (y_1, y_2, \cdots, y_m)^T \in R_+^M$，则相应的生产技术集合 T 被定义为：

$$T = \{(x, y) : x \text{ 能生产出 } y\} \tag{1-11}$$

集合 T 描述的生产技术可以用产出集 $P(x)$ 或是投入集 $L(y)$ 来表示。其中，产出集可以表示为：

$$P(x) = \{y : x \text{ 能生产出 } y\} = \{y : (x, y) \in T\} \tag{1-12}$$

对于每一种投入 x，产出集 $P(x)$ 满足封闭、有界性、凸性等性质。生产

技术集 T 也可表示为投入集的形式，即：

$$L(y)=\{x:x\text{ 能生产出 }y\}=\{x:(x,y)\in T\} \qquad (1-13)$$

对于每一种产出 y，投入集 $L(y)$ 满足封闭、有界性、凸性等性质。

产出集 $P(x)$ 和投入集 $L(y)$ 是对生产技术的两种等价的描述方式，所代表的含义是相同的。

下面以产出集 $P(x)$ 为例，详细描述生产可能性集合具有的性质：

（1）非空性。可表示为 $P(x)\neq\varnothing$，表示研究对象是一个实际存在的生产过程。

（2）封闭有界性。这里的封闭性指的投入产出向量的有效性，有界性是指技术上可行的投入不能生产无限的产出。

（3）平凡性。平凡性可表示为：对于每个观测到的 (X_i,Y_i)，都有 $Y_i\in P(x_i)$，即所有可观测到的投入产出组合均在生产的可能性区域内。

（4）单调性。单调性也被称为自由处置性或是强处置性。即：如果 $Y\in P(x)$，且 $Y\geqslant Y'$，那么 $Y'\in P(x)$。

（5）凸性。凸性代表了边际报酬递减规律，可描述为：如果 $Y\in P(x)$，$Y'\in P(x)$，$\lambda\in[0,1]$，那么 $\lambda Y+(1-\lambda)Y'\in P(x)$。

（6）最小扩张性。最小扩张性指的是产出集 $P(x)$ 是能够满足上述所有性质的最小生产集合。生产可能性集合涵盖了所有可能实现的投入产出组合，其边界被称为生产可能性前沿，代表了投入不变时，所有可行产出组合的最高水平。

1.2.2　经济效率的测度原理

传统经济理论关于生产的边界性的一般观点是，生产者在生产活动中必须在有限的资源禀赋条件下最大化满足消费者的需求，只有符合这一要求才能被称为有效生产。从帕累托有效的角度来说，在一个生产经济中生产者减少一单位物品的生产无法增加另一物品的生产，此时生产者处于生产可能性边界上。生产可能性边界上的生产者比其他生产者具有的优势在于其经济效率相对较高。传统经济学利用索洛余值法将经济增长理论中的生产要素投入之外的因素全部归于技术进步，同时设定技术进步是外生的技术进步。这一设定在讨论宏观经济运行时具有一定的解释力，但当研究视角转向企业效率时，这一方法就不再适用了。因为索洛余值法将所有生产企业都默认为处于生产可能性边界上，即所有企业都效率最优。这是不符合微观现实情况的：许多生产者因投入产出的差异而存在经济效率损失。因此，并不是所有生产者均处于生产可能性边界。

　　为了更好地反映每个独立生产个体即每个企业的生产效率，学界提出了专门针对效率测度的随机前沿分析法（SFA）和数据包络分析法（DEA），其中SFA是参数估计，DEA是非参数估计。与索洛余值法不同，这两种方法均允许技术效率的存在，也就是在承认企业存在效率损失的基础上将效率作为研究对象进行讨论。相比之下，这两种方法更能反映真实的经济运行情况。本书关于开放经济效率的研究主要利用DEA法以及以此为基础改进的超效率DEA模型进行分析，同时也使用随机前沿分析法。

　　非参数数据包络分析作为一种效率测度的主要方法，其规定的生产可能性边界是凸性生产可能性集组成的。由于DEA采用非参数形式进行效率估计，因此生产可能性集不需要明确边界的函数形式。DEA对现实模拟的最大优点在于其摒弃了事先设定参数估计的函数、样本统计和误差分布等必要条件，设定了目标效率值可以随时间发展而产生变动，因此DEA对效率的测度更加贴近现实。DEA基于上文所述的"帕累托有效"理念，利用线性规划将生产的投入产出组合作为研究对象进行观测比较，找出最优点。通过已有生产单位的线性组合将生产可能性边界描绘出来，再将各单位的生产有效性进行同级比较。

　　1. 距离函数

　　距离函数由马姆奎斯特（Malmquist，1953）和谢泼德（Shephard，1953）分别提出，这一概念的提出为效率和生产率评价研究领域做出了卓越的贡献。距离函数很好地解决了生产函数无法描述多投入多产出的生产技术问题。距离函数是指实际生产情况距离生产前沿面的距离，即实际生产状态与最优生产状态间的差距。当距离函数值越大时，表示生产单元的生产效率越低；当距离函数值越小时，表示生产单元的生产效率越高。根据考虑的视角不同，将基于投入集 $L(y)$ 的距离函数称为投入距离函数，将基于产出集 $P(x)$ 的距离函数称为产出距离函数。

　　投入距离函数定义在投入集 $L(y)$ 上，即：

$$d_i(x,y)=\max\{\alpha:(x/\alpha)\in L(y)\} \qquad (1-14)$$

　　其中投入集 $L(y)$ 表示能生产出 y 的所有投入 x 的集合。$L(y)$ 满足技术集的一系列性质。当生产单位在生产前沿面上时，$d_i(x,y)=1$。

　　同理，产出距离函数基于产出集 $P(x)$ 上，可表示为：

$$d_o(x,y)=\min\{\beta:(y/\beta)\in P(x)\} \qquad (1-15)$$

　　$d_o(x,y)$ 表示在给定投入水平下生产单元产出的可增加幅度，满足技术集的相关性质。当生产单元处于生产前沿面时，$d_o(x,y)=1$。

　　对于同一个生产技术来说，$d_i(x,y)$ 与 $d_o(x,y)$ 是相互关联的：

（1）当 $y \in P(x)$，那么 $x \in L(y)$。

（2）$d_i(x,y) \geqslant 1$ 当且仅当 $d_o(x,y) \leqslant 1$，即生产单元投入和产出都是弱可处置的。

（3）在规模报酬不变时，对于所有的 x 和 y，有 $d_i(x,y) = 1/d_o(x,y)$。

距离函数可用于定义各种指数，测度效率和生产率。可以利用数据包络分析（DEA）方法来测算距离函数，进而得出各生产单元距离生产前沿面的相对效率值。

2. DEA

测度效率需要了解生产前沿曲线的形状和性质，通常来说都是不可知的，只有通过实际的投入产出样本点来进行估计。法雷尔（1957）率先提出可以通过构造一个非参数的线性凸面来估计其生产前沿。博尔斯（Boles，1966）和艾弗里亚特（Afriat，1972）随后证明了可以通过数学规划来完成此过程。查恩斯、库珀和罗得斯（Charnes，Cooper & Rhodes，1978）三人提出了数据包络分析（DEA），该方法是非参数方法分析中最常用的方法。DEA 的基本原理为：当决策单元（Decision Making Units，以下简称 DMU）的投入或是产出固定时，将决策单元的产出或是投入投影至生产前沿面上，通过比较决策点与生产前沿上投影点之间的距离，来确定该决策单元是否有效。

科埃利（1996）认为 DEA 运用线性规划构造出一条非参数的前沿包络线，来评价决策单元的效率，位于生产前沿面上的是有效点，位于生产前沿面下方的为无效点。假设有 N 个决策单元（DMU），每个单元有 K 种投入要素和 M 种产出，第 i 个决策单元的效率等同于求解如下线性规划问题：

$$\operatorname*{Min}_{\theta,\lambda} \theta$$

$$s.t. \begin{cases} -Y_i + Y\lambda \geqslant 0 \\ \theta x_i - X\lambda \geqslant 0 \\ \lambda \geqslant 0 \end{cases} \tag{1-16}$$

λ 为标量，λ 为 $N \times 1$ 的常向量，求解得出的 λ 值就是 DMU_i 的效率值。通常情况下，$\lambda \leqslant 1$；如果 $\lambda = 1$，说明该决策单元位于前沿面上，是有效的。

DEA 方法发展到目前已经有几百种模型。根据投入或产出是否要同比例变化，可将 DEA 方法分为径向模型和非径向模型两类。径向模型（例如 CCR 模型和 BCC 模型）是指要达到生产可能集的前沿，需要等比例增加（或减少）决策单元的产出（或投入）。非径向模型，达到生产可能集的前沿，需要使变量的变化量的权重减少或是增加之和最大。在众多的 DEA 模型中，最具代表性且应用最广的模型为 CCR 模型和 BCC 模型。本节将详细介绍这两类模型。

（1）CCR 模型

查恩斯、库珀和罗得斯（1978）三人共同提出了 CCR 模型，该模型是 DEA 的基础模型。CCR 模型测度的是决策单元规模报酬不变（Constant Return to Scale，以下简称 CRS）时的整体效率值。假如有 m 个同类型且独立的决策单元 $DMU_i(i=1, 2, \cdots, m)$，每个 DMU 有 n 种投入 x_i 和 s 种产出 y_i，即 $X_i = (x_{1i}, x_{2i}, \cdots, x_{ni})^T$ 和 $Y_i = (y_{1i}, y_{2i}, \cdots, y_{si})^T$，且 $i = 1, 2, \cdots, m$，n 种投入和 s 种产出对应的权向量分别为 v 和 u，$v = (v_1, v_2, \cdots, v_n)^T$，$u = (u_1, u_2, \cdots, u_s)^T$。假设需要对第 i_0 个决策单元进行效率评价，即 DMU_{i0}。可以利用以下分式规划问题计算决策单元 DMU_{i0} 的效率。

$$\max h_{i0}^* = \frac{u^T Y_0}{v^T X_0}$$

$$s.t. \begin{cases} \dfrac{u^T Y_i}{v^T X_i} \leqslant 1, i = 1, 2, \cdots, m \\ v \geqslant 0, u \geqslant 0 \end{cases} \quad (1-17)$$

经过 Charnes-Cooper 变换，引入非阿基米德无穷小量 $\varepsilon(\varepsilon = 10^{-6})$，上式的对偶规划如式（1-18）所示，两者等价。

$$\min[\theta - \varepsilon(\hat{e}^T s^- + e^T s^+)]$$

$$s.t. \begin{cases} \displaystyle\sum_{i=1}^m \lambda_i X_i + s^- = \theta X_0 \\ \displaystyle\sum_{i=1}^m \lambda_i Y_i - s^+ = Y_0 \\ \lambda_i \geqslant 0, i = 1, 2, \cdots, m \\ s^- \geqslant 0, s^+ \geqslant 0 \end{cases} \quad (1-18)$$

其中，$\hat{e} = (1, 1, \cdots, 1)$，$e = (1, 1, \cdots, 1)$；$s^-$，$s^+$ 都为松弛向量，分别代表投入冗余量和产出不足项；θ 为决策单元的有效值，当 DMU_{i0} 的产出保持不变，对该决策单元的各种投入进行同比例减少，θ 即为投入减少能够达到的最小值。假定 λ_i^*，s^{-*}，s^{+*}，θ^* 为模型的最优解，则 CCR 模型的含义如下：

①θ^* 表示 DMU_{i0} 的效率指数，$\hat{e}^T S^-$ 表示输入过剩，$e^T S^+$ 表示输出不足。

②若 $\hat{e}^T S^- + e^T S^+ = 0$，称 DMU_{i0} 技术有效（输出相对于输入而言已达到最大）。

③若 $\dfrac{1}{\theta^*} \displaystyle\sum_{i=1}^m \lambda_i^* = 1$，称 DMU_{i0} 规模有效（规模收益不变），若 $\dfrac{1}{\theta^*} \displaystyle\sum_{i=1}^m \lambda_i^* < 1$，$DMU_{i0}$ 规模收益递增，若 $\dfrac{1}{\theta^*} \displaystyle\sum_{i=1}^m \lambda_i^* > 1$，$DMU_{i0}$ 规模收益递减。

④若 $\theta^*=1$，$\hat{e}^T S^- + e^T S^+ = 0$，则称 DMU_{i0} 为 DEA（CCR）有效，即决策单元的规模效率和技术效率同时有效，整体效率是有效的，投入和产出的线性关系位于生产前沿面上。

⑤若 $\theta^*=1$，$\hat{e}^T S^- + e^T S^+ > 0$，则称 DMU_{i0} 为 DEA（CCR）弱有效。

⑥若 $\theta^* < 1$，称 DMU_{i0} 为 DEA（CCR）无效，表明该决策单元的效率无效，即其中的规模效率和技术效率至少有一个为非最优状态。

⑦对于弱 DEA 有效或 DEA 无效的决策单元，优化调控方向如下：在不减少输出的情况下，使输入减少 $(1-\theta^*) X_0 + S^{-*}$，或者在不增加输入的情况下，使输出增加 S^{+*}。

设 T_{CCR} 为 CCR 模型的生产可能集，其满足凸性、锥性、无效性以及最小性公理。可表示为：

$$T_{CCR} = \left\{ (X,Y) \;\middle|\; \sum_{i=1}^{m}\lambda_i X_i \leqslant X, \sum_{i=1}^{m}\lambda_i Y_i \leqslant Y, \lambda_i \geqslant 0, i = 1,2,\cdots,m \right\}$$

$$(1-19)$$

与此对应，产出导向的 CCR 模型的表现形式为：

$$\max \eta$$

$$s.t. \begin{cases} \sum_{i=1}^{n}\lambda_i X_i + s^- = X_0 \\ \sum_{i=1}^{n}\lambda_i Y_i - s^+ = \eta Y_0 \\ \lambda_i \geqslant 0, i = 1,2,\cdots,n \\ s^- \geqslant 0, s^+ \geqslant 0 \end{cases}$$

$$(1-20)$$

η 为决策单元的有效值，表示的是 DMU_{i0} 在投入不增加的情况下，产出同比例增加所能达到的最大值。其他参数与投入导向模型一致。

上文给出的模型属于输出型 CCR 模型（称为 Output-DEA 模型），相对地，还有输入型 CCR 模型（称为 Input-DEA 模型）。其区别是：对于输入型，决策者追求的倾向是输入的减少；而输出型，决策者追求的是输出的增大。由于二者原理相同，故本章若无特殊说明，均指输出型 DEA 模型。

（2）BCC 模型

班克、查恩斯和库珀（Banker，Charnes & Cooper，1984）三人提出的 BCC 模型主要是为了避免 CCR 模型存在的需要投入要素同比例变化的缺陷。BCC 模型打破了 CCR 模型关于规模报酬不变的假设，基于规模报酬可变（Variable Return to Scale，以下简称 VRS）假设来测算决策单元的效率，使得测算结果更加符合实际情况。

假如有 m 个同类型且独立的决策单元 DMU_i($i=1,2,\cdots,m$)，每个 DMU 有 n 种投入 x_i 和 s 种产出 y_i，即 $X_i=(x_{1i},x_{2i},\cdots,x_{ni})^T$ 和 $Y_i=(y_{1i},y_{2i},\cdots,y_{si})^T$，且 $i=1,2,\cdots,m$，n 种投入和 s 种产出对应的权向量分别为 v 和 u，$v=(v_1,v_2,\cdots,v_n)^T$，$u=(u_1,u_2,\cdots,u_s)^T$。假设需要对第 i_0 个决策单元进行效率评价，即 DMU_{i0} 可用如下分式规划问题来测算决策单元 DMU_{i0} 的效率。

$$\min\theta$$

$$s.t.\begin{cases}\sum_{i=1}^{m}\lambda_iX_i\leqslant\theta X_0\\[2mm]\sum_{i=1}^{m}\lambda_iY_i\geqslant Y_0\\[2mm]\sum_{i=1}^{m}\lambda_i=1,i=1,2,\cdots,n\\[2mm]\lambda_i\geqslant0,i=1,2,\cdots,m,\theta\text{无限制}\end{cases} \tag{1-21}$$

通过 Charnes-Cooper 变换，即 $t=1/v^TX_0$，$\omega=t\cdot v$，$\mu=t\cdot u$，上式的对偶规划为：

$$\max(\mu^TY_0-\mu_0)$$

$$s.t.\begin{cases}\omega^TX_i-\mu^TY_i+\mu_0\geqslant0\\\omega^TX_i=1\\\omega\geqslant0,\mu\geqslant0,i=1,2,\cdots,m,\mu_0\text{无限制}\end{cases} \tag{1-22}$$

其中，μ_0 是 DMU_{i0} 的规模报酬情况。当 $\mu_0=0$ 时，表示规模报酬不变，即决策单元处于最佳生产规模；当 $\mu_0<0$ 时，表示决策单元 DMU_{i0} 处于规模报酬递增状态；当 $\mu_0>0$ 时，表示决策单元 DMU_{i0} 处于规模报酬递减状态。

CCR 模型求解的是整体效率值。与 CCR 模型不同，BCC 模型所求的效率包括纯技术效率和规模效率，二者的乘积为整体效率值。

设 T_{BCC} 为 BCC 模型的生产可能集，该生产可能集与 CCR 模型的生产可能集 T_{CCR} 一样都满足无效性、凸性和最小性公理，两者最大的区别在于 BCC 模型的生产可能集不满足锥性公理。即：

$$T_{BCC}=\left\{(X,Y)\Big|\sum_{i=1}^{m}\lambda_iX_i\leqslant X,\sum_{i=1}^{m}\lambda_iY_i\geqslant Y,\sum_{i=1}^{m}\lambda_i=1,\lambda_i\geqslant0,i=1,2,\cdots,m\right\} \tag{1-23}$$

3. 超效率数据包络模型（SE-DEA）

通过在 CCR（C^2R）模型中加入约束条件使得权重之和为 1 就可以得到

BCC（BC^2）模型。在该模型中，最优前沿面上的决策单元仅为技术有效，并不考虑其规模报酬的变化情况。该模型多用来判断技术有效性。

由于 DEA 分析常用的 CCR 模型在计算效率值时，计算结果往往存在多个有效的决策单元（效率值为 1），此时无法对有效决策单元之间的效率值再进行比较。为了弥补这一不足，安德森和彼得森（Andersen & Petersen，1993）提出了超效率数据包络模型（Data envelopment analysis-super-efficiency models，以下简称 SE-DEA 或超效率 DEA），从而解决了有效的决策单元间的对比问题。

超效率 DEA 模型的基本思想是：首先，在对决策单元进行效率评价时，将被评价的决策单元排除在决策单元的集合之外，在对决策单元进行效率评价时，对于没有达到 DEA 有效的决策单元，其生产的前沿面不会发生变化，评价结果与 CCR（C^2R）模型相同。其次，对于 DEA 有效的决策单元，超效率模型将其生产前沿面进行重新计算推移，使得超效率模型最终计算出来的效率值大于 CCR（C^2R）模型效率值，该模型可以通过公式（1-22）修改后得到：

$$\min[\theta - \varepsilon(\hat{e}^T S^- + e^T S^+)]$$

$$s.t. \begin{cases} \sum_{j=1, j \neq j_0}^{n} X_j \lambda_j + S^- = \theta X_0 \\ \sum_{j=1, j \neq j_0}^{n} Y_j \lambda_j - S^+ = Y_0 \\ \lambda_j \geqslant 0, j = 1, 2, \cdots, k-1, k, \cdots, n \\ S^- \geqslant 0, S^+ \geqslant 0 \end{cases} \quad (1-24)$$

上述超效率模型与 CCR（C^2R）模型的唯一区别是将被评价的决策单元 DMU_{j_0} 排除在生产可能集之外。在进行效率测算时，对于有效决策单元效率的测算，其效率值必然不小于 1，其含义为该决策单元的投入如果提高到计算出的效率值比例时，该决策单元仍可在该集合内保持相对有效（刘玲利，2007）。

DEA 评价的经济意义：

定义 1：规模收益（Return to Scale，以下简称 Rs）：考虑生产函数 $y = f(x)$，规模收益是指生产者内部的生产规模发生变化时（投入由 x 变为 kx）所带来的产量变化。规模收益递增（Increasing Return to Scale，以下简称 Irs）、规模收益不变（Constant Return to Scale，以下简称 Crs）和规模收益递减（Decreasing Return to Scale，以下简称 Drs），分别对应规模增大 k 倍以后，投入的收益大于、等于和小于原来收益的 k 倍。

一般来说，当生产处于规模收益递增状态时，应该扩大生产规模，但生产规模的扩大应该在一定的限度之内，超过一定的限度之后，规模收益状态经由规模收益不变，变为规模收益递减状态。当生产处于规模收益递减状态时，应采取缩小规模的策略；规模收益不变状态是一种理想的生产规模。

定义 2：技术有效（Technical Efficiency，以下简称 TE）：是指输出相对输入而言已达最大，即该决策单元位于生产函数的曲线上。

定义 3：规模有效（Scale Efficiency，以下简称 SE）：是指投入量既不偏大，也不过小，是介于规模收益由递增到递减之间的状态，即处于规模收益不变的最佳状态。

规模收益状况（Return to Scale）对企业制定生产投资决策具有重大意义。然而，在微观经济学中，对于规模收益状况的研究，传统的方法是使用生产函数，但这仅限于单一输出的情况，对于多输出情况则无能为力。DEA 模型却能弥补这一不足。

DEA（弱）有效具有很强的经济意义，以 CCR 模型为例：

①若 DMU_{j_0} 为 DEA 有效，则该决策单元在投入不变的情况下，产出不能提高；或在产出不变的情况下，投入不能减少。事实上，在 CCR 模型下的 DEA 有效，既为技术有效，也为规模有效。

②若 DMU_{j_0} 为弱 DEA 有效，则该决策单元可以减少部分投入量而产量不减；或是在投入不变的情况下，可以将部分项产量（不是全部项产量）提高。

③若 DMU_{j_0} 为 DEA 无效，则该决策单元在保持输出不变情况下，可将投入按同一比例 θ（Input 型 CCR 模型计算出的效率指数）减少；或在保持投入不变情况下，可将产出按同一比例（Output 型 CCR 模型计算出的效率指数）增加。

4. 效率测度

效率测度通常分为径向测度和非径向测度两种。

法雷尔技术效率是一种比较常见和典型的径向效率测度方法。该方法是用一条连接原点和被评估点的射线，以该射线与前沿面的交叉点为参照点，通过测度被评估点与参照点之间的距离来衡量相对效率。该方法会同比例地缩减所有的投入或扩大所有产出，保持原投入或原产出比例相对固定。但这种模型不能调整变量的改进方向。因此，钟等（Chung et al.，1997）在方向距离函数的基础上构建了一个可以增加期望产出，同时可以同比例减少非期望产出的基于产出的 DEA 模型。径向测度方法要求所有的变量同比例调整，这曾是效率测度的主要方法。

菲尔和洛弗尔（Fare & Lovell，1978）认为，并不是所有的投入或产出都具备同比例收缩的性质，故提出了可以使不同投入以不同比例进行调整的非径向基于投入的模型。在此基础上，周等（Zhou et al.，2007）提出了用于测度环境绩效的非径向基于产出的 DEA 模型。之后，周等（2012）研究如何使得变量不同方向不同比例进行调整，提出了非径向方向性距离函数模型。此外，另一种比较重要的非径向测度方法是托恩（Tone，2001）提出的通过松弛变量同时捕捉投入与产出无效的 SBM 模型（Slack-Based measure，以下简称 SBM）。随后，周等（2006）在此基础上构造了基于非期望产出的 SBM 模型。菲尔和格罗斯科普夫（Fare & Grosskopf，2010）提出了可以调整松弛方向的 SBM 方向性距离函数模型。

5. 随机前沿模型（SFA）

随着 20 世纪 90 年代承认无效率存在的前沿生产函数模型的出现，采用随机前沿分析（Stochastic Frontier Analysis，以下简称 SFA）方法代替传统的增长评估方法来研究经济发展、研究生产效率的越来越多。由于 SFA 方法不考虑随机误差对经济发展的影响，而各国家在不同时间段的数据，以及得出的不同时期不同国家的效率和生产率会有显著的区别，即它们受到的随机误差项的影响较大，参数方法尤其是随机前沿生产函数方法也适合于该类对比性研究。

使用 SFA 方法估计各国的研发效率值，首先需要确定被研究国家的研发生产的函数形式。已有的效率研究文献中所使用的基础函数形式主要包括四种，即柯布-道格拉斯函数（Cobb-Douglas Function，以下简称 CD 函数）、超越对数函数（Translog Function，以下简称 TL 函数）、广义超越对数函数（Box2Cox Function，以下简称 BC 函数）和傅立叶柔性函数（Fourier Flexible，以下简称 FF）。其中 TL 函数使用最为广泛，函数构造上的柔性特征令其对于潜在的成本结构以及生产技术结构的限制比较少，并且在特定的条件下包含了 CD 函数形式。王德祥和李建军（2009）对函数的形式是 CD 生产函数还是超越对数生产函数进行了检验，虽然结果模型应为超越对数生产函数，但由于 CD 生产函数是超越对数生产函数的特例，超越对数生产函数更具一般性。以巴蒂斯和科埃利（Battese & Coelli，1995）的随机前沿生产函数模型为基础，构建研发效率的超越对数前沿生产函数模型。随机前沿模型一般形式为：

$$Y_{it} = f(X_{it}, T) e^{(V_{it} - U_{it})} \qquad (1-25)$$

其中，Y_{it} 表示 i 国在 t 时期的产出，X_{it} 表示该国的投入要素向量，T 是测度技术变化的时间趋势变量。

根据本书的研究目的，设定分析模型如下：

$$\ln Q_{it} = \beta_0 + \beta_K \ln K_{it} + \beta_L \ln L_{it} + \beta_{KK} (\ln K_{it})^2 + \beta_{LL} (\ln L_{it})^2 + \beta_{KL} \ln K_{it} \ln L_{it} + V_{it} - U_{it}$$
$$(1-26)$$

$i = 1, 2, \cdots, N; t = 1, 2, \cdots, T$, 式（1-26）中，$K_{it}$ 和 L_{it} 分别代表研发经费投入和科学家工程师全时人员当量。式中的所有 β 都是待估计的参数。式的误差项由两个独立的部分组成：V_{it} 是经典的随机误差，其服从正态分布 $N(0, \sigma_v^2)$；$U_{it} \geqslant 0$，是非负的表示第 i 国在 t 年生产无效率的随机变量，根据巴蒂斯和科埃利对生产无效率项的假设，$U_{it} = U_i \exp[-\eta(t-T)]$，$U_{it}$ 的分布服从非负断尾正态分布（半正态分布），即：$U_i \sim N^+(\mu, \sigma_u^2)$，$\eta$ 是待估参数，表示技术效率的变化率，其中 $\eta > 0$、$\eta = 0$ 和 $\eta < 0$ 分别意味着无效率项随时间递增、不变和递减。

第 i 国在第 t 年的技术效率定义为 $TE_{it} = e^{(-U_{it})}$，是生产效率水平的度量，表示由生产无效率造成的实际产出与最大可能产出之间的距离。V_{it} 是经典的随机误差，其服从正态分布 $N(0, \sigma_v^2)$。令 $r = \sigma_U^2 / (\sigma_U^2 + \sigma_v^2)$，可以看出，该变量解释的是在总误差项的方差中生产无效率方差的比重，当 r 接近于 0 时，表明研发活动的产出与最大可能的产出之间的差距主要来自某些不可控因素，此时采用普通最小二乘法（OLS）就可以实现对模型参数的估计，不需采用随机前沿方法；而当 r 值越大并接近 1 时，表明生产无效率对生产的波动越具有解释力，前沿生产函数的误差主要来自技术无效项 U_{it}，随机前沿模型也就越适应该研究。年份 m 和年份 n 的效率变化可以按 $Efficiency\ change = TE_{im} / TE_{in}$ 计算。

1.2.3 全要素生产率理论

生产率是指厂商的投入与其产出之间的比值，可表示为生产率＝产出/投入。正如格里森和巴纳姆（Gleason & Barnum, 1982）所言，进行效率测度的最终目的就是服务于生产率的改善。现实生产中，生产出一种产品往往同时需要投入多种要素。因此，将这种需要多种投入要素的生产率称为全要素生产率（Total Factor Productivity，以下简称 TFP）。全要素生产率的测度方法很多，包括传统生产函数法、成本会计法、前沿生产函数法及马姆奎斯特距离函数法，其中马姆奎斯特生产率指数法以无须预先设定生产函数具体形式及其他假设，并可以进一步分解等优势，成为使用范围较广的生产率测度方法。马姆奎斯特生产率指数法通过对距离函数进行组合，进而求出厂商的全要素生产率变动情况。

DEA 方法是一种静态分析方法，只能计算同一时点截面上不同厂商的相对效率值。而马姆奎斯特指数法却是在 DEA 模型基础上发展而来的一种动态效率测度方法。一方面，马姆奎斯特指数法可以对决策单元跨时期全要素生产率的变化情况进行测度。另一方面，通过对测度得出的全要素效率的变化指数进行分解，进一步分析造成决策单元全要素生产率变化的深层原因，为生产单位提供决策依据。

马姆奎斯特指数于 1953 年由瑞典经济学家斯特恩·马姆奎斯特（Sten Malmquist）在计算商品市场的消费价格指数时提出。之后，凯夫斯等（Caves et al.，1982）第一次将马姆奎斯特指数运用到测算生产率的变化。菲尔等（1994）将 DEA 模型与马姆奎斯特指数联系起来形成了 DEA-Malmquist 指数，该指数逐渐发展为全要素生产率测算领域较为重要的方法，并被应用到多个领域。马姆奎斯特指数的优点在于：首先是基于非参数前沿方法，所以不需要预先设定生产函数，避免了主观性；其次可以引入不同类型的投入产出指标，对数据的量纲没有严格要求；最后可以对指数进行分解，合理分析生产率改进的内因。

马姆奎斯特指数是在谢泼德距离函数的基础上建立起来的。假设以时期 t 的技术为参考基准，投入角度上，时期 s 和 t 间的马姆奎斯特全要素生产率指数为：

$$M^t(x_s,y_s,x_t,y_t)=\frac{d_i^t(x_t,y_t)}{d_i^t(x_s,y_s)} \tag{1-27}$$

同理，当以时期 s 的技术为参考基准时，投入角度上，时期 s 和 t 间的马姆奎斯特全要素生产率指数为：

$$M^s(x_s,y_s,x_t,y_t)=\frac{d_i^s(x_t,y_t)}{d_i^s(x_s,y_s)} \tag{1-28}$$

由于参照技术可以任意选择，通常将马姆奎斯特指数定义为两个时期的几何平均值，基于投入的马姆奎斯特指数为：

$$M(x_s,y_s,x_t,y_t)=\sqrt{\frac{d_i^s(x_t,y_t)}{d_i^s(x_s,y_s)}\times\frac{d_i^t(x_t,y_t)}{d_i^t(x_s,y_s)}} \tag{1-29}$$

根据距离函数的不同组合，可以将马姆奎斯特指数分解为技术效率变化指数和技术变化指数的乘积，以基于投入的马姆奎斯特指数为例：

$$M(x_s,y_s,x_t,y_t)=\frac{d_i^t(x_t,y_t)}{d_i^s(x_s,y_s)}\times\sqrt{\frac{d_i^s(x_s,y_s)}{d_i^t(x_s,y_s)}\times\frac{d_i^s(x_t,y_t)}{d_i^t(x_t,y_t)}} \tag{1-30}$$

$$技术效率变化=\frac{d_i^t(x_t,y_t)}{d_i^s(x_s,y_s)} \tag{1-31}$$

$$技术变化=\sqrt{\frac{d_i^s(x_s,y_s)}{d_i^t(x_s,y_s)}\times\frac{d_i^s(x_t,y_t)}{d_i^t(x_t,y_t)}} \tag{1-32}$$

其中，技术效率变化指数衡量的是从时期 s 到时期 t 厂商的生产点到生产前沿面的最大可能逼近程度，度量的是厂商是否在更靠近当期生产前沿面进行生产，表示的是两个时期组织管理效率水平的变化，即"追赶"效应。技术变化指数衡量的是生产前沿面从时期 s 到时期 t 的移动，即前沿面移动效应。技术效率变化指数、技术变化指数以及马姆奎斯特指数小于（大于）1，分别代表的是效率恶化（改善）、技术退步（进步）以及全要素生产率下降（提高）。

可以通过求解以不同时期为参照期的四个距离函数来计算一个厂商的马姆奎斯特指数。马姆奎斯特指数由于是在谢泼德距离函数的基础上发展而来，故只能对投入或产出进行同比例调整。如果基于更客观的方向性距离函数时，马姆奎斯特指数将演变为 Luenberger 指数。马姆奎斯特指数不能测度包含非期望产出的多投入多产出模型的动态效率，而基于方向性距离函数的 Malmquist-Luenberger（以下简称 ML）指数很好地解决了此问题。由于地区间技术差距的客观存在，ML 指数已经不能满足客观实际需要，学术界提出了共同前沿生产率指数（Metafroniter Malmquist-Luenberger productivity growth index，以下简称 MML），本书将采用马姆奎斯特指数更加一般、更加客观的表现形式——MML 指数来分析中国省际全要素效率的动态变化规律。

第2章 宏观经济运行效率研究

党的十九大报告指出："我国经济已由高速增长阶段转向高质量发展阶段，正处在转变发展方式、优化经济结构、转换增长动力的攻关期，建设现代化经济体系是跨越关口的迫切要求和我国发展的战略目标。必须坚持质量第一、效益优先，以供给侧结构性改革为主线，推动经济发展质量变革、效率变革、动力变革，提高全要素生产率。"[①] 这是根据国际国内环境变化，特别是我国发展条件和发展阶段变化做出的重大判断。经济高质量发展背景下，社会主义市场经济体制作为中国经济的自我发展、自我完善和自我约束机制，必然促使经济主体进入市场竞争，效率成为经济主体的生命线。同时，市场竞争机制又具有经济信息反馈灵敏和经济利益主体自我调节迅速的优点。宏观经济运行效率提升是高质量发展的重要手段之一。本章从对外开放与经济运行效率关系的视角，选择不同主题探讨对外开放与各类经济运行效率的关系，以期对对外开放与中国宏观经济运行效率的内在关系及其影响因素进行探讨。本章主要运用DEA 数据包络分析法以及马姆奎斯特效率指数法、全要素生产率分析，对中国宏观经济的运行效率进行测度和研究，从而为中国制定正确的宏观经济发展战略提供决策依据。

2.1 均衡汇率偏离不对称影响的实证研究

汇率变动对一国宏观经济会产生重要的影响，汇率的高估或低估对一国宏观经济会产生影响，因此对均衡汇率的测度、对真实汇率失衡的研究也是国际宏观经济研究领域的一个重要分支。本节运用双向随机前沿计量方法，对 G20 国家实际汇率的高估、低估效应进行测度，进而得到实际汇率偏离均衡汇率的净效应即汇率失衡程度。通过对全部样本和子样本的实证研究考察发现在影响

---

① 本书所有涉及十九大报告的引文见《决胜全面建成小康社会 夺取新时代中国特色社会主义伟大胜利》，《人民日报》2017 年 10 月 19 日第 2 版。

一国实际汇率偏离均衡汇率即汇率失衡的不可观测影响因素中，本国和贸易伙伴国对实际汇率偏离的不对称影响对本国汇率失衡程度有绝对显著的影响和解释力，进而在这一不对称影响效应的基础上对汇率失衡进行分析。

2.1.1 引言及文献回顾

在封闭经济中，货币或许是中性的。但在开放经济中，货币不仅是非中性的，而且不同货币间的关系即汇率对一国宏观经济增长会产生重要影响。在开放经济条件下，一国宏观经济实现均衡即内部和外部均衡时，汇率可视为均衡汇率。诺克斯（Nurkes，1945）将均衡汇率定义为，国际收支平衡和充分就业同时实现时的实际汇率，即内外均衡同时实现的实际汇率。诺克斯仅提出了均衡汇率的概念，但对其测度方法等却未提及。在这一基础上，学术界逐渐发展出不同的均衡汇率理论，主要有宏观经济均衡分析方法的均衡汇率理论、基本因素均衡汇率理论（FEER）、行为均衡汇率理论（BEER）、国际收支均衡汇率理论（BPEER）、自然均衡汇率理论（NATREX）和均衡实际汇率理论（ERER）。

对均衡汇率的考察和研究以上述理论为基础来进行，通过对均衡汇率的估计和测度，以考察一国真实汇率对均衡汇率的偏离程度即失衡程度。真实汇率对均衡汇率的偏离有两个方向，或高于均衡汇率，或低于均衡汇率，也就是我们通常所提到的真实汇率的高估或低估。根据均衡汇率的定义，汇率的高估或低估会对一国宏观经济产生影响，因此，对均衡汇率的测度、对真实汇率失衡的研究也是国际宏观经济研究领域的一个重要分支。萨达维（Saadaoui，2015）以基本因素均衡汇率理论为基础对 26 个经济体的实际有效汇率与均衡汇率之间的长期关系进行实证研究，运用静态和动态最小二乘回归考察均衡汇率与实际有效汇率之间的双向因果关系，二者之间存在双向长期的正向相关关系，这一结论对汇率失衡的调整以及全球经济失衡的调整有重要意义。菲多拉等（Fidora et al.，2017）利用 57 个国家的季度数据，运用 BEER 考察汇率制度对汇率失衡的持续性和规模的影响，通过对比欧元区国家与非欧元区国家发现，欧元区国家的汇率失衡程度明显小于其他国家。阿奎尔和卡尔德隆（Aguirre & Calderon，2005）利用 60 个国家的年度数据，运用协整和动态面板数据方法考察汇率失衡的经济绩效，实证结果表明，汇率失衡程度与经济增长之间存在非线性关系，即适度的汇率失衡能够促进增长，汇率失衡程度高不利于经济增长。萨冷讷夫（Sallenave，2010）对 1980－2006 年 G20 国家汇率失衡对经济增长的影响进行研究，通过 BEER 和动态面板模型发现，新兴经济体的汇率失衡程度高于发达经济体，汇率失衡对经济增长有负影响。科慕纳勒（Comunale，2017）对 1994－2012 年欧盟 27 个国家的实际有效汇率对经济增长的影响进行考察，研究发现中心国家的汇率失衡程度较小，外围国家的汇率存在高估，同时汇率失衡对长期经济增长不利。霍斯尼和拉斐尔（Hosni & Rofael，2015）运用 ERER 对 1999－2012 年埃及的实际有效汇率进行考察，利用三种不同的方法对均衡汇率进行估计，实证结果发现：2003－2007 年出现汇率低估，2001－2002 年和 2008－2012 年均出现了汇率高估，还提出实际有效汇率低估 9～13 个百分点能够保持埃及产品的国际市场竞争力。施纳茨（Schnatz，2011）运用 FEER 估计均衡汇率，并以此考察汇率失衡与全球经济失衡调整之间的关系。洛夫勒（Loeffler，2015）通过修正的多恩布什（Dornbusch，1976）模型揭示了准备金对实际有效汇率的影响，并以拉美国家、东欧国家和东亚国家为样本进行了实证检验，发现准备金能够显著揭示实际有效汇率的失衡。

国内关于均衡汇率和汇率失衡的文献大多数都以人民币汇率为研究对象进行。金雪军和王义中（2008）分别考察产品市场和资本市场的人民币均衡汇率以及汇率失衡和汇率波动，发现产品市场人民币汇率存在低估而资本市场存在高估。秦朵和何新华（2010）以除中国香港地区外的 22 个最大贸易伙伴对人民币实际有效汇率进行贸易加权计算，并运用动态最小二乘法以及协整方法对人民币均衡汇率进行估计，实证结果表明，人民币实际汇率相对均衡汇率不存在低估，仅相对于美元和欧元存在一定程度的低估，并提出双边汇率不宜作为考察均衡汇率及汇率失衡的指标。孙国峰和孙碧波（2013）构建了符合中国经济实情的 DSGE 模型并对人民币均衡汇率进行估算，实证结果表明，人民币汇率失衡受亚洲金融危机、中国加入世界贸易组织（World Trade Organization，以下简称 WTO）和 2008 年国际金融危机的冲击影响分别出现了不同程度的高估和低估现象，且在国际金融危机后人民币汇率趋于均衡水平。王彬（2015）通过动态随机一般均衡模型考察人民币的均衡汇率及其失衡程度，研究发现，人民币汇率失衡程度在 2005 年汇率形成机制改革后逐步缩小，且汇率失衡对贸易失衡的影响也逐渐减小。姚宇惠和王育森（2016）通过总结长短期汇率影响因素机制发现，购买力平价、贸易壁垒、资本管制、利率水平和资本流动等因素决定人民币均衡汇率，在此基础上利用协整方法对 1998－2014 年人民币对美元的均衡汇率进行估计，并以此结果得出 2015 年上半年均衡汇率。魏荣恒（2017）基于 BEER 和协整方法对人民币实际有效均衡汇率及其失衡以及影响进行考察发现，人民币汇率失衡在 1994－2016 年的不同阶段有不同表现。

从以上国内外相关研究文献可以发现，国外关于均衡汇率的研究集中于考察汇率失衡的影响，国内关于均衡汇率的研究以人民币均衡汇率测算及其失衡考察为主，但关于均衡汇率估算的方法差异不大。本节以 G20 国家为样本，运用双向随机前沿方法直接对实际有效汇率的高估与低估进行测度，并最终得出实际有效汇率的净失衡程度，这也是本书不同于现有中文文献的主要创新之处。

2.1.2　一国实际汇率失衡的测度

本节借鉴卢洪友等（2011）、昆巴卡和帕尔米托（Kumbhakar & Parmeter，2009）的双向随机前沿方法，将一国实际汇率表达为：

$$REER = \underline{REER} + \eta(\overline{REER} - \underline{REER}) \tag{2-1}$$

其中，$\underline{REER}$ 是本国期望的汇率水平，$\overline{REER}$ 是贸易伙伴国期望的本国汇率水平。因为本国期望本币汇率低估，这样有利于出口；贸易伙伴国期望本币汇率高估，这样有利于对方的出口。$\eta(0 \leqslant \eta \leqslant 1)$ 可理解为本国对本币实际汇率的影响力，也可理解为本国和贸易伙伴国对本币实际汇率影响的不对称程度。$\eta(\overline{REER} - \underline{REER})$ 反映的是贸易伙伴国对本国的实际汇率的影响程度。但在式（2-1）中，$\underline{REER}$ 和 $\overline{REER}$ 均是不可观测的，故式（2-1）不具备可操作性，因此需要对式（2-1）进行变换。

首先，本节给出均衡汇率水平 $\mu(x) = E(\theta|x)$，其中 θ 未知，且有 $\underline{REER} \leqslant \mu(x) \leqslant \overline{REER}$，因此，$[\mu(x) - \underline{REER}]$ 表示本国对实际汇率的预期，$[\overline{REER} - \mu(x)]$ 表示贸易伙伴国对本国汇率的预期效应。本国与贸易伙伴国的预期效益取决于对本国实际汇率的影响力。在此基础上，可将式（2-1）做如下变换：

$$\begin{aligned} REER &= \mu(x) - \mu(x) + \underline{REER} + \eta\overline{REER} - \eta\underline{REER} + \mu(x) - \mu(x) \\ &= \mu(x) + [\underline{REER} - \mu(x)] + \eta[\overline{REER} - \mu(x)] - \eta[\underline{REER} - \mu(x)] \\ &= \underbrace{\mu(x)}_{\text{均衡汇率}} + \underbrace{\eta[\overline{REER} - \mu(x)]}_{\text{贸易伙伴国的影响效应}} + \underbrace{(1-\eta)[\mu(x) - \underline{REER}]}_{\text{本国的影响效应}} \end{aligned} \tag{2-2}$$

式（2-2）中，贸易伙伴国的影响效应即为对均衡汇率的高估效应，本国的影响效应即为对均衡汇率的低估效应。由式（2-2）可推得：

$$\underbrace{REER - \mu(x)}_{\text{汇率失衡程度}} = \underbrace{\eta[\overline{REER} - \mu(x)]}_{\text{贸易伙伴国的影响效应}} + \underbrace{(1-\eta)[\mu(x) - \underline{REER}]}_{\text{本国的影响效应}} \tag{2-3}$$

由式（2-3）可推导出，本国和贸易伙伴国的影响效应之和即为对均衡汇率偏离的净效应，即汇率失衡程度的测度。由此可知，一国的汇率失衡可分解为两部分，这两部分体现的是本国和贸易伙伴国对本国的实际汇率的影响力。

本节借助波拉切克和尹（Polachek 和 Yoon，1987，1996）发展的双边随机前沿计量模型对式（2-2）进行估算，可将式（2-2）改写为：

$$REER = \mu(x) - u + w + v \qquad (2-4)$$

其中，$u = (1 - \eta)[\mu(x) - \underline{REER}] \geqslant 0$，$w = \eta[\overline{REER - \mu(x)}] \geqslant 0$，$v$ 是随机误差项，w 为本国实际汇率的高估效应，u 为本国实际汇率的低估效应。式（2-3）的估计需通过极大似然估计方法（MLE）实现。对数似然函数和参数估计表达式可参见昆巴卡和帕尔米托（2009）。

2.1.3 实证结果及分析

本节以 G20 国家为样本（不含欧盟），选取 1980—2016 年为样本考察区间，数据来源为世界银行数据库，具体指标选取及变量统计性质见表 2-1。本节选取实际有效汇率为被解释变量，以表 2-1 中其他指标为解释变量，通过式（2-3）展示的双向随机前沿计量分析模型进行分析估计，为节约篇幅，模型的系数估计结果这里不进行展示。

表 2-1 变量描述性统计

变量名称	变量符号	观测值数	均值	标准误	最小值	中位数	最大值
实际有效汇率	reer	618	102.9	30.39	47.17	100	271.3
金融发展	dcpsb	623	62.34	41.88	6.805	51.89	194.4
产业结构	str	560	0.631	0.348	0.248	0.524	2.598
经常账户平衡	ca	661	−0.344	4.812	−20.81	−0.980	27.42
进口	import	694	21.78	8.691	4.631	22.18	54.25
出口	export	694	23.05	10.72	5.062	22.90	63.46
净流入 FDI	fdii	688	1.560	1.716	−3.617	1.120	12.72
净流出 FDI	fdio	666	1.207	1.796	−4.715	0.677	17.72
净海外资产	nfagdp	627	0.0960	0.222	−0.453	0.0480	1.104
经济增长率	gdpr	693	3.281	4.180	−20.73	3.141	17.01

表 2-1 为汇率失衡形成机制及其方差分解的全样本估计结果，汇率失衡占比表示的是本国和贸易伙伴国对一国均衡汇率偏离的总影响力，本国比重表示的是本国对均衡汇率偏离即汇率低估的影响效应，伙伴国占比表示的是贸易伙伴国对均衡汇率偏离即汇率高估的影响效应。由表 2-1 中结果可知，汇率失衡的方差比为 87.04%，表明在影响一国实际汇率偏离均衡汇率即汇率失衡的不可观测影响因素中，本国和贸易伙伴国对实际汇率偏离的不对称影响对本国汇率失衡程度有绝对显著的影响和解释力。在这不对称的影响中，本国的影

响力比重为 2.73%，贸易伙伴国的影响力比重为 97.27%。显然，贸易伙伴国对本国的汇率影响力更大。换言之，就全样本的估计结果而言，贸易伙伴国对本国汇率的高估影响力更大，这可从表 2-2 中所列结果得到印证。表 2-2 为本国及其贸易伙伴国对均衡汇率偏离的不对称影响效应的估计结果，无论是均值还是各分位结果，贸易伙伴国对本国实际汇率的高估效应均大于本国对实际汇率的低估效应，即本国和贸易伙伴国对实际汇率的影响净效应为正，二者对实际汇率的不对称影响效应对汇率失衡的平均净效应表现为汇率的高估。如图 2-1 所展示的净效应密度分布，绝大多数净效应大于 0，半数以上的净效应大于 10，且从图中可看出净效应的分布表现出明显的非对称性，间接验证了实际汇率偏离均衡汇率的不对称影响效应。

表 2-2 全部样本的汇率失衡测度

汇率失衡形成机制	本国	v_u	3.5776
	贸易伙伴国	σ_w	21.3454
	随机误差项	σ_v	8.3514
方差分解	总方差	$\sigma_u^2 + \sigma_w^2 + \sigma_v^2$	538.1656
	汇率失衡占比	$\sigma_u^2/(\sigma_u^2 + \sigma_w^2 + \sigma_v^2)$	0.8704
	本国比重	$\sigma_u^2/(\sigma_u^2 + \sigma_w^2)$	0.0273
	伙伴国比重	$\sigma_w^2/(\sigma_u^2 + \sigma_w^2)$	0.9727

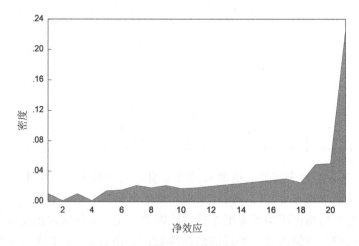

图 2-1 均衡汇率影响净效应

如表 2-4 所示全部样本国家的净效应均为正，即表现出实际汇率高估，但高估程度在国家间也表现出较明显的差异。比如，美国实际汇率比均衡汇率高 24.06，为所有样本国家中最大；巴西实际汇率比均衡汇率仅高 8.68，为所有样本国家中最小，最接近均衡汇率水平。同时还可发现，阿根廷、意大利、墨西哥、韩国的实际汇率高估程度相对接近且这四个国家的高估程度仅低于美国。巧合的是，这四个国家均先后发生过债务危机，对经济增长产生不利影响。尽管本节并未对实际汇率高估与债务危机之间的影响关系或因果关系进行考察检验，但这一巧合至少说明实际汇率高估程度对经济增长会产生冲击影响，且可能表现出非线性关系。

表 2-3　均衡汇率的不对称影响效应：分位数

	均值	标准误	25%分位	50%分位	75%分位
高估效应	95.52	5.38	92.90	97.60	99.80
低估效应	78.16	3.96	75.46	76.44	79.22
净效应	17.36	9.31	13.67	21.15	24.34

根据金融危机的发生、经常账户平衡以及经济发展水平划分样本进行分析，从表 2-5 结果来看，本国和贸易伙伴国对实际汇率偏离的不对称影响对本国汇率失衡程度在不同的子样本中仍有绝对显著的影响和解释力，具有很强的稳健性。但本国和贸易伙伴国的不对称影响在不同的子样本中差异较为明显。比如，金融危机前，贸易伙伴国对实际汇率偏离均衡汇率有绝对的影响，其方差占比达 98.91%；但危机后，本国的影响力却反超贸易伙伴国，其方差占比略大于贸易伙伴国。无论是经常账户盈余国家还是赤字国家，均表现为贸易伙伴国对均衡汇率的影响力大，且这一差距在赤字国家中更明显。发达经济体和新兴经济体的汇率失衡机制中，本国和贸易伙伴国的影响力则表现出截然相反的特征。发达国家表现为本国对均衡汇率偏离具有绝对的影响力，新兴经济体则表现为贸易伙伴国对均衡汇率偏离具有绝对的影响力。如表 2-6 是不同子样本的不对称影响效应。金融危机前，贸易伙伴国对本国实际汇率的影响大于本国，即实际汇率对均衡汇率偏离的高估效应大于低估效应，净效应为正，即金融危机前的实际汇率相对均衡汇率表现为高估状态；危机发生后，这一状态发生改变，本国和贸易伙伴国对实际汇率的影响力接近，低估效应仅略微大于高估效应，净效应为-0.68，表明危机后的实际汇率接近于均衡水平。经常账户盈余国家和经常账户赤字国家的净效应均为正，但规模较小，表明经常账户盈余国家和经常账户赤字国家的实际汇率接近均衡汇率水平，且经常账户盈余国家更接近均衡汇率水平。再看发达经济体和新兴经济体，发达经济体的净效应为-18.57，新兴经济体的净效应为 67.72，发达经济体和新兴经济体的实际汇率表现出截然相反的状态，发达经济体的实际汇率表现出低估，新

兴经济体的实际汇率表现出显著的高估。从表2-6中也可进一步观察子样本的不对称效应，金融危机前的子样本净效应的分布表现出明显的非对称性，金融危机后则表现出比较明显的对称性；经常账户盈余国家和经常账户赤字国家均表现出对称性，且盈余国家的对称性更强；发达经济体和新兴经济体的净效应分布则均表现出显著的不对称性，且不对称的方向明显相反。

表2-4 均衡汇率的不对称影响效应：分国家

国家	高估效应	低估效应	净效应	国家	高估效应	低估效应	净效应
阿根廷	98.4	76.35	22.06	日本	94.62	79.12	15.5
澳大利亚	91.37	81.15	10.22	韩国	98.18	76.4	21.79
巴西	90.55	81.86	8.68	墨西哥	98.37	76.26	22.11
加拿大	95.63	77.66	17.97	俄罗斯	92.45	80.25	12.2
中国	94.51	78.55	15.95	沙特	96.78	77.19	19.59
法国	97.03	76.91	20.12	南非	95.2	78.72	16.48
德国	92.84	79.37	13.47	土耳其	91.77	80.78	10.99
印度	97.01	76.82	20.2	英国	97.35	76.76	20.6
印度尼西亚	95.74	77.66	18.08	美国	99.61	75.55	24.06
意大利	98.28	76.13	22.15				

结合表2-5、表2-6的分析结果可知，危机的发生对实际汇率的均衡状态产生了冲击影响，使样本国家的实际汇率在危机后趋向均衡汇率水平；经常账户失衡状态对实际汇率偏离均衡水平的影响较小，即实际汇率的高估或低估与经常账户相关性较弱；经济发展水平对实际汇率对均衡水平的偏离有显著的影响，经济发展水平高的国家实际汇率表现出低估，经济发展水平相对低的国家实际汇率表现出高估。换言之，金融危机的发生改变了本国和贸易伙伴国对实际汇率的不对称影响效应的方向，经常账户失衡对这一不对称影响效应没有明显影响，处于不同经济发展阶段的经济体的不对称影响效应有明显的差异性。

表2-5 子样本的汇率失衡测度

		危机前	危机后	盈余	赤字	发达	新兴
汇率失衡形成机制	本国	2.8711	7.9161	11.1754	8.1808	11.9737	0.3993
	贸易伙伴国	27.3653	7.2981	13.7698	23.5686	2.8015	27.2502
	随机误差项	5.7351	0.0000	0.0000	0.0000	0.0000	8.0327
	总方差	789.9916	115.9256	314.4988	622.4026	151.2176	807.2548

		危机前	危机后	盈余	赤字	发达	新兴
方差分解	汇率失衡占比	0.9584	1.0000	1.0000	1.0000	1.0000	0.9201
	本国比重	0.0109	0.5406	0.3971	0.1075	0.9481	0.0002
	伙伴国比重	0.9891	0.4594	0.6029	0.8925	0.0519	0.9998

表 2-6 子样本均衡汇率的不对称影响效应：分位数

金融危机前	均值	标准误	25%分位	50%分位	75%分位
高估效应	96.48	5.86	94.91	99.93	100
低估效应	74.16	3.86	72.21	72.22	74.21
净效应	22.32	9.67	20.7	27.7	27.79
金融危机后	均值	标准误	25%分位	50%分位	75%分位
高估效应	87.34	9.6	79.15	79.15	99.53
低估效应	88.02	9.72	79.15	79.15	99.95
净效应	−0.68	18.24	−20.8	0	20.37
经常账户盈余	均值	标准误	25%分位	50%分位	75%分位
高估效应	92.84	6.71	86.05	92.99	100
低估效应	91.31	6.57	86.05	86.05	99.97
净效应	1.52	12.65	−13.91	6.94	13.95
经常账户赤字	均值	标准误	25%分位	50%分位	75 %分位
高估效应	95.68	6.320	85.86	100	100
低估效应	88.90	5.590	85.86	85.86	85.86
净效应	6.790	11.45	0	14.14	14.14
发达经济体	均值	标准误	25%分位	50%分位	75%分位
高估效应	73.02	9.12	69.42	69.42	69.42
低估效应	91.59	12.76	85.05	99.94	100
净效应	−18.57	20.16	−30.58	−30.52	−15.63
新兴经济体	均值	标准误	25%分位	50%分位	75%分位
高估效应	96.43	5.31	95.02	99	99.99
低估效应	28.55	0.51	28.24	28.3	28.64
净效应	67.72	5.88	65.85	70.61	71.74

　　表 2-7 是子样本分国家的不对称影响效应。从表中数据可知，金融危机前，所有样本国家的净效应均为正，即实际效率均表现为明显的高估；但金融危机发生后，国家间的实际汇率表现差异较大，既有汇率失衡方向的差异，也

有汇率失衡程度的差异。比如，中国、印度、意大利、韩国、墨西哥、俄罗斯、沙特阿拉伯、英国和美国的实际汇率表现为不同程度的高估，而其他国家则表现为低估；阿根廷、印度、印度尼西亚、俄罗斯和英国的实际汇率失衡程度较小，意味着这五个国家的实际均衡汇率在危机后趋于均衡水平。由上可知，国际金融危机的发生使全球主要国家实际汇率偏离均衡状态，由危机前同质性转向危机后异质性。就经常账户失衡而言，其对盈余国家和赤字国家实际汇率失衡的影响也存在较大的差异，盈余和赤字状态之间有差异，两者内部也存在明显差异。当经常账户处于盈余状态时，一国的实际汇率可能会处于高估，也有可能处于低估，还可能接近均衡汇率水平。但当经常账户处于赤字状态时，一国的实际汇率要么被高估，要么接近均衡汇率水平，且高估的可能性更大。还可以注意到，中国和德国作为全球两个重要的制造业出口大国，它们的经常账户处于盈余状态时，实际汇率会偏离均衡汇率被低估。经常账户失衡对主要国家的实际汇率偏离均衡状态的影响有明显异质性，并且经常账户失衡状态的转换对一国实际汇率的均衡状态也会产生明显影响。再看处于不同发展阶段的国家的实际汇率均衡状态，所有发达经济体的实际汇率均处于低估状态，所有新兴经济体的实际汇率均处于明显的高估状态。同时，新兴经济体之间的汇率失衡程度差异较发达经济体之间的汇率失衡程度差异小。换言之，不同的经济发展阶段对实际汇率失衡会表现出不同的状态。

表 2-7　子样本均衡汇率的不对称影响效应：分国家

国家	危机前	危机后	盈余	赤字	发达	新兴
	净效应		净效应		净效应	
阿根廷	27.79	−2.85	12.21	8.5	—	70.1
澳大利亚	12.5	−5.05	—	0.55	−25.95	—
巴西	13.73	−14.74	−13.76	−0.98	—	64.07
加拿大	23.46	—	0.14	—	−30.53	—
中国	20.17	5.11	−1.48	9.12	—	67.47
法国	25.63	−6.72	12.32	5.3	−17.94	—
德国	14.99	−5.56	−5.63	7.39	−13.51	—
印度	26.88	0.03	8.51	8.37	—	70.06
印度尼西亚	—	−2.8	13.36	4.22	—	68.69
意大利	27.23	7.25	−3.74	14.14	−19.07	—
日本	21.4	−6.46	2.52	—	−25.52	—
韩国	27.57	9.04	7.05	14.14	—	70.64
墨西哥	27.34	14.55	−0.02	12.33	—	70.87
俄罗斯	16.74	1.49	−3.18	—	—	65.35

国家	危机前	危机后	盈余	赤字	发达	新兴
	净效应		净效应		净效应	
沙特阿拉伯	23.71	4.26	3.36	9.33	—	67.42
南非	25.07	−15.58	7.19	3.67		67.39
土耳其	13.56	−12.43	−13.95	−0.6		64.4
英国	25.44	1.08	—	10.96	−11.82	—
美国	27.78	18.83	—	14.14	−14.09	—

2.1.4 小结与结论

本节采用与以往研究均衡汇率以及汇率失衡的文献不同的方法,对均衡汇率和汇率失衡程度进行研究。研究认为,一国的实际汇率既受本国影响,也受贸易伙伴国的影响,两者的影响力存在不对称影响效应,所得净效应即为对均衡汇率的偏离程度,即汇率失衡程度。本节运用双向随机前沿方法对这一不对称影响效应进行测度,进而得到实际汇率对均衡汇率的失衡程度。

通过以 G20 国家 1980—2016 年面板数据为样本进行实证检验,发现在影响一国实际汇率偏离均衡汇率即汇率失衡的不可观测影响因素中,本国和贸易伙伴国对实际汇率偏离的不对称影响和对本国汇率失衡程度有绝对显著的影响和解释力。就全部样本而言,无论是均值还是各分位结果,贸易伙伴国对本国实际汇率的高估效应均大于本国对实际汇率的低估效应,即本国和贸易伙伴国对实际汇率的影响净效应为正。但外部环境的变化、样本内国家间在贸易行为上存在的异质性以及经济发展水平的差异都会对全部样本的结论提出挑战。因此,本节将全部样本依据金融危机发生、经常账户平衡状态以及经济发展阶段进行划分,分成不同子样本面板数据,并对这些子样本进行考察研究,得到以下结论:国际金融危机改变了本国和贸易伙伴国对实际汇率的不对称影响效应的方向,危机的发生改变了全球主要国家实际汇率偏离均衡状态,由危机前同质性转向危机后异质性;经常账户失衡对这一不对称影响效应没有明显影响,且对主要国家的实际汇率偏离均衡状态的影响有明显异质性;处于不同经济发展阶段的经济体的不对称影响效应有明显的差异性。

2.2 长三角城市群全要素生产率测算研究

全要素生产率提升是驱动经济高质量发展的重要途径,也是推动城市经济转型升级的基本动能。本节根据 2000—2018 年长三角地区 41 个地级和副省级城市的面板数据，利用数据包络分析（DEA）和随机前沿分析（SFA）优势的随机非参数数据包络模型（Stochastic Nonparametric Envelopment of Data，以下简称 StoNED）测算了长三角地区地级和副省级城市的全要素生产率及动态变化情况，找出不同地区、不同规模城市全要素生产率所表现出的特点，以期为提升长三角整体地区全要素生产率提供现实依据。

2.2.1　问题的提出

自加入 WTO 以来，中国经济步入了改革开放的快车道。但是，随着中国劳动力等要素成本的增加，传统要素对经济增长的吸引力和驱动力下降，导致高端制造业回流，中低端制造业向拥有更低成本的发展中国家转移，同时传统粗放型的发展模式难以为继，因此转向高质量发展是中国经济经历高速增长之后突破结构性矛盾和资源环境瓶颈，实现更高质量、更有效率、更加公平、更可持续发展的必然选择，是保证中国经济持续健康发展的必然选择，也是中国实现社会主义现代化的必由之路，是体现创新、协调、绿色、开放、共享新发展理念的发展。自党的十九大报告首次提出高质量发展以来，我国经济不仅在发展速度上，同时在经济结构、创新能力等方面均取得了跨越式发展，尤其是近年来以技术创新驱动的全要素生产率的提升，逐渐成为我国经济可持续增长的重要源泉。已有关于全要素生产率的研究成果比较丰富，主要集中于全要素生产率对经济增长的贡献率，当然由于选取指标和测度方法不同，也带来测度结果的较大差异。基本可以达成一致的是，改革开放以后全要素生产率对我国经济增长的贡献率明显提升。

全要素生产率的测度方法主要包括以数据包络分析（DEA）为代表的非参数方法和以随机前沿分析（SFA）为代表的参数方法，二者在全要素生产率的测算上均存在一些不足。DEA 的不足是缺乏统计特性，即从样本观测点到生产前沿面之间的残差只包含非有效部分而没有考虑随机误差或者噪声，从而导致忽视随机误差，对效率的估计偏低。SFA 的模型在估计生产函数的相关参数时，不恰当的函数形式设定或误差项分布假设可能潜在地将设定误差与效率估计相混淆，而且该方法不适应多投入多产出的情况，对样本容量有较高要求。

为充分利用 DEA 和 SFA 测算全要素生产率的优势，库斯马宁和科特莱宁（Kuosmanen，2006；Kuosmanen ＆ Kortelainen，2007）提出一种效率测度的新方法——随机非参数数据包络方法。该方法是一种半参数前沿面分析方法，很好地综合了数据包络分析（DEA）和随机前沿分析（SFA）的优点，使全要素生产率测算形式更为灵活，操作性更强。StoNED 模型把 SFA 的残差分解为无效率项和随机噪声项，将其与 DEA 的非参数分段线性前沿理念整合于一个分析框架，消除参数和非参数方法之间的差距，有效解决了全要素生产率的测算问题。

事实表明，在我国社会经济发展中城市的重要性日益凸显，2019 年，仅地级以上城市地区生产总值就达到 95.14 万亿元，占当年全国 GDP 的 96％。因为城市是人力资本、资金、技术、信息等的集聚地，是区域经济增长的主要载体。鉴于城市层面的部分数据缺乏，以及测度方法存在的局限性，已有成果中科学、准确测算城市全要素生产率的不多，为寻求推动城市经济高质量发展的有效路径，采用科学方法准确测算城市全要素生产率尤为必要。2019 年，中央审议通过了《长江三角洲区域一体化发展规划纲要》，对长三角一体化发展进行了顶层设计，要求形成高质量发展的城市集群。

本节以长三角地区地级以上城市为研究对象，将非参数方法 DEA 与参数方法 SFA 相结合构建 StoNED 模型，通过科学的指标选择和数据处理，对长三角地区地级以上城市全要素生产率进行测算，结合长三角地区的城市全要素生产率动态变化及城市、地区之间的对比分析，找出不同地区、不同规模城市全要素生产率所表现出的特点，结合长三角区域一体化发展规划纲要，从创新驱动视角提出长三角地区全要素生产率提升路径，为助推经济高质量发展供参考。

2.2.2　城市全要素生产率测算的 StoNED 模型

1. 全要素生产率测算方法

近年来，测算全要素生产率的研究很多，大多采用两类方法——参数方法和非参数方法，主要区别在于是否构造一个"生产前沿面"。参数方法根据不同假设选定生产函数的不同形式并对其中的参数进行估计，而非参数方法无须估计前沿生产函数的具体形式及参数。代表性分析技术有两种，一是数据包络分析法（DEA），属于非参数方法；二是随机前沿法（SFA），属于参数方法。其中，DEA 是一种运用线性规划的数学过程，用于评价生产决策单位的效率，目的是构建一条非参数的包络前沿线，有效点位于生产前沿上，无效点处于前沿的下方；SFA 是把生产前沿面看作随机的生产边界而采用统计方法求解参数的随机性参数前沿生产函数法。

鉴于 DEA 和 SFA 各具优点及不足，没有经验研究表明哪一种方法更为有效，一些学者探讨如何改进和将两者相结合，以得到更好的效率评价方法。范等（Fan et al.，1996）、昆巴卡等（2004，2007）、亨德森和西玛尔（Henderson & Simar，2005）等利用核回归和局部极大似然法，对随机前沿面进行非参数或半参数估计。后来，又有学者将其扩展到面板数据和多产出。班克和曼迪拉塔（Banker & Maindiratta，1992）首先提出将 SFA 参数的、由效率损失项和随机误差项组成的合成误差项和非参数的、凹性的、分段线性前沿形式的 DEA 综合到一起。在此基础上，库斯马宁（2006）、库斯马宁和科特莱宁（2007）提出了测度效率的新方法——随机非参数数据包络方法（StoNED），DEA 和 SFA 均可看作有约束 StoNED 的一个特例，可通过两阶段步骤来估计该模型。在不引入新概念和工具的情况下，StoNED 将 DEA 和 SFA 的优点结合到了一起。

StoNED 方法不同于 SFA 法，事先没有假定具体的函数形式，而是内生地选择函数 f，这样，确定部分的生产函数采用与 DEA 法相同的非参数处理技术。而与 DEA 不同的地方在于，StoNED 方法引入随机成分，这一随机成分遵循 SFA 的通常设定。决策单位 i 产出的观察值 y_i 为不同于 $f(x_i)$ 合成残差 $\varepsilon_i = v_i - u_i$，其中 u_i 为无效率项，v_i 为误差项。即：

$$y_i = f(x_i) + \varepsilon_i = f(x_i) - u_i + v_i (i = 1, 2, \cdots, n) \qquad (2-5)$$

该方法很好地综合了 DEA 和 SFA 的优点，分析更为全面，并且形式灵活、操作性强。StoNED 方法将 SFA 的残差分解为无效率项 u_i 和白噪声项 v_i，DEA 的非参数分段线性前沿这两种理念整合在一个前沿分析框架内，最大可能地忠实于两种方法的思路来评估效率，且能够很方便地将样本特征、环境变量和乘法误差等一些因素纳入模型。因此，该方法可以消除参数和非参数方法之间的隔阂，利用两种方法的优势来解决效率评估问题。

2. StoNED 模型的构建

对 StoNED 模型的构建采用三个步骤：

（1）对残差 $\hat{\varepsilon} = (\hat{\varepsilon}_1, \hat{\varepsilon}_2, \cdots, \hat{\varepsilon}_n)$ 的最小二乘估计。

（2）无效率项 $\hat{u}$ 的估计。

（3）效率值 E 的估计。

第一步，首先对模型进行最小二乘估计。StoNED 模型采用非参数回归技术（称为凹面非参数最小二乘法（Concave Nonparametric Least Squares，以下简称 CNLS）代替普通最小二乘法 OLS。与 OLS 比较，CNLS 考虑了单调和凹回归函数的更一般非参数形式，具有更好的估计效果。CNLS 模型可以改写为一个二次规划问题：

$$\min_{\alpha, \beta, \hat{\varepsilon}} \sum_{i=1}^{n} \hat{\varepsilon}_i^2$$

$$s.t. \begin{cases} y_i = \alpha_i + \beta_i' x_i + \hat{\varepsilon}_i, \forall i = 1, 2, \cdots, n \\ y_j \leqslant \alpha_i + \beta_i' x_i + \hat{\varepsilon}_i, \forall i = 1, 2, \cdots, n \\ \beta_i' \geqslant 0, \forall i = 1, 2, \cdots, n \end{cases} \qquad (2-6)$$

对比普通最小二乘法 OLS 估计，CNLS 允许截距和斜率随着样本个数变化而改变，与 SFA 模型相似之处在于该模型也具有 n 个不同斜率向量。随机参数模型采用相同、特定的函数形式来估计 n 个不同斜率向量，而对于一个事先未设定的函数形式，CNLS 模型采用一种非特定的生产函数形式来估计 n 个切超平面，斜率 β'_i 代表投入 i 的边际产出。

同 SFA 模型的随机参数模型相似，有 n 种不同的斜率向量 β'_i，$i=1$，2，$\cdots$，n。然而，随机参数模型通过从一个相同的预先指定的函数形式中估计出 n 种不同的生产函数，CNLS 回归方程则估计出一个未知生产函数的 n 种相切的超平面。斜率系数 β'_i 代表投入 i 的边际产品。第一个约束条件为线性回归方程，其中，斜率 β'_i 代表投入要素 i 的边际产出。第二个约束条件通过应用一系列不等式形式（被称为"Afriat inequalities"）对生产函数施加凹性限制。第三个约束条件对函数施加了单调递增性限制。这一步可以使用高级计量软件 GAMS 计算出 CNLS 模型残差 $\hat{\varepsilon}_i$。第二步，$\hat{u}_i$ 的估计。从残差中分离出效率损失 u_i 和随机干扰 v_i。在效率损失服从半正态分布的假定下，当残差存在显著偏倚时可以通过两种方法计算参数 σ_u^2 和 σ_v^2，即矩方法和极大似然估计法。矩方法通过式（2-7）和式（2-8）分别计算出残差的二阶中心矩和三阶中心矩：

$$m_2 = \frac{\sum_{i=1}^{n} \left[\hat{\varepsilon}_i - E(\hat{\varepsilon}_i) \right]^2}{n} \qquad (2-7)$$

$$m_3 = \frac{\sum_{i=1}^{n} \left[\hat{\varepsilon}_i - E(\hat{\varepsilon}_i) \right]^3}{n} \qquad (2-8)$$

m_2，m_3 分别是真实矩 μ_2 和 μ_3 的一致估计量，依赖于效率损失项和随机干扰项的方差。

$$\mu_2 = \left(\frac{\pi-2}{\pi} \right) \sigma_u^2 + \sigma_v^2 \qquad (2-9)$$

$$\mu_3 = \left(\sqrt{\frac{2}{\pi}} \right) \left(1 - \frac{4}{\pi} \right) \sigma_u^3 \qquad (2-10)$$

因此，方差 σ_u^2 和 σ_v^2 可以通过 m_2 和 m_3 简单地估计出来。这个估计以合成误差 ε 的分布的偏斜为基础，它是由无效率项导致的。因此，三阶矩 m_3 理论上应该为负，而实际中可能会出现 CNLS 的残差向错误方向歪斜（m_3 为正），在这种情况下对无效率项的最大似然估计是 $\hat{u}=0$。根据格林（Greene，1999）理论，人们会把这个视为内在的表现，因为这种情况很可能会出现在一个未详细说明的模型中或一种不适当的应用方式中。也可能会出现偏斜大到以至于获

得的 σ_u^2 估计大于 m_2，因此可能造成 σ_v^2 为负。在这种情况下，昆巴卡和洛弗尔（Kumbhakar & Lovell，2000）建议使用 $\sigma_v^2 = 0$，并把所有的误差都归结于无效率项。

以残差 ε 的分布偏倚为基础求解出：

$$\sigma_u = \sqrt[3]{\frac{m_3}{\left(\sqrt{\frac{2}{\pi}}\right)\left(1 - \frac{4}{\pi}\right)}} \qquad (2-11)$$

$$\sigma_v = \sqrt{m_2 - \left(\frac{\pi - 2}{\pi}\right)\sigma_u^2} \qquad (2-12)$$

琼德罗等（Jondrow et al.，1982）指出，u_i 在已知 ε_i 情况下的条件分布服从均值为 u^*，方差为 σ_*^2 的截断正态分布，其中：

$$u^* = \frac{-\varepsilon_i \sigma_u^2}{\sigma_u^2 + \sigma_v^2} \qquad (2-13)$$

$$\sigma_*^2 = \frac{\sigma_u^2 \sigma_v^2}{\sigma_u^2 + \sigma_v^2} \qquad (2-14)$$

作为 u_i 的一个点估计量，我们可以使用条件均值 $E(u_i | \hat{\varepsilon}_i)$ 作为无效率项的值，即：

$$E(u_i | \hat{\varepsilon}_i) = \mu^* + \sigma^* \left[\frac{\Phi(-\mu^*/\sigma^*)}{1 - \varphi(-u^*/\sigma^*)}\right] \qquad (2-15)$$

其中，φ 是标准正态密度函数，Φ 是标准正态累积分布函数。式（2-15）的条件均值有一直观解释：条件分布的众数 μ^* 和标准差 σ^* 与正态危险函数 $\frac{\Phi(-\mu^*/\sigma^*)}{1 - \varphi(-u^*/\sigma^*)}$ 的乘积之和。作为可供选择的点估计，可能在条件分布的众数 μ^* 和 0 两者中选择较小者。同样，能够得到基于条件分布的无效率项的区间估计置信度为 $100(1-\alpha)\%$ 的置信区间为 $[-\mu^* - Z_L \sigma^*, u^* - Z_U \sigma^*]$，其中 $Z_L = \Phi^{-1}[1 - (\alpha/2)\Phi(\mu^*/\sigma^*)]$，$Z_U = \Phi^{-1}[1 - (1-\alpha/2)\Phi(\mu^*/\sigma^*)]$。

第三步，效率值 E 的估计。在式（2-5）中，由无效率项 u_i 和误差项 v_i 组成的合成残差 ε_i，使决策单位的产出 y_i 观测值会与 $f(x_i)$ 值出现差异，同时给方程两边除以 $f(x_i)$，由于两者之间的差异是无效率项引起的，而不是误差项，因此决策单位的效率计算公式为：

$$E = y_i / f(x_i) = 1 - \frac{E(u_i)}{y_i + E(u_i) - E(v_i)} + \frac{E(v_i)}{y_i + E(u_i) - E(v_i)} (i=1,2,\cdots,n)$$

$$\qquad (2-16)$$

因为 $E(v_i) = 0$，最终得到决策单位的效率值计算公式为：

$$E = y_i / f(x_i) = 1 - \frac{E(u_i)}{y_i + E(u_i)}, i=1,2,\cdots,n \qquad (2-17)$$

2.2.3 变量选取和数据说明

本节使用 2000—2018 年长三角地区三省一市 41 个地级以上城市的全市口径数据，其中安徽省巢湖市由于 2011 年被撤销建制而不在样本范围内。城市层面的数据来自各年《中国城市统计年鉴》，部分缺失的数据来自上海市及三省的统计年鉴，三省一市的固定资产投资价格指数来自《中国统计年鉴》。

1. 产出指标

采用各城市的地区生产总值作为衡量总产出的基本指标。中国各地级以上城市的地区生产总值来自各年《中国城市统计年鉴》，且以 2000 年为基年，将各年度的名义 GDP 数值换算为可比价 GDP。

2. 投入指标

（1）劳动投入指标。生产过程中劳动者运用劳动工具，直接或间接作用于劳动对象，使产品从原材料的最初形态最终变成产成品。因此，测算全要素生产率，投入指标中必然包含劳动投入要素，考虑到劳动投入的类型及数据可得性，本节的劳动投入要素用从业人员数代表。城市从业人员人数为各城市的城镇单位从业人员人数、私营和个体从业人员人数的加总。

（2）资本投入指标。资本投入的数据处理有多种方法，这些方法都有一定的合理性，采用不同的方法对最终结果也会有不同程度的影响。此处的资本投入是严格意义上的物质资本投入，不包含人力资本和土地。

目前，已被普遍采用的资本存量测算方法是戈德史密斯（Goldsmith，1951）开创的永续盘存法。由于中国没有大规模的资产普查，所以，本节所采用的方法是估计一个基准年后运用永续盘存法按不变价格计算各城市的资本存量。由于缺乏城市层面的固定资产投资价格指数数据，在此根据各城市所在省份的固定资产投资价格指数，基于 2000 年的不变价格估算各城市 2000—2018 年实际固定资产投资总额。借鉴单豪杰（2008）的做法，经济折旧率选取 10.96%，并根据基期物质资本存量估算方法，即 2001 年实际固定资产投资总额除以折旧率加上选定时期内实际投资年均增长率之和，得到基期年份 2000 年的物质资本存量，再根据永续盘存法估算 2001—2018 年各城市的物质资本存量：

$$K_{i,t} = K_{i,t-1}(1-\delta) + I_{i,t} \tag{2-18}$$

其中，$K_{i,t}$ 和 $K_{i,t-1}$ 分别表示 i 城市 t 时期和 $t-1$ 时期的物质资本存量，$I_{i,t}$ 表示 i 城市 t 时期的实际固定资产投资总额，δ 表示经济折旧率。

3. 指标描述统计量

样本为 2000—2018 年长三角地区 41 个地级以上城市的数据，共 738 个观测结果。表 2-8 给出了各指标数据的描述统计量。

表 2-8　主要指标的描述统计量

变量	指标	样本数	均值	标准差	最小值	最大值
产出	GDP（亿元）	738	1571.16	2247.01	58.12	25071.23
劳动投入	从业人数（万人）	738	125.17	153.51	10.72	1375.66
资本投入	资本存量（亿元）	738	1161.75	2607.11	68.83	21909.73

2.2.4　城市全要素生产率测算及结果分析

利用 StoNED 模型对 2000－2018 年长三角地区地级以上城市全要素生产率进行测算，结合式（2-6），设定为以下形式：

$$\min_{a,\beta,\hat{\varepsilon}} \sum_{i=1}^{n} \hat{\varepsilon}_i^2$$

$$s.t. \begin{cases} y_i = \alpha_i + BL(i) \times L(i) + BK(i) \times K(i) + \hat{\varepsilon}_i, \forall i = 1,2,\cdots,n \\ y_h \leqslant \alpha_i + BL(i) \times L(h) + BK(i) \times K(h) + \hat{\varepsilon}_h, \forall i,h = 1,2,\cdots,n \\ BL(i) \geqslant 0, BK(i) \geqslant 0, \forall i = 1,2,\cdots,n \end{cases}$$

$$(2-19)$$

其中，$L(i)$ 表示劳动投入，$K(i)$ 表示资本投入，$BL(i)$ 表示边际劳动产出，$BK(i)$ 表示边际资本产出，模型（2-19）可以运用 GAMS 软件进行求解和相关参数估计，最终得到 2000－2018 年长三角 41 个地级以上城市全要素生产率及历年平均值。

1. 长三角城市群全要素生产率总体特征

为考察长三角城市群全要素生产率的变动趋势及差异特征，首先根据测算结果求出长三角所有城市主要年份的全要素生产率均值、标准差及离散系数，具体如表 2-9 所示。图 2-2 显示了长三角历年城市全要素生产率的变化趋势情况。

表 2-9　主要年份长三角地级以上城市全要素生产率描述性指标

年份	2000	2002	2004	2006	2008	2010	2012	2014	2016	2018
均值	0.8259	0.8067	0.8216	0.8496	0.8225	0.8167	0.7886	0.8580	0.7907	0.8235
标准差	0.1059	0.1123	0.1007	0.1369	0.0959	0.0960	0.1109	0.0805	0.1032	0.1017
标准差系数	0.1283	0.1392	0.1226	0.1611	0.1165	0.1174	0.1406	0.0938	0.1305	0.1235

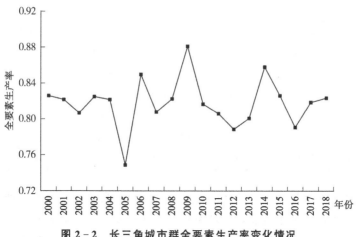

图 2-2　长三角城市群全要素生产率变化情况

分析表 2-9 和图 2-2 可知，长三角城市群全要素生产率呈现出一定的波动，2000—2004 年的波动较为平缓，2004—2005 年全要素生产率出现急剧下降，接着大幅上升，并于 2006 年达到极值 0.8496。在随后几年，全要素生产率出现了短暂的下降后又有了上升的迹象，于 2009 年达到峰值 0.8811。2010—2014 年，全要素生产率经历小幅下降后，呈现出上升趋势，于 2014 年达到极值 0.8580。在短暂的下降后，全要素生产率于 2017 年又呈现出上升趋势。

2. 长三角城市群全要素生产率分析

为进一步分省市考察城市全要素生产率之间的差异特征及历年变动情况，分别计算长三角城市群全要素生产率的平均值及标准差，如表 2-10 所示。

表 2-10　主要年份长三角城市群全要素生产率情况

		2002	2005	2008	2011	2014	2017	2018	历年平均
长三角	均值	0.8067	0.7488	0.8225	0.8059	0.8580	0.8187	0.8235	0.8179
	标准差	0.1123	0.1279	0.0959	0.0992	0.0805	0.0973	0.0987	
	标准差系数	0.1392	0.1708	0.1165	0.1231	0.0938	0.1189	0.1199	
上海	均值	0.9904	0.9636	0.9859	0.9811	0.9799	0.9893	0.9901	0.9844
	标准差	0.0000	0.0000	0.0000	0.0000	0.0000	0.0000	0.0000	
	标准差系数	0.0000	0.0000	0.0000	0.0000	0.0000	0.0000	0.0000	
江苏	均值	0.8776	0.8178	0.8901	0.8801	0.9152	0.8886	0.8913	0.8858
	标准差	0.0680	0.1028	0.0562	0.0607	0.0381	0.0573	0.0607	
	标准差系数	0.0775	0.1257	0.0632	0.0690	0.0416	0.0645	0.0681	

续表

		2002	2005	2008	2011	2014	2017	2018	历年平均
浙江	均值	0.8528	0.8055	0.8586	0.8331	0.8879	0.8468	0.8522	0.8538
	标准差	0.0873	0.1195	0.0778	0.0804	0.0671	0.0820	0.0831	
	标准差系数	0.1023	0.1484	0.0906	0.0965	0.0756	0.0968	0.0975	
安徽	均值	0.7060	0.6402	0.7326	0.7159	0.7835	0.7321	0.7408	0.7296
	标准差	0.0743	0.0524	0.0496	0.0527	0.0507	0.0562	0.0513	
	标准差系数	0.1052	0.0819	0.0678	0.0736	0.0647	0.0768	0.0692	

由表 2-10 可知，长三角地区各省市的城市全要素生产率的标准差趋于缩小，表明各省市的城市全要素生产率总体趋于平衡。分析各省市历年标准差系数可知，这些系数均小于 1 并且接近于 0，说明历年来长三角各省市的城市全要素生产率的离散程度较小，且其均值的代表性较大，有可参考性。纵向对比可知，长三角整体的标准差系数较各省市而言明显偏大，说明从长三角整体区域来看，各省市之间还存在一定的差异，可能存在发展不平衡的现象。

本节对 2000—2018 年长三角地区各省市历年的全要素生产率取均值后绘制趋势如图 2-3 所示。

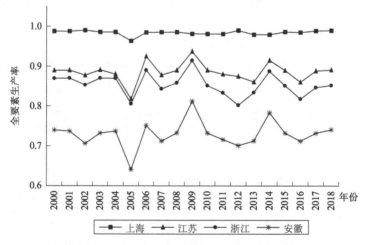

图 2-3　2000—2018 年长三角城市群全要素生产率变化趋势

对照分析表 2-10 和图 2-3 可知，上海市 2000—2018 年平均生产率最高，达到 0.9844，其次是江苏省和浙江省。而安徽省的平均生产率较江苏省、浙江省以及上海市均存在一定差距，其历年平均生产率仅为 0.7296，比其他省市低 20%～30%。由趋势图可知，2000—2018 年上海市的全要素生产率相对于其余三省处于较平稳的状态。江苏省、浙江省以及安徽省的全要素生产率的趋势大致相同，但总体全要素生产率呈现出江苏省＞浙江省＞安徽省的结果。

通过采用 DEA 方法，选取与 StoNED 相同的数据，测出各城市历年的全要素生产率，以对比分析两种方法的优劣。同样地，对于 DEA 法下测出的效率值也分省市进行比较，求出各省历年平均生产率，其历年生产率变化趋势如图 2-4 所示。

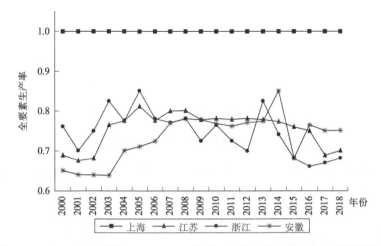

图 2-4　DEA 方法计算的 2000—2018 年长三角城市群全要素生产率变化趋势

由图 2-4 可知，上海市历年平均生产率始终位于长三角地区各省市之首，除个别极端值外，江浙两省历年全要素生产率在总体上略高于安徽省，这与使用 StoNED 模型得出的结论类似，说明两种方法在效率评价上具有一致性。

但是，StoNED 方法比 DEA 方法有更高的区分度，表现在以下两点：

（1）上海市的效率值始终为 1，即完全有效。然而，这种理想状态在现实中永远无法达到，而使用 StoNED 方法可以很好地避免这种情况。

（2）江浙皖三省的历年平均生产率处于较低的区间，大多位于 0.65～0.85，与 StoNED 方法测出来的效率值相比偏低。究其原因在于，用 DEA 法测效率值时，从样本观测点到生产前沿面之间的残差只包含非有效部分而没有考虑随机错误或者噪声，从而导致忽视随机误差，对效率的估计偏低。因此，使用 StoNED 方法测出的效率值相对而言更有效。

3. **不同规模城市全要素生产率比较**

对历年来各地级市的全要素生产率求算数平均值，并制作出各城市规模与其全要素生产率的散点图。如图 2-5 所示，可见，当城市规模逐渐增大时，全要素生产率呈现出逐渐增高的趋势，说明城市规模与全要素生产率存在一定的正相关性。

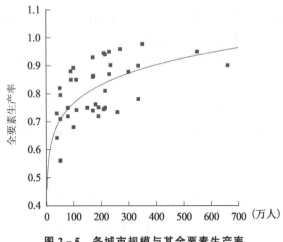

图 2 - 5　各城市规模与其全要素生产率

根据各城市历年平均全要素生产率，按照城市规模对各城市进行分类，最后列出各分类下平均全要素生产率的情况，如表 2 - 11 所示。

表 2 - 11　各规模城市平均全要素生产率情况

规模类别	全要素生产率
超大城市	0.9831
特大城市	0.9219
Ⅰ 型大城市	0.8928
Ⅱ 型大城市	0.8319
中等城市	0.7484
小城市	0.6881

作为超大城市的上海市，其历年平均生产率除 2012 年、2013 年稍低于苏州市的生产率排序为第二外，其余年份排名均为第一。上海市无论在生产力水平上，还是在产业结构升级上，在长三角地区的各大城市中均独占鳌头。

超大城市中，南京市和杭州市作为省会，是长三角经济带的重要中心城市，经济发展既有共性又各有所长。近年来，杭州市依托信息经济优势，加快产业转型，经济结构不断优化，城市综合竞争力全面提升。南京市凭借丰富的高校资源，大力发展高新技术产业，经济增长动力强劲，发展质量和效益不断提升。自 2015 年起，杭州市信息软件、电子商务等优势产业快速发展，成为经济重回升势的重要动力，增速反超南京市，因此出现杭州市历年平均生产率高于南京市的现象。

I 型大城市中，苏州市的历年平均生产率赶超上海市，而同等规模的淮安市，其生产率低于长三角地区整体平均生产率，属于较低的层次。无论在经济发展，还是技术进步方面，苏北城市依旧存在较大的提升空间。

II 型大城市中，生产率排名前六位的均来自江浙两省，而排名倒数的几位均来自安徽省。可见，在同等城市规模的前提下，安徽省部分地级市的经济发展状况与江浙两省仍存在较大差距。从具体城市看，无锡市、宁波市、南通市的生产率较为靠前，其历年平均生产率均远远高于长三角地区整体平均生产率。无锡市作为江苏地区综合经济实力仅次于苏州市、南京市的城市，大量的世界五百强企业选择在无锡市落户，促进了无锡市经济的高速健康发展。宁波市作为浙江省副省级城市，有着良好的对外贸易和引进外资政策，在同等规模城市中也始终保持着较佳的经济地位。南通市近几年来发展迅速，政府的大力扶持以及各种招商引资使南通慢慢开始崭露头角，随着交通运输行业的发展，受上海市的经济辐射影响，经济水平平稳增长，有着良好的发展态势。

中等城市中，位于榜首的嘉兴市与排名最后的池州市的历年平均生产率相差高达 30%，两城市之间的生产率差距在某种程度上是两省的缩影，体现了浙皖两省之间生产力水平存在的差异之大。而排名较安徽省内其他城市靠前的滁州市，其有着较佳的地理位置，与合肥市相邻，和南京市相近。江皖两省省会皆具备较佳的综合经济发展实力，拥有优质丰富的资源，并且向滁州市辐射，带动促进其生产力的发展。因此，滁州市仍有着较大的发展空间及潜力。

丽水市和黄山市均属于小城市范畴，且两者地势均以山地为主，区域经济发展存在不平衡的问题，城市功能对于带动经济发展的作用较弱，经济发展较为缓慢，远落后于周边一些发达地区，因此其全要素水平处在较低的位置。

综上所述，根据城市规模对比可以发现长三角同等规模城市全要素生产率情况。大城市中全要素生产率排名靠前的城市主要来自江浙两省，且生产率普遍较高，大多在 0.9～1.0；长三角地区中等城市和小城市分布在浙江、安徽两省，浙江省地级以上城市中，除衢州市、舟山市排名靠后，其余城市均排名靠前，且生产率普遍在 0.8 以上；安徽省的城市中除滁州市、安庆市，其余城市均处于靠后位置，显示同等规模条件下，安徽省的地级以上城市与江浙地区仍存在不小的差距。

2.2.5　长三角城市全要素生产率的时空特征分析

1. 城市全要素生产率的位序等级钟演变

等级钟理论是研究城市个体在整个城市体系中的位序随时间变化趋势的一种研究方法。等级钟的概念和绘制方法是由英国著名的地理学家 M. Batty 提出的，通过利用位序等间隔的同心圆作为等级钟面，由最高等级位序的圆心开始，向外依次等间隔递减位序，直至设定的最低位序；与此相应，通过所研究的时间跨度将圆面均分为若干个扇面，利用设定的时间节点和与之对应的城市位序，在绘制好的位序等级钟面上画出位序等级随时间变化的由圆心向外伸展的螺旋曲线。

对于长三角城市的全要素生产率而言，绘制各个城市的生产率的位序等级钟，可以给出各城市在 2002—2017 年生产率位序上升或下降的尺度，将各城市的生产率发展变化进行直观展现，便于进一步地分析各城市的生产率变化情况，从而基于此做出相应的决策建议。

由图 2-6 可知，2002—2017 年长三角地级以上城市的生产率位序发生了较为明显的变化，部分城市的生产率位序有较大幅度的提升或下降，因此，在等级钟的位序变动轨迹中出现交叉点。需要指出的是，在城市生产率位序不断变动的背景下，特大城市和超大城市生产率位序变动较小，如上海市、南京市、杭州市等；中等位序城市由于生产率逐步提高，有较大的发展空间，故其位序变动普遍较大，如盐城市、嘉兴市、芜湖市等；而低位序城市由于生产率较低、增速有限，其位序跃迁能力较弱，如丽水市、池州市、黄山市等。

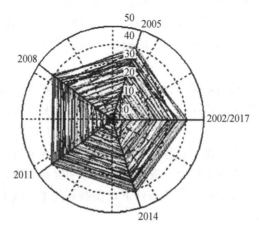

图 2-6　长三角地级以上城市全要素生产率的位序等级钟

本节通过计算各个地级城市不同时间的生产率位序变动距离，发现长三角地级以上城市在近年间最大的位序变动距离为 3.6098，绝大部分城市的位序变动距离都在 3 以内，说明长三角地级以上城市生产率位序变动比较平稳，位序跳跃性相对较弱，全要素生产率随时间变化趋于平衡（见表 2 - 12）。这种情况对生产率值相对落后的城市不太有利，此类城市应当适当改进，合理调整产业结构，促进生产力发展，进而逐渐减小与全要素生产率较高的城市之间的差距。

表 2 - 12   2002—2017 年长三角城市全要素生产率位序变化的平均距离

时间节点 $t-1$（年）	时间节点 t（年）	平均距离 $d(t)$
2002	2005	3.0488
2005	2008	3.6098
2008	2011	1.1951
2011	2014	1.3414
2014	2017	1.3171

$$d = \sum_{t=1}^{T} \frac{d(t)}{T} = 2.1024 \qquad (2-20)$$

2. 长三角城市全要素生产率的空间收敛性

通过对长三角 41 个城市 2000—2018 年全要素生产率的整体变化和内部差异做初步分析，为更加动态、全面地反映 41 个城市全要素生产率差异的变化轨迹和趋势特征，本节将对 41 个城市全要素生产率进行收敛性研究。收敛性分析有助于厘清长三角城市全要素生产率的趋同（发散）情况。如果全要素生产率出现收敛性，则说明当前的经济、环境政策有助于缩小落后地区和发达地区间的差距；如果不存在收敛性，则说明当前局势下落后地区与发达地区的环境全要素生产率差距会进一步增大，因而需要适当调整经济、环境政策，进一步加强对落后地区的政府财政补贴与技术扶持力度。目前，文献中有关收敛性分析的方法一般有 σ 收敛性检验和 β 收敛性检验，本节分别运用并进行研究。

（1）σ 收敛性分析

σ 收敛性检验的方程为：

$$\sigma_t = \sqrt{\frac{\sum_{i=1}^{n}(\ln IE_{it} - \overline{\ln IE_{it}^2})}{n}} \qquad (2-21)$$

其中，IE_{it} 表示 t 时期第 i 个城市的全要素生产率；σ 表示全要素生产率取对数后的标准差。如果随着时间 t 的变化 σ_t 逐渐减小，即 $\sigma_{t+1} < \sigma_t$，表示这 n

个样本之间存在 σ 收敛性，即地区间的全要素生产率有接近的趋势。相反，则表示 σ 收敛性不存在。

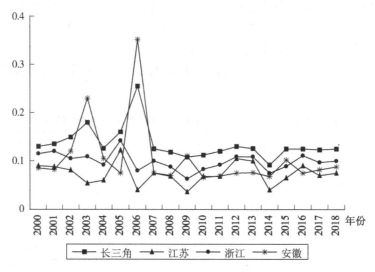

图 2-7　2000—2018 年长三角地区全要素生产率 σ 值变化趋势

图 2-7 显示了长三角地区、江苏省、浙江省以及安徽省全要素生产率 σ 值随时间的变化轨迹（上海市由于只有一个地市故此处不单独做建模研究），体现了不同地区不同时期全要素生产率 σ 值的差异特征。起初，长三角整体的全要素生产率 σ 值最高，其次是浙江省，而安徽省的全要素生产率 σ 值最小。从时间变化看，长三角全要素生产率 σ 值有明显波动，2000—2003 年逐步上升，达到 0.1884，此后呈现出小幅下降趋势；2004—2006 年出现大幅增长，达到峰值 0.2583；2007 年后波动相对平缓；2016 年后全要素生产率 σ 值出现小幅下降，且 2018 年的终值小于 2000 年的初始值，因此长三角全要素生产率 σ 值有收敛趋势。

对于江苏省和浙江省来说，两者整体变化趋势相似，2000—2003 年均呈现小幅下降趋势，2004 年开始逐渐回升，在 2005 年均达到两者的峰值，分别为 0.1235 和 0.15，此后江浙两省波动较为平稳，2016 年后两者的全要素生产率 σ 值均有下降。对于江苏省来说，其 2017 年的终值比初始值降低了 0.02377，浙江省的 σ 值小幅下降了 0.01303，这表明江浙两省城市间的全要素生产率差距在 2000—2018 年整体有所缩小，且呈收敛特征。

就安徽省而言，在 2000—2018 年其全要素生产率 σ 值有较为明显的波动，2000—2003 年，其全要素生产率 σ 值呈现上升趋势，在 2003 年达到极值 0.2263，后面经历了短暂的下降趋势后，于 2006 年达到峰值 0.3580，此后小幅下降，

σ值于 2008 年又开始呈现上升趋势,接着安徽省的全要素生产率 σ 值在 2014
年时又一次有所增加,接着略微下降后,最后全要素生产率 σ 值增加到 2018
年的终值 0.088,呈现出发散趋势,并且相对于 2000 年的初始值 0.085,σ 值
有略微上升趋势,因此安徽省总体呈现出发散的趋势。

总的来说,长三角地区、江苏省以及浙江省的全要素生产率在 2000—
2018 年总体均呈收敛态势,各城市全要素生产率差异正逐步缩小。安徽省的
全要素生产率 σ 值波动最大,且总体呈现出发散趋势。

(2)β 收敛分析

现有关于 β 收敛性的文献,将其分为绝对收敛和相对收敛。绝对收敛是指
每一个经济体的被研究指标(如 GDP)会达到完全相同的稳态增长速度和增
长水平;相对收敛是指不同的稳态存在于经济体被研究指标(如 GDP)之中,
即差距会持续存在于不同经济体之间。本节选用 β 绝对收敛对长三角全要素生
产率进行检验。

以长三角地级以上城市的全要素生产率为研究对象(上海市由于只有一个
地市故此处不单独做建模研究),研究时期为 2000—2018 年。

β 绝对收敛检验方程为:

$$\ln(IE_{it}/IE_{i0})/T = \alpha + \beta \ln IE_{i0} + \varepsilon_t \qquad (2-22)$$

其中,IE_{it} 表示第 i 个城市的全要素生产率的期末值,IE_{i0} 表示第 i 个城市
的全要素生产率的初始值,α 为常数项,ε_t 为一系列不相关的随机扰动项,β
为收敛系数。当 $\beta < 0$,代表区域间的全要素生产率趋向于收敛;反之则趋向
于发散。通过式(2-22)进一步测算出收敛速度。其公式为:

$$\beta = -(1 - e^{-\lambda t})/T \qquad (2-23)$$

其中,λ 为收敛速度。表 2-13 列出了长三角、江苏省、浙江省以及安
徽省全要素生产率 β 收敛模型的回归结果。结果显示,长三角、江苏省、浙
江省以及安徽省的收敛系数 β 均为负,且均通过显著性检验,而浙江省和安
徽省的收敛系数 β 虽为负,但并未通过显著性检验。这表明,江苏省和长三
角的全要素生产率变化有明显的收敛趋势,而浙江省和安徽省的收敛趋势不
明显。江苏省的收敛趋势最为显著,通过了 0.01 的显著性检验,收敛速度
亦最高,达到 2.41%。长三角地区 β 系数通过了 0.05 的显著性检验,收敛速
度为 0.8535%。而浙江省和安徽省虽有 1% 左右的收敛速度,但并未通过显
著性检验。综上所述,长三角和江苏省全要素生产率在 2000—2018 年整体呈
现收敛特征,浙江省和安徽省收敛趋势不明显,基本与 σ 收敛检验的结果相
符合。

表 2-13　城市全要素生产率回归结果

	长三角	江苏	浙江	安徽
β	−0.0079**	−0.0189***	−0.0111	−0.0147
常数 α	−0.0022**	−0.0027**	−0.0031*	−0.0067
R^2	0.1311	0.5131	0.2251	0.1279
调整后 R^2	0.1299	0.5124	0.2240	0.1267
λ	0.0087	0.0241	0.0121	0.0187

注：符号"＊＊＊""＊＊"和"＊"分别表示显著性水平为1%、5%和10%。

2.2.6　主要结论和政策启示

1. 主要结论

本节基于参数方法和非参数方法构造出 StoNED 模型，利用 GAMS 软件测算了 2000—2018 年我国长三角地级以上城市的全要素生产率。研究的结论主要有：

(1) 长三角地级以上城市全要素生产率上海市居首，江苏省、浙江省次之，安徽省居后，但整体全要素生产率水平在逐步趋于稳定。

(2) 通过 StoNED 模型测算发现，安徽省地级以上城市中除少数城市（如滁州市、安庆市）的生产率尚可外，大部分城市维持在 0.7 附近，而江浙沪地区除个别城市外，其余城市全要素生产率普遍达到 0.8～1.0，安徽省同江浙沪城市的生产率还存在较大差距。

(3) 基于时间序列纵向对比可以发现长三角地区全要素生产率发展的趋势，安徽省的历年平均生产率值明显低于江浙沪地区，即使是省内生产率排名靠前的城市，其生产率仍然属于较低的层次，体现出安徽省要想融入长三角一体化城市进程中，还需要积极发挥自身优势，加强与周边江浙地区发达城市的联系，进行资本、人才、技术、市场等要素交流，进一步提高经济资源配置的效率。

(4) 通过对长三角城市全要素生产率进行绘制位序等级钟可知，长三角地级以上城市生产率位序变动比较平稳，位序跳跃性相对较弱，全要素生产率随时间变化而趋于平衡。通过收敛性分析可知，江苏省和长三角的全要素生产率变化有明显的收敛趋势，且江苏省的收敛速度达到 2.41%，浙江省以及安徽省的全要素生产率收敛趋势不明显。

2. 政策启示

(1) 从历年全要素生产率的趋势来看，长三角各省市除上海市处于较平稳的变化外，其余三省总体均呈现出正弦曲线变化，但近几年略有下降趋势，因此，各省还应当加大科研投入，不断提高技术水平。上海市作为首位城市，对城市群的引领作用举足轻重，需进一步努力加强对周边城市的辐射和带动功能。

（2）对于江苏省来说，应当继续发挥苏州市、南京市、无锡市的经济优势，同时提高其对周边城市的经济辐射能力，以达到相互提高、共同进步的目的。要与经济发展较落后的地区之间进行资本、人才、技术、市场等要素交流，相互提高，进一步提高经济资源配置的效率。

（3）对于浙江省来说，对于欠发达地区，应该加大政策扶植的力度，如降低相应税费，增加财政资源的投入，提高整体教育水平。要实现全省人才的合理化布局，各市按照其经济发展水平，相应地引进各行各业的人才，以促进产业升级。同时，还应优化各地区的交通基础设施，改善各地区的教育水平、医疗水平，以促进省内各市均衡发展。

（4）安徽省可以利用自身的区位基础、资源基础、产业基础、交通基础和合作基础等优势，加快融进长三角并与长三角相得益彰地发展。在长三角地区，安徽的地位虽然不及江浙两省，但安徽省应把握自身的地理位置，加强与周边发达省市的合作交流，积极转变经济发展方式，促进产业结构升级，切实提高生产力水平。

2.3 贸易开放对财政收入支出分配调节效率的影响研究

20 世纪中后期以来，随着发展中国家为促进对外贸易而纷纷加大对外开放力度，国际贸易的快速发展成了全球经济增长的又一轮动力。贸易政策的变化成为影响一国经济发展的重要因素。随着多边国际合作的加深，推进全球化的发展、反对贸易保护主义、促进自由贸易，依旧是全球治理的共识与长期趋势。财政政策作为国家宏观经济调控的重要手段，尤其是作为收入再分配的政策工具，财政支出无法改变贸易开放所带来的初次收入分配不公，而贸易开放对财政支出规模的影响又将改变财政支出的收入分配效应。

2.3.1 问题的提出

一国贸易开放会对税收收入产生影响，同时也会给政府支出带来影响。同样地，政府支出规模又会反过来影响贸易开放程度。一方面由于受到财政预算的约束，政府支出会受到收入的影响，另一方面，贸易开放给国内经济带来的影响与冲击要求政府运用财政政策进行调整。财政支出是国民收入再分配的重要政策工具。理论界普遍认为，应该充分发挥财政支出的收入再分配功能，通过提高支出效率、优化支出结构等形式尽可能缩小居民之间的收入差距。然而，即使财政支出能够"正向"调节收入分配不公，其调节能力也将受到来自贸易开放的挑战。

1. 补偿假说与效率假说

已有的对于财政支出与自由贸易之间的关系的研究有很多，形成了两种主要的理论假说即效率假说与补偿假说。许多学者就这两种理论假说进行了研究与分析，有支持与反对的观点，还有研究提出了不同于这两种假说的观点。本节具体分析这些研究的理论逻辑。

(1) 补偿假说

贸易自由化使得各国经济联系紧密，长期而言，生产与投资的高效分配将会使社会中所有部门获益。但是在短期，贸易自由化的政治经济效果却不同。首先，市场扩大会带来两种效果，增加居民对福利国家的支持以及增加收入不平等与经济的不稳定性。例如，经济合作与发展组织（Organization for Economic Co-operation and Development，以下简称 OECD）国家贸易模式相对稳定，故贸易自由化所带来的不公平问题要比不稳定性明显得多 [罗德里克（Rodrik），1997]。另外，根据 H-O 理论，贸易的扩大会增加对资本密集型产品的需求而降低对相对稀缺要素产品（劳动）的需求 [伍德（Wood），1994]。大多数经济学家都认同贸易的扩大并不是导致美国收入不公以及 20 世纪末期欧洲高失业率的唯一原因，但是贸易规模的扩大对 OECD 国家劳动市场无疑带来了显著的负面影响 [弗里曼（Freeman），1995]。跨国化生产方面，OECD 国家贸易自由化增加经济的不稳定性要多于对收入不均的影响。例如，跨国公司根据利润最大化原则选择在一国建设生产线，这就会增加对该国国民的雇用，对提供生产建设服务的该国劳动者有利。相反，如果跨国公司准备关闭该国工厂，搬迁到其他国家，这就会增加该国经济的不稳定性。贸易自由化使得资本在全球范围内活动，增加了一国金融市场的不稳定性，同时还会加大收入差距。贸易自由化的发展将会增加政府的支出规模，以调节收入分配不均以及防范市场不稳定性带来的风险，进而获得更多民众对于政府开放贸易的支持 [鲁吉（Ruggie），1983]。

综上，根据补偿假说，随着贸易开放，政府支出规模将会扩大。一方面，贸易自由化使得各国经济交流更加紧密，由此带来的不同阶层的收入不公现象问题愈加突出，贸易开放的受益者以及受损者之间的矛盾加剧，这些需要政府进行调节。另一方面，贸易开放使得国家对外风险增加，他国经济危机容易波及自身，不可控的因素也会增加，这些都需要政府进行预防与解决。因而在短期，随着贸易开放，财政支出将扩大（如扩大福利支出，进行失业再就业培训以及医疗保险等），以建立健全社会保障体系，为贸易开放过程中受损者进行收入再分配，改善收入不公现象。

（2）效率假说

从长远的角度看，福利国家带来的稳定性将会对投资、生产、经济增长以及竞争力带来直接益处［阿丽西娜和佩罗蒂（Alesina & Perotti），1996；加内特（Garrett），1998］。效率假说认为贸易开放加深会使得政府降低财政支出，从而减少对市场的干预，提高市场的经济效率。贸易自由化发展的传统观点认为其所带来的影响包括两个主要方面，增加国际货物与服务贸易的竞争；使得资本能够在全球范围内流动以寻求高额的回报率。贸易与社会福利中居民收入分配状况之间的关系，以及政府运用财政支出政策调节收入分配，这之间的因果关系或者相互影响关系较为复杂。全球化加剧了国际货物与服务市场的竞争，同时增加了厂商在全球范围内调度资本进行分配生产的便利性，以实现更高的资本回报率。根据效率假说，贸易与福利国家是一种零和关系。许多学者都认为福利国家并不具有竞争性［普法勒（Pfaller），1991；皮尔森（Pierson），1991］。在这些国家并没有公共服务提供的私人市场。政府的转移支付扭曲了劳动力市场且影响跨期投资决定。而且政府支出需要被资助，这些资助大多来自短期借款，最终将由高税收来偿还。

一国考虑贸易自由化无论是基于贸易带来的好处（如规模经济、竞争优势等）还是在交通以及通信上带来外部创新都没有太大关系。贸易与国家收入再分配能力是一种相反的关系，其表现在两方面：公共部门经济的萎缩以及税收负担从累进型税收（如资本所得税）转向累退型税收（如高税率的消费税与工薪所得税）。跨国公司在全球范围内寻求较高利润率进而将生产部门在国家之间进行转移。对于那些投资成本较高的国家，厂商就能更加轻易地退出该国经济市场从而降低成本。在金融市场中，贸易商一天 24 小时不间断工作在全球范围内进行套利套汇。潜移默化中，这些资本的流动是政策的裁定者，如果政策损害这些人群的利益，他们就能快速地将资本转移到对其有利的其他国家。因而政府会充分考虑降低税率、减少政府支出规模，通过提高"效率"的方式去吸引国际要素投入。

（3）其他观点

有关贸易开放与政府支出之间关系的其他观点以 U 型假说为主，其核心论点为贸易开放与政府支出之间的关系受到以上两种机制的共同作用。在贸易开放初期，补偿假说占据主导作用，此时一国与世界经济交流尚浅，开放程度也较低，开放初期的不稳定因素较多，因而政府支出会扩大，以减少开放对本国产业及经济带来的风险冲击以及消极影响。为提高本国产品国际竞争力，政府在加大产业补贴力度的同时增加政府消费、医疗保险以及培训就业等支出与补贴，缩小各阶层收入差距。随着贸易开放的深入，效率假说会超过补偿假说占据主导地位。此时，政府如果还是进行过多的干预将会降低市场效率，降低本国产品的国际竞争力。因而随着贸易自由化深入发展，政府应逐渐降低支出，减少干预与管制，提高市场活力以及效率，促进本国经济的发展。因而 U 型假说认为贸易开放与政府支出并不是单一的正反向关系，而是由效率假说与补偿假说共同作用，只是在贸易自由化发展的不同阶段所处的主导地位不同。

根据 U 型假说，在贸易自由化初期，由于外来风险迅速增加，政府应该扩大支出以缓冲贸易自由化所带来的负面影响，如收入差距扩大以及经济不稳定性增加等。随着贸易自由化的加深，其给经济所带来的益处逐渐体现，国内反对言论变少，此时就可以逐渐减少政府支出以发挥市场自主性，提高经济效率。总而言之，贸易自由化初期，财政支出规模将增加；随着贸易开放加深，财政支出规模将随之减少。

2.3.2　理论综述和研究假设

1. 财政支出对收入分配的影响

财政支出的收入分配效应一直是研究热点。沃尔夫和撒迦利亚斯（Wolff & Zacharias，2007）的研究表明，政府支出整体上缓解了收入不平等。政府的福利支出和转移支付支出对农村部门的收入调节作用更加明显［吴等（Wu et al.），2006］。社会保障支出对中国的相对贫困具有一定的贫困减缓作用（李永友和沈坤荣，2007）。教育支出在短期内降低了中国的基尼系数（李增刚和韩相仪，2009）。民生财政支出的增长及其资金投向具有"农村倾向"特征，将会有效缩小城乡居民收入差距（洪源等，2014）。因此，为了改善国民收入分配格局，我国应逐步控制和适度削减政府行政性开支，增加民生开支和社会福利开支（丛树海，2012）。

2. 贸易开放对收入分配的影响

已有的研究普遍认为斯托尔珀-萨缪尔森定律成立，贸易开放将会扩大国内收入差距。贸易开放将会扩大贸易部门与非贸易部门之间的收入不平等［艾格和埃策尔（Egger & Etzel），2012］。贸易开放所带来的国内收入不平等将随着贸易开放程度的扩大而更加严重、更加多元［艾格和克雷克迈尔（Egger & Kreickemeier），2012］。在国际贸易的影响下，发展中国家的技术进步偏向资本，从而导致要素收入向资本倾斜、劳动收入占比下降（张莉等，2012）。此外，伯格和尼尔森（Bergh & Nilsson，2010）、福尔米和奥克斯林（Foellmi & Oechslin，2010）、扎卡里亚和菲达（Zakaria & Fida，2016）利用跨国面板数据进行研究，得出了贸易自由化将会扩大发展中国家国内收入差距的结论。

在以中国为样本的研究中，中国贸易发展会同时提高中国劳动力和资本的报酬，但资本报酬的提高幅度大于工资的提高幅度，由此可能扩大收入差距（王云飞和朱钟棣，2009）。中国贸易开放对中国城镇高技能劳动力的影响大于对低技能劳动力的影响，对资本报酬者的影响大于对劳动报酬者的影响（李磊等，2011）。中国的国际贸易使资本和劳动要素在部门间再分配，这导致我国资本密集型部门不断深化，劳动密集型部门渐趋萎缩，总体劳动收入份额持续下降（赵秋运和张建武，2013）。中国加入世界贸易组织拉大了中国城市高端和中端收入群体的收入差距（韩军等，2015）。此外，对外贸易显著扩大了中国地区间收入差距和中国的城乡收入差距（万广华等，2005；魏浩和赵春明，2012）。

3. 贸易开放对财政支出规模的影响

"效率假说"支持者认为，贸易开放增强了要素流动性，要素所有者可以通过威胁退出或退出的方式要求政府减少干预，因此政府将会降低税率、减少财政支出规模，用提高"效率"的形式吸引国际要素流入。贸易开放使政府减轻对市场的管制和干预，由此将带来市场效率的提升和财政支出规模的减小（阿丽西娜和佩罗蒂，1997）。贸易开放能够促进政府效率的提高，有利于抑制地方政府规模的膨胀，影响未来政府支出规模和结构的调整（胡兵等，2013）。贸易开放对沿海地区政府规模的抑制作用要远大于内陆地区（高翔和黄建忠，2016）。

"补偿假说"支持者则认为，贸易开放会带来更大的外部风险，将导致国内经济波动、失业等问题，因此政府将会提高财政支出规模，用以"补偿"贸易开放过程中遭受损失的个体。贸易开放程度较高的经济体一般拥有较为庞大的政府支出规模（罗德里克，1998）。利用 150 个国家 41 年的国际面板数据进行分析表明，对外贸易将会显著扩大政府规模 [拉姆（Ram），2009]。贸易开放程度高的国家倾向于拥有更大的政府规模 [杰特和帕尔米托（Jetter & Parmeter），2015]。贸易开放促进了中国地方政府实际投资性支出、实际消费性支出和实际转移支付规模的提高（高凌云和毛日昇，2011）。

还有学者认为，贸易开放对政府规模的影响并非一成不变的，在不同历史时期表现出不同的影响机制（毛捷等，2015）。在发展中国家与发达国家之间、一国国内不同区域之间，贸易开放与财政支出规模之间的关系也呈现出明显的差异性（梅冬州和龚六堂，2012）。补偿假说和效率假说究竟哪一个成立取决于本国与贸易国之间的要素禀赋差异 [阿拉瓦塔里（Arawatari），2015]。

综上所述，目前学术界已经对财政支出的收入分配效应、贸易开放的收入分配效应和贸易开放对财政支出的影响进行了较为深入的探讨，但仍然存在局限之处：一是对贸易开放影响财政支出规模所带来的收入分配效应关注不够；二是忽略了财政支出的预算结构问题；三是对财政支出的功能分类不够精确，对统计口径的处理过于简单。

基于此，本研究提出如下假说：

假说一：贸易开放对财政支出规模有显著影响，但是影响方向具有不确定性。

假说二：贸易开放会在初次收入分配环节直接影响收入分配，这实际上限制了作为再分配政策工具的财政支出在收入分配领域的影响范围。

假说三：贸易开放会在收入再分配环节通过影响财政支出规模而间接影响收入分配，这实质上是对财政支出收入调节能力的扭曲，且这一扭曲作用的影响方向具有不确定性。

2.3.3 研究假设的理论分析

本小节首先借助一个引入财政支出和贸易开放的内生经济增长模型，分析贸易开放对财政支出的影响；其次将财政支出和贸易开放置于同一个框架中，分析其对收入分配的影响，从而论证贸易开放将会限制、扭曲财政支出的收入分配效应。

1. 贸易开放对财政支出的影响分析

在借鉴和参考巴罗（Barro，1990）的思路和胡兵等（2013）的做法的基础上，本节构建一个同时包含财政支出和贸易开放的内生经济增长模型：

$$Y = K^{\alpha}(AL)^{\beta}EX^{\gamma}TR^{\theta}$$

$$\dot{K} = sY - \delta K - EX$$

$$\dot{A}A = gA, \dot{L} = nL$$

式中，Y 表示总产出，K 表示资本总投入，A 表示技术水平，L 表示劳动力总投入，EX 表示政府财政总支出，TR 表示对外贸易总额，$\dot{K}$、$\dot{A}$、$\dot{L}$ 分别表示资本投入、技术水平、劳动力总投入的增长量，$0 < \alpha, \beta, \gamma, \theta < 1$ 且 $\alpha + \beta + \gamma + \theta = 1$，$s$ 表示储蓄率，g 表示技术进步率，n 表示人口增长率，δ 表示资本折旧率。对上述模型进行人均化处理（$y = Y/AL$，$k = K/AL$，$ex = EX/AL$，$tr = TR/AL$），则有：

$$y = k^{\alpha}ex^{\gamma}tr^{\theta}$$

$$\dot{k} = sk^{\alpha}ex^{\gamma}tr^{\theta} - (n+g+\delta)k - ex$$

令 $\dot{k} = 0$，则有：

$$sk^{\alpha}ex^{\gamma}tr^{\theta} - (n+g+\delta)k - ex = 0$$

对等式两边求 tr 的导数，可得：

$$s\alpha k^{\alpha-1}ex^{\gamma}tr^{\theta}\frac{\partial k}{\partial tr}+s\gamma k^{\alpha}ex^{\gamma-1}tr^{\theta}\frac{\partial ex}{\partial tr}+s\theta k^{\alpha}ex^{\gamma}tr^{\theta-1}-(n+g+\delta)\frac{\partial k}{\partial tr}-\frac{\partial ex}{\partial tr}=0$$

令 $f(k,ex,tr)=\dfrac{(n+g+\delta)-s\alpha k^{\alpha-1}ex^{\gamma}tr^{\theta}}{s\gamma k^{\alpha}ex^{\gamma-1}tr^{\theta}-1}$，$g(k,ex,tr)=\dfrac{s\theta k^{\alpha}ex^{\gamma}tr^{\theta-1}}{s\gamma k^{\alpha}ex^{\gamma-1}tr^{\theta}-1}$，

则有：

$$\frac{\partial ex}{\partial tr}=f(k,ex,tr)\frac{\partial k}{\partial tr}-g(k,ex,tr)$$

从上式可知，$\partial ex/\partial tr$ 的符号取决于 $f(k, ex, tr)$、$g(k, ex, tr)$ 和 $\partial k/\partial tr$，既可能为正又可能为负。也就是说，贸易开放既可能扩大财政支出规模（补偿假说），又可能缩小财政支出规模（效率假说）。以上推理得出前述的假说一。

2. **财政支出和贸易开放对收入分配的影响分析**

假设一个开放经济体由 M、N 两个部门组成，部门 M 和部门 N 的人均纯收入分别为 m 和 n。鉴于财政支出和贸易开放均会显著影响国民收入水平，且贸易开放将会影响财政支出规模，因此 m 和 n 可表示为贸易开放（TR）和财政支出（EX）的函数：

$$m(TR,\theta \cdot EX(TR)),\ n[TR,(1-\theta) \cdot EX(TR)]$$

式中，θ 表示部门 M 获取的财政支出占财政总支出的比例，$(1-\theta)$ 表示部门 N 获取的财政支出占财政总支出的比例。

令 $incgap=m/n$，对等式两边求 EX 的导数，即可得出财政支出的收入分配效应：

$$\frac{\partial incgap}{\partial EX(TR)}=\frac{1}{n^2}[m_2 n\theta-mn_2(1-\theta)] \tag{2-24}$$

进一步，对 $incgap=m/n$ 等式两边求 TR 的导数，即可得出贸易开放的收入分配效应：

$$\frac{\partial incgap}{\partial TR}=\frac{1}{n^2}(m_1 n-mn_1)+\frac{1}{n^2}[m_2 n\theta-mn_2(1-\theta)] \cdot \frac{\partial EX(TR)}{\partial TR} \tag{2-25}$$

将式（2-24）代入式（2-25），可得：

$$\frac{\partial incgap}{\partial TR}=\frac{1}{n^2}(m_1 n-mn_1)+\frac{\partial incgap}{\partial EX(TR)} \cdot \frac{\partial EX(TR)}{\partial TR} \tag{2-26}$$

式（2-26）中，等号右边第一项 $\dfrac{1}{n^2}(m_1 n-mn_1)$ 表示贸易开放对收入分配产生的直接影响，等号右边第二项 $\dfrac{\partial incgap}{\partial EX(TR)} \cdot \dfrac{\partial EX(TR)}{\partial TR}$ 表示贸易开放通过影响财政支出规模对收入分配产生的间接影响。

鉴于贸易开放主要在初次分配环节影响国民收入，财政支出主要在再分配环节影响国民收入，如果 $\frac{1}{n^2}(m_1 n - m n_1) > 0$，则斯托尔珀-萨缪尔森定律成立，贸易开放将恶化初次收入分配，财政支出只能在此基础上通过优化再分配来尽可能降低收入差距，这实际上是对财政支出在收入分配领域的作用范围的一种限制。鉴于贸易开放对财政支出规模的影响方向是不确定的，贸易开放对财政支出收入调节能力的扭曲作用 $\left[\frac{\partial\, incgap}{\partial\, EX(TR)} \cdot \frac{\partial\, EX(TR)}{\partial\, TR}\right]$ 也将表现出一定的难以预测性。在此情况下，即使财政支出能够有效调节收入分配，其收入调节能力也将受到来自贸易开放的挑战。基于此，以上论证证明了前述假设二和假设三。

2.3.4 贸易开放与财政支出、收入分配之间关系的检验方法

1. 实证模型的构建及方法

由于贸易开放给一国经济带来的不稳定性因素太多，而且在实证指标上的选取较为困难，故本节以贸易开放程度加深可能给一国经济带来负面影响中的一个重要指标为例进行实证分析，即居民的收入分配差距，其可用基尼系数（$gini$）进行衡量。

居民收入差距、贸易开放与政府规模之间的关系非常复杂，很多因素都是相互影响、相互联系并互为因果的。单方程模型由于其自身的缺点很难展现出各经济变量之间的复杂关系，而联立方程能够更好地解决这一问题。本节借鉴钞小静、沈坤荣（2014）的做法，将贸易开放度、政府支出以及居民收入差距作为内生变量，构建完备的结构方程式模型以检验财政支出、贸易开放以及二者之间可能存在的相互作用关系对收入分配的影响。联立方程模型的基本形式如下：

$$
\begin{cases}
gini_{it} = \alpha_0 + \alpha_1 tradeopen_{it} + \alpha_2 govexp_{it-1} + \alpha_3 govexp_{it-2} \\
\qquad + \sum_{j=4}^{n1} \alpha_j X_{jit} + \mu_{Gi} + \varepsilon_{Git} \qquad\qquad (2-27) \\
tradeopen_{it} = \beta_0 + \beta_1 govexp_{it} + \beta_2 govexp_{it-1} + \beta_3 govexp_{it-2} \\
\qquad + \sum_{j=4}^{n2} \beta_j Y_{jit} + \mu_{Ti} + \varepsilon_{Tit} \qquad\qquad (2-28) \\
govexp_{it} = \gamma_0 + \gamma_1 tradeopen_{it} + \gamma_2 govexp_{it-1} + \gamma_3 govexp_{it-2} \\
\qquad + \sum_{j=4}^{n3} \gamma_j Z_{jit} + \mu_{Ei} + \varepsilon_{Eit} \qquad\qquad (2-29)
\end{cases}
$$

实证分析所建立的联立方程模型包括三个基本方程，其中，方程（2-27）为居民收入分配方程，主要研究财政支出、扩大贸易开放对收入分配的影响，政府支出往往是用在教育、医疗等公共物品上，并不会对当期的收入分配造成

影响，但却会影响以后的收入分配。参照胡文骏（2017）的做法，选择滞后一期与滞后两期的财政支出规模作为当期收入分配的核心解释变量，方程（2-28）为贸易自由化的方程，主要研究财政支出对贸易开放的影响，是本节的辅助方程。方程（2-29）为财政支出方程，主要研究扩大贸易开放对财政支出规模的影响，也是本节的辅助方程。模型中，$gini$ 代表收入分配，$tradeopen$ 代表贸易开放，$govexp$ 代表财政支出规模，X、Y、Z 是对应方程的控制变量集合，μ_{Gi}、μ_{Ti}、μ_{Ei} 为个体效应，ε_{Git}、ε_{Tit}、ε_{Eit} 为随机扰动项。

本节的实证分析将所有外生变量的线性组合作为内生变量的工具变量，选用三阶段最小二乘法（3SLS）对联立方程模型进行估计。在 3SLS 的处理模式下，联立方程组中等式右边的所有内生变量均通过工具变量进行参数估计，这能在一定程度上解决多重共线性和内生性问题，从而在一定程度上确保参数估计的准确性。

在联立方程组中，α_1 表示扩大贸易开放的收入分配效应，α_2、α_3 表示财政支出的收入分配效应，β_1、β_2、β_3 表示财政支出对扩大贸易开放所可能产生的影响，γ_1 表示扩大贸易开放对财政支出所可能产生的影响。具体而言：

（1）如果 α_1 和 α_2、α_3 均显著，同时 β_1、β_2、β_3 均不显著，这意味着扩大贸易开放和财政支出均能影响收入分配，但是财政支出无法影响贸易开放程度。这表明，财政支出不仅无法显著影响初次收入分配，而且无法显著影响贸易开放这一造成初次收入分配扭曲的关键因素。可以在一定程度上得出"贸易开放限制了财政支出对收入分配的调节能力"这一结论。

（2）如果 γ_1 显著，同时 α_2 或 α_3 也显著，意味着贸易开放能影响财政支出、财政支出能影响收入分配。这表明，贸易开放将通过影响财政支出规模来间接影响财政支出的收入分配效应。可以在一定程度上得出"贸易开放扭曲了财政支出对收入分配的调节能力"这一结论。

2. 指标的选取与数据说明

选用基尼系数作为收入分配差距的指标，$gini$ 为收入分配方程的被解释变量，代表收入分配的整体情况；$tradeopen$ 为贸易开放方程的被解释变量，同时也是收入分配方程和财政支出方程的核心解释变量，代表贸易开放程度，本节用（进口额＋出口额）/GDP 表示，相关数据来源于历年《中国统计年鉴》；$govexp$ 为财政支出方程的被解释变量，同时是贸易开放方程的核心解释变量（滞后 1 期、滞后 2 期的 $govexp$ 同时也是收入分配方程、贸易开放方程和财政支出方程的核心解释变量），代表政府支出规模，用（公共财政预算总支出＋政府性基金预算总支出）/GDP 表示，相关数据来源于历年《地方财政统计资料》。

X 为方程式（2-27）的控制变量集合，参考张汉林与袁佳（2011）、胡文骏（2017）等的做法，选取产业结构（*istru*）、城镇化率（*urb*）、资本开放程度（*capit*）、经济发展程度（*pergdp*）、所有制结构（*private*）和财政分权（*fd*），以及加入 WTO 虚拟变量（D_{2001}）、所得税分享机制改革虚拟变量（D_{2002}）这些变量。其中产业结构选用第三产业就业人数占总就业人数之比作为度量指标；城镇化率选用非农业人口占总人口之比作为衡量指标；资本开放程度选用 FDI 占 GDP 之比作为衡量指标；经济发展程度选用人均 GDP 增长率作为衡量指标；所有制结构选用非国有部门固定资产投资总额占全社会固定资产投资总额之比作为衡量指标；财政分权用地方政府实际入库的税收收入占地方政府总税收收入之比为度量指标；加入 WTO 虚拟变量 D_{2001} 分别取值 0（1998—2000 年间）和 1（2001—2009 年间）；所得税分享机制改革虚拟变量 D_{2002} 分别取值 0（1998—2001 年间）和 1（2002—2009 年间）。X 控制变量集合一共有八个变量。

Y 为方程（2-28）的控制变量集合，参考许雄奇等（2006）、顾国达与麻晔（2015）等的做法，Y 控制了国内储蓄投资比（S/I）、金融发展程度（*finance*）、人口年龄结构（*astru*）、地区人口规模（*psize*）、城镇化率（*urb*）、资本开放程度（*capit*）、经济发展程度（*pergdp*）、所有制结构（*private*）和财政分权（*fd*），以及加入 WTO 虚拟变量（D_{2001}）、所得税分享机制改革虚拟变量（D_{2002}）共 11 个变量。其中国内储蓄投资比用居民储蓄存款余额占国内固定资产投资总额之比作为代理指标；金融发展程度用年末人民币贷款余额占年末人民币存款余额之比作为代理指标；人口年龄结构用 14 岁及以下、65 岁及以上人口占总人口比重作为代理指标；地区人口规模用地区总人口与地区总面积之比作为代理指标；其余变量的代理指标同前定义。

Z 为方程（2-29）的控制变量集合，参考毛捷等（2011）、高翔与黄建忠（2016）等的做法，Z 控制了产业结构（*istru*）、人口年龄结构（*astru*）、地方人口规模（*psize*）、城镇化率（*urb*）、资本开放程度（*capit*）、经济发展程度（*pergdp*）、所有制结构（*private*）和财政分权（*fd*），以及加入 WTO 虚拟变量（D_{2001}）、所得税分享机制改革虚拟变量（D_{2002}）10 个变量，这些变量的代理指标同前定义。

以上各变量的代理指标计算所用的相关数据来源于历年《中国统计年鉴》《中国人口和就业统计年鉴》和《中国税务年鉴》。

由于吉林、山东、海南、西藏没有公开可用的 2010 年以来的《地方财政统计资料》，因此，基于数据可得性，本研究使用 27 省 1998—2009 年的面板数据进行实证分析。根据联立方程模型的识别条件，本节建立的联立方程模型是过度识别的。

2.3.5 贸易开放对财政支出收入分配调节能力影响的检验

本节选用 3SLS 方法，运用 EVIEWS10 软件对联立方程模型进行估计，回归结果如表 2-14 所示（小括号中为参数的 t 统计量值）。从实证结果看，在收入分配方程中，$tradeopen$ 的系数为 0.134，显著为正，$govexp_{t-1}$ 的系数为 0.166，显著为正，这表明贸易开放将会影响国内收入分配。在贸易开放方程中，$govexp$、$govexp_{t-1}$ 和 $govexp_{t-2}$ 的系数均不显著，这表明财政支出规模的扩大并未对贸易开放程度产生明显的影响，同时也意味着财政支出无法通过影响贸易开放的规模来改变贸易开放所带来的收入分配不公。因此，贸易开放对财政支出收入调节能力的限制作用是客观存在的。在财政支出方程中，$tradeopen$ 的系数为 -0.131，显著为负，表明贸易开放程度的增加将会显著抑制财政支出规模，"效率假说"成立。因此，贸易开放将通过抑制财政支出规模来降低财政支出对收入分配的影响。当财政支出逆向调节收入分配时，"效率假说"的成立使得贸易开放在一定程度上缓解了财政支出对收入分配不公的逆向调节作用。但是，如果政府通过提高支出效率、优化支出结构等途径使得财政支出能够正向调节收入分配不公，那么在"效率假说"的影响下，贸易开放又将反过来限制财政支出对收入分配不公的正向调节能力。因此，贸易开放对财政支出收入调节能力的扭曲作用也是客观存在的。总得来看，上述回归结果与本节提出的理论假说基本一致，贸易开放限制、扭曲了财政支出的收入分配调节能力。

表 2-14 联立方程实证结果

变量	$gini$	$tradeopen$	$govexp$
$tradeopen$	0.134*** (3.229)		−0.131* (1.825)
$govexp$		2.862 (0.8958)	
$govexp_{t-1}$	0.166** (2.448)	−3.407 (−1.0597)	0.939*** (9.822)
$govexp_{t-2}$	−0.0922 (−1.405)	0.959 (1.143)	−0.214** (−2.548)
控制变量	是	是	是
常数项	是	是	是
个体效应	是	是	是
样本量	270	270	270
R^2	0.925	0.959	0.935

注：符号"***""**"和"*"分别表示显著性水平为 1%、5% 和 10%。

为了检验回归结果是否稳健，本节还分别用城镇居民收入基尼系数、农村居民收入基尼系数和城乡收入比，代替主回归中的居民收入基尼系数（$gini$），重新对联立方程模型进行 3SLS 估计，其中城镇居民收入基尼系数（$ugini$）、农村居民收入基尼系数（$rgini$）的数据来源于田卫民（2012），城乡收入比（$urgap$）＝城镇居民人均可支配收入/农村居民人均纯收入，回归结果如表 2－15 所示（小括号中为参数的 t 统计量值）。总得来看，稳健性检验的结果与主回归基本一致，这也进一步验证了本节的核心论点。

表 2－15　稳健性检验

变量	$ugini$ 方程组			$rgini$ 方程组			$urgap$ 方程组		
	$gini$	$tradeopen$	$govexp$	$gini$	$tradeopen$	$govexp$	$gini$	$tradeopen$	$govexp$
$tradeopen$	0.106** (2.12)		−0.124* (1.051)	0.371*** (3.805)		−0.176*** (2.027)	0.708** (2.029)		−0.163** (2.254)
$govexp$		3.030 (0.936)			3.669 (1.158)			3.407 (1.06)	
$govexp_{t-1}$	0.180** (2.15)	−3.663 (−1.127)	0.937*** (9.62)	0.477*** (2.981)	−4.149 (−1.302)	0.898*** (8.804)	0.982* (1.684)	−4.173 (−1.294)	0.886*** (1.317)
$govexp_{t-2}$	−0.0335 (−0.371)	0.950 (1.118)	−0.22*** (−2.61)	−0.0244 (−0.152)	1.129 (1.357)	−0.206** (−1.962)	0.234 (0.372)	1.055 (1.25)	−0.213** (−2.533)
控制变量	是	是	是	是	是	是	是	是	是
常数项	是	是	是	是	是	是	是	是	是
个体效应	是	是	是	是	是	是	是	是	是
样本量	270	270	270	270	270	270	270	270	270
R^2	0.637	0.958	0.937	0.196	0.954	0.915	0.952	0.955	0.921

注：符号"＊＊＊""＊＊"和"＊"分别表示显著性水平为 1％、5％和 10％。

2.3.6　贸易开放、预算结构、支出类别与收入分配效应的检验

1. 基于预算结构的进一步检验

从支出规模的确定、资金使用方式等方面来看，公共财政预算支出和政府性基金预算支出有着明显不同（胡文骏和刘晔，2016），因此有必要分别进行分析。财政支出的经济分类是按支出的经济性质和具体用途所做的一种分类，我国支出经济分类科目具体包括工资福利支出、商品和服务支出、对个人和家庭的补助、对企事业单位的补贴、转移性支出、赠与、债务利息支出、债务还本支出、基本建设支出、其他资本性支出、贷款转贷及产权参股和其他支出共12类。从财政支出的经济分类看，有很大一部分公共财政预算支出被用于财

政供养人口的工资福利支出、对个人和家庭的补助等费用的发放，因此财政供养人口规模能在一定程度上代表"人员经费预算支出"的规模。基于此，本节将沿用上述联立方程模型的实证框架，分别分析公共财政预算支出（$pexp$）、政府性基金预算支出（$fexp$）和财政供养人口（$fisdep$）的收入分配效应。其中，公共财政预算支出 $pexp=$公共财政预算支出$/$GDP，政府性基金预算支出 $fexp=$政府性基金预算支出$/$GDP，财政供养人口 $fisdep=$行政、事业单位的财政供养人口$/$非农业人口，回归结果如表 2-16 所示。

表 2-16　基于预算结构的进一步检验

变量	$pexp$ 方程组			$fexp$ 方程组			$fisdep$ 方程组		
	$gini$	$tradeopen$	$pexp$	$gini$	$tradeopen$	$fexp$	$gini$	$tradeopen$	$fisdep$
$tradeopen$	0.136*** (3.598)		−0.135** (−2.389)	0.155*** (3.209)		−0.0332 (−0.888)	0.117*** (2.896)		0.00614 (0.0185)
$pexp$		2.358 (0.754)							
$pexp_{t-1}$	0.218*** (3.045)	−2.768 (−0.861)	0.995*** (11.72)						
$pexp_{t-2}$	−0.109 (−1.403)	0.875 (0.978)	−0.236*** (−2.703)						
$fexp$					35.08 (1.00)				
$fexp_{t-1}$				0.292* (1.791)	−29.41 (−1.07)	0.720*** (6.923)			
$fexp_{t-2}$				0.209 (1.168)	3.472 (0.796)	−0.141* (−1.715)			
$fisdep$								4.394 (0.247)	
$fisdep_{t-1}$							−0.177 (−0.917)	0.441 (0.054)	0.440*** (5.50)
$fisdep_{t-2}$							−0.00730 (−0.069)	−1.347 (−1.61)	0.0368 (0.823)
控制变量	是	是	是	是	是	是	是	是	是
常数项	是	是	是	是	是	是	是	是	是
个体效应	是	是	是	是	是	是	是	是	是
样本量	270	270	270	270	270	270	270	270	270
R^2	0.917	0.963	0.932	0.913	0.699	0.812	0.927	0.965	0.981

注：符号"＊＊＊""＊＊"和"＊"分别表示显著性水平为 1%、5% 和 10%。

在公共财政预算支出方程组中，收入分配方程的 $tradeopen$ 的系数为 0.136，显著为正，$pexp_{t-1}$ 的系数为 0.218，显著为正，贸易开放方程的 $pexp$、$pexp_{t-1}$ 和 $pexp_{t-2}$ 的系数均不显著，财政支出方程中 $tradeopen$ 的系数为 -0.135，显著为负。在政府性基金预算支出方程组中，收入分配方程的 $tradeopen$ 的系数为 0.155，显著为正，$fexp_{t-1}$ 的系数为 0.292，显著为正，贸易开放方程的 $fexp$、$fexp_{t-1}$ 和 $fexp_{t-2}$ 的系数均不显著，财政支出方程的 $tradeopen$ 的系数不显著。在财政供养人口方程组中，收入分配方程的 $tradeopen$ 的系数为 0.117，显著为正，$fisdep_{t-1}$ 和 $fisdep_{t-2}$ 的系数均不显著，贸易开放方程的 $fisdep$、$fisdep_{t-1}$ 和 $fisdep_{t-2}$ 的系数均不显著，财政支出方程的 $tradeopen$ 的系数也不显著。

基于预算结构的进一步检验结果表明：（1）公共财政预算支出、政府性基金预算支出均显著扩大了居民收入差距，这表明财政支出逆向调节收入分配不公的特征非常明显。（2）贸易开放将显著抑制公共财政预算支出的规模，但是不会显著影响政府性基金预算支出的规模，这表明贸易开放将会扭曲公共财政预算支出的收入分配效应，而不会扭曲政府性基金预算支出的收入分配效应。（3）财政供养人口所代表的"人员经费预算支出"规模膨胀不会对收入分配产生显著影响，贸易开放也不会显著影响财政供养人口的规模，表明政府人员经费规模的膨胀不会对国民收入分配产生显著影响，且贸易开放不会影响政府在人员经费划拨方面的决策。（4）不同预算结构的财政支出均无法显著影响贸易开放的规模，说明财政支出无法改变贸易开放所带来的收入分配不公。

2. 基于支出类别的进一步检验

为了进一步分析不同类别的财政支出的收入分配效应，本节将财政支出（包含公共财政预算支出和政府性基金预算支出）划分为工商部门、农业部门、民生部门和其他部门四个类别。具体来说，工商部门包括工业部门、交通部门、商贸部门、流通部门、建设部门、邮电部门、国有资产部门、旅游部门、地质部门、能源部门；农业部门包括农业部门、林业部门、水利部门、气象部门；民生部门包括教育部门、科学部门、卫生部门、社会保障部门、民政部门、文化部门、体育部门、传媒部门、计生部门；其他部门包括所有未被列入的其他部门。关于公共财政预算支出，本节利用历年《地方财政统计资料》中细化到款级科目的公共财政预算支出数据，按照相同的统计口径，将地方公共财政总支出归集为上述 4 个类别；关于政府性基金预算支出，按照相同的统计口径将历年《地方财政统计资料》中披露的地方政府性基金总支出归集为上述 4 个类别。本研究继续沿用上述联立方程模型的实证框架，分别分析工商部门财政支出、农业部门财政支出、民生部门财政支出、其他部门财政支出的收入分配效应，其中，工商部门财政支出（$govexp\,\mathrm{I}$）＝公共财政预算、政府性基金预算当中的工商部门财政支出/GDP，农业部门财政支出（$govexp\,\mathrm{II}$）＝公共财政预算、政府性基金预算当中的农业部门财政支出/GDP，民生部门财政支出（$govexp\,\mathrm{III}$）＝公共财政预算、政府性基金预算当中的民生部门财政支出/GDP，其他部门财政支出（$govexp\,\mathrm{IV}$）＝公共财政预算、政府性基金预算当中的其他部门财政支出/GDP，回归结果如表 2-17 所示。

在工商部门财政支出方程组中，收入分配方程的 $tradeopen$ 的系数为 0.123，显著为正，$govexp\,\mathrm{I}_{t-2}$ 的系数为 -0.309，显著为负，贸易开放方程的 $govexp\,\mathrm{I}$、$govexp\,\mathrm{I}_{t-1}$ 和 $govexp\,\mathrm{I}_{t-2}$ 的系数均不显著，财政支出方程的 $tradeopen$ 的系数为 -0.0488，显著为负。在农业部门财政支出方程组中，收入分配方程的 $tradeopen$ 的系数为 0.131，显著为正，$govexp\,\mathrm{II}_{t-1}$ 的系数为 0.495，显著为正，贸易开放方程的 $govexp\,\mathrm{II}$、$govexp\,\mathrm{II}_{t-1}$ 和 $govexp\,\mathrm{II}_{t-2}$ 的系数均不显著，财政支出方程的 $tradeopen$ 的系数为 -0.0328，显著为负。在民生部门财政支出方程组中，收入分配方程的 $tradeopen$ 的系数为 0.125，显著为正，$givexp\,\mathrm{III}_{t-1}$ 的系数为 0.236，显著为正，贸易开放方程的 $givexp\,\mathrm{III}$、$givexp\,\mathrm{III}_{t-1}$ 和 $givexp\,\mathrm{III}_{t-2}$ 的系数均不显著，财政支出方程的 $tradeopen$ 的系数为 -0.0553，显著为负。在其他部门财政支出方程组中，收入分配方程的 $tradeopen$ 的系数为 0.135，显著为正，$givexp\,\mathrm{IV}_{t-1}$、$givexp\,\mathrm{IV}_{t-2}$ 的系数均不显著，贸易开放方程的 $givexp\,\mathrm{IV}$、$givexp\,\mathrm{IV}_{t-1}$ 和 $givexp\,\mathrm{IV}_{t-2}$ 的系数均不显著，财政支出方程的 $tradeopen$ 的系数为 -0.111，显著为负。

以上基于支出类别的进一步检验结果表明：（1）工商部门财政支出将显著缩小国内收入差距，该类财政支出促进了工商业落后地区的经济发展和人均收入水平的提高，进而表现为对收入分配不公的正向调节。（2）农业部门财政支出将显著扩大国内收入差距，可能是因为该类财政支出在资金分配时更容易被农村高收入群体获取（万海远等，2015），进而表现为对收入分配不公的逆向调节。（3）民生部门财政支出将显著扩大国内收入差距，该类财政支出存在严重的"城市偏向"（陆铭和陈钊，2004；雷根强和蔡翔，2012），进而表现为对收入分配不公的逆向调节。（4）其他部门财政支出 对收入分配并无显著影响，表明旨在提供纯公共品（如国防、外交、公共安全）的财政资金不会表现出明显的收入分配效应。（5）贸易开放将显著抑制不同类别的财政支出规模，表明贸易开放将会扭曲不同类别财政支出的收入分配效应。（6）不同支出类别的财政支出均无法显著影响贸易开放的规模，进一步说明财政支出无法改变贸易开放所带来的收入分配不公。

表2-17 基于支出类别的进一步检验

变量	govexp I 方程组			govexp II 方程组			govexp III 方程组			govexp IV 方程组		
	$gini$	$tradeopen$	$govexp\,I$	$gini$	$tradeopen$	$govexp\,II$	$gini$	$tradeopen$	$govexp\,III$	$gini$	$tradeopen$	$govexp\,IV$
$tradeopen$	0.123*** (3.417)		-0.0488* (-1.929)	0.131*** (3.411)		-0.0328** (-2.36)	0.125*** (3.307)		-0.0553* (-1.887)	0.135*** (3.207)		-0.111** (2.362)
$govexp\,I$		-20.41 (-0.159)										
$govexp\,I_{t-1}$	0.184 (1.363)	10.67 (0.158)	0.528*** (7.263)									
$govexp\,I_{t-2}$	-0.309** (-2.306)	-0.924 (-0.081)	-0.0416 (-0.568)									
$govexp\,II$					7.152 (0.991)							
$govexp\,II_{t-1}$				0.495** (2.004)	-5.807 (-1.308)	0.482*** (5.697)						
$govexp\,II_{t-2}$				0.0559 (0.233)	-1.176 (-0.792)	-0.0551 (-0.665)						
$govexp\,III$								5.205 (0.320)				
$govexp\,III_{t-1}$							0.236* (1.829)	-5.005 (-0.949)	0.791*** (9.875)			
$govexp\,III_{t-2}$							-0.0321 (-0.255)	1.526 (1.026)	-0.173** (-2.291)			
$govexp\,IV$											15.50 (1.095)	
$govexp\,IV_{t-1}$										0.201 (1.305)	-15.55 (-1.183)	0.773*** (5.684)
$govexp\,IV_{t-2}$										0.134 (0.736)	2.712 (0.814)	-0.333** (-2.25)
控制变量	是	是	是	是	是	是	是	是	是	是	是	是
常数项	是	是	是	是	是	是	是	是	是	是	是	是
个体效应	是	是	是	是	是	是	是	是	是	是	是	是
样本量	270	270	270	270	270	270	270	270	270	270	270	270
R^2	0.931	0.900	0.789	0.926	0.963	0.863	0.929	0.962	0.916	0.924	0.931	0.709

注：符号"***""**"和"*"分别表示显著性水平为1%、5%和10%。

2.3.7　主要结论与政策启示

1. 主要结论

本节利用 27 个省级单位 1998—2009 年间的面板数据，在联立方程模型的框架下分析了财政支出、贸易开放以及二者之间可能存在的相互作用关系对收入分配调节的影响，以期发现扩大贸易开放对财政支出的收入分配调节能力的影响，并据此提出提高财政支出效率的对策建议。为了更为全面地反映中国财政支出的特征，按照预算结构的不同，本研究将财政总支出划分为公共财政预算支出、政府性基金预算支出两个部分；按照支出类别的不同，本研究财政总支出进一步划分为工商部门财政支出、农业部门财政支出、民生部门财政支出、其他部门财政支出 4 个类别。实证结果表明：

（1）贸易开放将会明显恶化国内收入分配，而且任何预算结构、支出类别的财政支出均无法显著影响贸易开放，这表明财政支出无法通过影响贸易开放程度来改变贸易开放所带来的收入分配不公，贸易开放在一定程度上限制了财政支出的收入分配调节能力。

（2）"效率假说"在中国整体成立，贸易开放抑制了不同预算结构、不同支出类别的财政支出规模，这表明贸易开放能通过影响财政支出规模来间接影响财政支出的收入分配效应，贸易开放在一定程度上扭曲了财政支出的收入分配调节能力。

（3）财政支出整体上扩大了收入差距，这一逆向调节作用主要来源于本该有效缩小收入差距的农业部门财政支出、民生部门财政支出。

总的来说，扩大贸易开放的确限制、扭曲了财政支出的收入分配调节能力。同时，财政支出非但没有缩小收入差距，反而扩大了收入差距，表现出了逆向调节收入分配不公的特征。

2. 政策建议

基于这些结论，本节提出如下政策建议。

（1）要充分认识到财政支出收入分配调节能力的有限性。

在选择财政支出作为调节收入分配不公的政策工具时，要充分认识到其影响边界。财政支出只能作为"一揽子"政策工具当中的一种，其作用绝对不是万能的。

（2）要充分挖掘财政支出本应发挥的收入再分配功能。

通过消除城乡二元结构，提高财政支出效率，转变财政支出的城市偏向，逐步实现公共服务均等化等途径，充分挖掘农业部门、民生部门财政支出的收入分配调节能力，使其在未来真正成为调节收入分配不公的重要政策工具。

（3）要尽量减轻贸易开放对财政支出收入调节能力的扭曲作用。

当"效率假说"成立时，财政支出即使能够有效调节收入分配不公，其调节能力也会受到来自贸易开放的扭曲。因此，在提高财政支出收入调节能力的同时，还应逐渐转变经济发展方式，鼓励地方政府使用降低税率、减少财政支出以外的方式来吸引生产要素流入，从而尽可能减轻贸易开放对财政支出规模的抑制作用，进而减小财政支出收入调节能力所可能遭受的扭曲。

2.4　对外开放对中国经济发展效率的影响研究

对外开放对经济发展的影响存在一定的时空上的异质性，这也是当前我国经济发展不平衡不充分的重要动因。这为本节分析对外开放对经济增长影响的时空效应提供了很好的分析视角。本节通过将进出口贸易和外商投资作为对外开放的代理变量，从对外开放对我国经济发展效率的影响视角实证分析对外开放对我国经济发展全要素生产效率的影响。在分析过程中，本节分别从整体性、区域性、阶段性和空间性四个视角分析对外开放对我国全要素生产率的影响，得出相应的研究结论，并据此提出促进中国经济高质量发展的政策建议。

2.4.1　研究综述与问题的提出

改革开放 40 多年来，我国不断加快对外开放水平，出口贸易和外商投资取得了长足的发展。对外开放成为推动中国经济高速高质发展的重要力量，取得了举世瞩目的发展成就。党的十九大报告提出："经过长期努力，中国特色社会主义进入了新时代，这是我国发展新的历史方位。"中国特色社会主义进入新时代，我国社会的主要矛盾发生了深刻变化，人民日益增长的美好生活需要和不平衡不充分的发展之间的矛盾成为新时代的主要矛盾。提高经济发展效率，实现我国经济发展质量的全面提升成为全社会关注的焦点。党和国家提出推动经济高质量发展的目标，持续优化资源配置、深化开放合作、提高经济发展效率、实现经济结构转型升级。尤其是在当前全球经济社会格局发生重大变革的形势下，对外开放呈现出的新的挑战，如何通过高水平的对外开放促进我国经济转型升级，提升要素利用效率，实现经济的高质量发展成为当前经济发展的重要任务。在此背景下，通过分析对外开放对我国全要素生产效率的影响，并从对外开放对我国经济发展全要素生效率的整体性、区域差异性、阶段性以及空间溢出效应进行分析，从而为实现更高水平的对外开放，提高我国经济发展的质量和效率，具有重要的理论价值和实践意义。

关于对外开放对经济效率的影响，国内外学者进行了丰富的理论和实证研究。爱德华兹（Edwards，1998）通过回归分析了包括中国在内的 93 个国家全要素生产率与对外开放之间的关系，发现二者之间存在显著的正向关联。在此基础上，安德森（Andersson，2001）通过瑞典制造业数据实证发现对外开放带来技术外溢，是生产效率提升的重要因素。卡梅农和吴（Camernon & Wu，2004）进一步将这种效率提升进行分解，通过 APEC 经济体 1980－1997 年间对外开放对全要素生产率的影响发现对外开放不仅显著影响技术效率变化，也影响技术进步。杨等（Yang et al.，2013）利用微观的个体企业数据对这一问题进行分析，通过台湾地区制造业的外商直接投资企业数据，利用得分匹配选择对照组，发现外商直接投资活动与制造业的技术效率提升存在积极的正相关。斯维丁和杰斯珀（Svedin & Jesper，2016）通过瑞典制造业的数据实证发现外商直接投资对企业生产效率具有积极影响。

然而，持不同观点的学者也大有人在。亚历山德罗和乔吉斯等（Alessandro，Georges et al.，2008）通过西班牙企业数据实证分析外商直接投资通过增加竞争强度和充当技术转换角色，长期来看能够对企业经营绩效产生积极的促进作用，但是仅存在于研发投入密集型企业。麦卡蒂（Mccarty，2009）通过两阶段法分析了 17 个拉丁美洲国家和 24 个经合组织国家的生产效率与贸易开放的关系，发现拉丁美洲和经合组织国家的开放度变化与生产效率变化之间存在负相关。

国内学者关于对外开放与经济发展效率的研究，主要包括以下几个方面。一是认为对外开放对中国经济发展效率具有积极的促进作用。沈坤荣和耿强（2001）通过实证分析发现外商直接投资可以通过技术外溢效应改善东道国经济发展的技术水平和组织效率，促进国民经济发展过程中综合要素生产率的提高。何枫（2004）通过随机前沿分析技术实证研究了经济开放度对我国技术效率进步的影响，发现对外经济开放的提高对我国技术效率增长产生显著的正向促进作用。原小能和杨向阳（2014）通过对服务业领域数据的分析发现，外商直接投资带来了我国总体服务业全要素生产率的提高。郭璐和田珍（2016）通过微观企业数据的实证分析发现，外商直接投资对战略性新兴产业综合效率、技术效率、规模效率提升有显著促进作用。张振平（2018）研究发现，外商直接投资通过规模效应、结构效应和技术效应间接影响城市效率。李成友等（2018）通过国际数据实证分析发现，通过外贸和外资渠道获得发达国家或者地区的技术溢出能够有效提高技术效率水平。

究其内在影响的内在机制，学者们从不同角度和路径进行了大量的分析。从能源利用效率的角度出发，对外开放有助于能源利用效率的提高、企业生产效率的提高，有利于降低产能过剩（李未无，2008；陈晓珊和刘洪铎，2016），且存在向上游和下游企业溢出的作用（覃毅和张世贤，2011）。总体来看，外商直接投资的增加有助于提升能源效率，进出口贸易也能显著提升能源效率（王领和陈芮娴，2019）。从外商直接投资提升地区资本配置效率的角度出发，彭镇华和习明明（2018）以1999－2006年中国大陆28个地区27个工业行业为样本实证分析发现，外商直接投资显著改善了地区资本配置效率。外商直接投资的流入有利于资本配置效率的提高，随着外资规模的增加，资本配置效率也得以强化（赵奇伟，2010）。才国伟和杨豪（2019）研究发现，外商直接投资是通过降低企业融资约束、提高企业生产效率和缓解政策扭曲等途径来矫正资本市场扭曲，提高资本配置效率。李福柱和赵长林（2016）通过1989－2013年省际面板数据实证分析发现，对外开放度提高了前沿技术进步率和规模报酬收益率，是中国全要素生产率增长率的直接动力因素。还有一些学者从对外开放对政府效率的影响出发，分析了对外开放程度作用于省级政府效率，显著地提升了政府效率（高翔和黄建忠，2017）。

二是认为对外开放对全要素生产效率存在不利影响的研究。研究发现，对外开放对全要素生产率的影响当中，进口不利于技术效率提升，FDI对经济产出效率影响不显著，出口对技术进步和全要素生产率增长有轻微的负向影响（何元庆，2007）。外商直接投资带来的竞争和挤出效应妨碍了个体功能的有效发挥，这一问题在经济较发达地区尤其突出（李青原等，2010）。夏业良和程磊（2010）通过对2002－2006年中国工业企业数据进行研究发现，引入外国资本存在直接溢出效应，使企业的技术效率提高，但不存在间接溢出效应。来自外资企业的行业竞争压力过高或过低，均不利于发挥外资企业对国内企业技术进步的积极溢出作用。张中元（2013）以1999－2010年省级数据中163个工业数据考察各地区对外经济开放对资本配置效率的影响发现，外资开放度的提高会降低各地区资本配置效率。金融危机之后外资开放度不利于各地区资本配置效率的状况有所改善，出口贸易开放度对促进各地区资本配置效率的作用趋于恶化。黎贵才和卢荻（2014）认为工业企业总体的全要素生产率变动主要来自规模效率而非外商投资的技术溢出。丁锋和姚新超（2018）根据2000－2016年数据分析发现，外商投资的技术溢出效应对我国物质能源效率的影响并不显著。王贞力和林建宇（2018）通过东盟地区的数据分析发现，外商直接投资没有促进东盟全要素生产率、技术进步和技术效率的提高，全球FDI对东盟技术进步没有明显促进作用，进而导致对东盟全要素生产率的抑制。总之，学者们认为对外开放中的进出口贸易和外商投资对我国经济发展的效率并不是完全的促进作用，也可能存在负向影响。

三是对外开放对经济发展效率影响的差异性研究。从区域来看，国际贸易、外商直接投资对技术效率的影响存在一定的差异（李成友等，2014）。本市范围内外商投资水平对内资企业的净溢出效应为正，而全国范围的外商投资水平对内资企业的净溢出效应为负。本市范围内外商投资对内资企业的正向溢出效应随内资企业技术吸收能力和吸引外资企业员工的可能性提高而增强，全国范围外资对内资的负向溢出效应随内资和外资企业竞争程度提高而加剧（路江涌，2008）。贸易开放通过影响要素使用效率促进省份经济增长，相对于中西部地区而言，东部地区贸易开放对经济增长促进效应最大（黄新飞和舒元，2010）。与东部沿海地区相比，贸易开放度对中西部地区影响较小，贸易与资本和劳动要素使用效率之间关系不显著，这与我国加工贸易型经济体系的区域分布是一致的（李恒，2010）。从外商直接投资引进效率来看，我国东部地区外商直接投资引进效率普遍较高且平稳，更加具有多样性，中西部地区则较低且比较单一，不稳定（赵欣娜和雷明，2012）。外商直接投资流入对东道国经济效率的影响与地区经济开放度有显著的正向关系，因此，外商投资对经济效率的正向影响在东部地区显著（杨向阳和童馨乐，2013）。外商直接投资对我国绿色全要素生产率具有显著的抑制作用，且这种影响存在一定的区域异质性，贸易开放对绿色全要素生产率在东部沿海地区存在显著的促进作用，而在中西部内陆地区存在明显的抑制作用（李光龙和范贤贤，2019）。通过全球范围与"一带一路"沿线国家范围比较也发现确实存在显著的区域差异性（刘威等，2019）。外商直接投资对区域创新效率的正向或者负向影响建立在一定的门槛值基础上，而且表现出显著的东中西部空间异质性（龚新蜀和李永翠，2019）。

综上所述，针对现有关于对外开放对我国经济发展效率的影响研究大多局限于从单一的外商投资或进出口贸易角度进行分析，得出关于对外开放与经济发展效率的影响关系的不一致甚至是相反的结论。有关研究只注意到了东中西部地区的差异性，尚未从阶段性和空间性进行分析。因此，本研究打算从进出口贸易开放和资本开放的双重视角分析对外开放与我国经济发展效率的关系。同时从对外开放与经济增长效率的东中西部区域差异、阶段性差异来考察对外开放对经济发展效率异质性。本研究与以往研究相比能够更加全面深刻地分析对外开放对我国经济发展效率的时空发展影响。

2.4.2 对外开放对经济效率的影响机制分析与研究假说

古典贸易理论和新古典贸易理论认为不同地区之间的要素的相对生产率不同，导致各地区所生产的产品生产成本存在一定的差异。各地区基于本地优势生产产品并与其他地区进行生产和贸易往来，进出口双方均可以从国际分工中获利［卡佩罗（Capello），2007］。在对外开放过程中，商品和资本在不同国家进行流动加快了生产要素在不同地区的流动，必然对不同国家的要素生产效率产生溢出效应。

外资企业通过示范与模仿、竞争两条路径促进了同行业中的内资企业全要素生产率及技术效率的提升；经由后向关联促进了上游产业中的内资企业全要素生产率及技术效率的增长。具体来说，对外开放对地区经济发展效率的影响机制主要表现为以下几个方面。

首先，对外开放对经济发展效率的影响表现为对外开放带来的要素集聚效应。这种集聚效应主要表现为三种机制：一是劳动力的集聚效应。在对外开放的过程中，商品贸易和外商投资会对劳动力市场产生影响［德里菲尔德等（Driffield et al.），2012］，对外开放中的贸易进出口和外商投资会加快劳动力的流入进而增加企业人员的供应，这种人口的流动产生的外溢效应对工业企业技术效率产生显著的影响（姚洋和章奇，2001）。二是人力资本的集聚效应。商品贸易和外商投资的不断增加带来企业投资的不断增多，企业投资增加带来先进的企业管理经验和围绕企业发展而进行的劳动力培训，人力资本的提升有助于全要素生产效率的提升（魏下海，2009）。三是对外开放带来本地区基础服务设施水平的提高。一方面，对外开放过程中进出口贸易的发展尤其是外商投资的发展带来地区交通基础设施的改善，经济活动的通勤成本降低带动全要素生产效率的提升。另一方面，对外开放带来商业交流机会和更多商机，降低了商业成本，有助于促进商业发展的效率［泰勒和雷恩（Taylor & Wren），1997］。外商投资通过促进全要素生产率的提升和"挤入"国内自身的投资对经济增长产生了积极的"催化剂"作用。因此，经济开放能够对经济增长效率产生促进作用（朱承亮等，2009）。

其次，对外开放对经济发展效率的影响表现为学习效应。内生经济增长理论认为学习效应、知识积累等是经济发展效率提升的重要原因。学习效应和知识积累通过促进技术进步影响经济增长，技术进步可以是自主创新，也可以是从外部引进、模仿和学习（罗默，1986；卢卡斯，1988）。在对外开放过程中，进出口贸易开放和外商投资能够对本地区带来较强的学习效应，进而提升地区劳动力的技术水平。一方面，人力资本积累效应体现在学习效应所包含的出口中学、进口中学，有助于提升本地区劳动力的劳动技术，外来企业对本地员工进行培训，提高人力资本存量，形成正外部效应（德里菲尔德和泰勒，2001）。另一方面，学习效应还体现在对外资企业技术产品生产流程的模仿，对生产领域产生正外部效应［吉尔玛和瓦克林（Girma & Waklin），2001］。因此，对外开放对全要素生产率增长具有明显促进作用，这与外商投资流入、人力资本水平有密切关系（程惠芳，2002；许和连等，2006）。学习效应假说在不同国家均得到了验证，确实促进了本土制造业企业全要素生产率的提高［图奇（Tucci），2005；张杰等，2009］。

再次，对外开放对全要素生产率的影响体现在对外开放引发的竞争效应。这种竞争效应来自两个方面：一是市场企业主体的竞争带来经济发展效率的提升。在对外开放过程中，进出口贸易和外商投资加剧了市场竞争。企业在竞争压力增大条件下优化升级，提高企业生产效率和竞争力［艾特肯和哈里森（Aitken & Harrison），1999］。外资进入的竞争效应减少了垄断带来的无谓损失（陈甬军和杨振，2012），从而促使企业提高管理水平，增加市场研发投入，提高生产效率（张海洋，2005）。外资企业技术效率和资源配置效率均高于国内制造业整体水平，外资的进入成为国内企业资源配置效率提升的重要渠道之一（杨振，2014）。二是地方政府的竞争带来经济发展效率的提升。对外开放和市场化进程显著地提升了政府效率，对外开放倒逼改革，促进经济发展效率的提升（高翔等，2017）。不同地区的地方政府竞争会加快地区对外开放进而对地区的经济社会发展带来影响（罗能生等，2017）。地区政府为了获取外商投资而提升公共服务水平，加快对外开放和招商引资的步伐（邓明，2013）。据此，本节提出以下几个研究假说。

假说一：对外开放对我国经济发展效率具有积极的促进作用。进出口贸易和外商投资对外开放对我国全要素生产率存在显著的正向影响。

从区域差异的角度来看，对外开放对经济发展效率可能存在一定的区域异质性。第一，由于东部沿海地区先于中西部地区实施对外开放，因此对外开放水平存在一定的区域差异。对外开放对生产率的影响存在一定的门限特征，东部地区和中西部地区在产出效率的比较中存在一定差异（吕延方等，2015）。第二，不同地区市场化水平、企业竞争能力存在一定的差异，国内市场竞争程度是影响外商直接投资技术外溢效应的重要变量，是外商直接投资流入和对不同地区产生差异影响的原因，市场竞争程度较高地区能抑制外商直接投资对本地企业产生的负面影响，进而产生正向外溢效应（张倩肖，2007）。第三，不同地区政府竞争能力差异对地区对外开放水平产生一定影响（郑展鹏等，2012），这进一步加剧对外开放对不同地区经济发展效率的差异影响。地方政府针对外商直接投资展开优惠政策竞争，这些竞争会通过降低流入外资质量或提高外资企业相对竞争力的方式影响外商投资的技术溢出效应（周游等，2016）。西部地区由于引资质量较低，外商投资会阻碍区域内生产率水平提高，并且地方政府竞争会加剧这种阻碍作用。总体来看，外商直接投资对地区全要素生产率存在溢出效应而且主要源于东部地区。

假说二：对外开放对我国经济发展效率的影响存在一定的区域差异性。进出口贸易开放和外商投资开放对东部地区经济发展效率的影响比较显著，对中西部经济发展效率的影响不太显著。

从对外开放对我国经济发展效率影响的阶段性差异来看，我国对外开放在不同时期存在不同的政策特点。我国对外开放由初期的以市场换技术、依赖资源要素投入的粗放型发展逐步转变为以加快经济发展转型和促进要素生产效率提升为核心，通过对外开放提升经济发展的质量和效率的阶段。我国对外开放从政策性开放走向有选择的制度性开放，再到全面制度性开放，我国对外贸易制度也跟随对外开放的步伐，由数量控制型制度走向规制型制度（杨艳红和卢现祥，2018）。不同阶段对外开放政策的着力点的转变必然对经济发展效率带来一定的差异化影响。

假说三：对外开放对我国经济发展效率的影响存在一定的阶段性差异。随着我国对外开放政策的调整，进出口贸易和外商投资的质量水平逐渐提升，对外开放对经济发展效率的影响显著增强。

从对外开放对我国经济发展效率的空间溢出效应来看，地方政府为了在区域经济竞争当中脱颖而展开竞争，必然会在对外开放中加大进出口贸易和吸引外资来促进地区经济发展效率的提高，外商直接投资表现出同样的经济外溢效应。

假说四：在考虑空间效应的影响下，对外开放对我国经济发展效率存在一定的空间溢出效应。进出口贸易开放和外商投资开放对经济发展效率存在显著的正向空间溢出效应。

2.4.3 实证分析模型构建、变量选取与数据说明

1. 实证分析模型的构建

由于对外开放带来的不稳定性因素太多，而且在实证指标上的选取较为困难。故本节以对外开放程度加深可能给一国经济带来显著影响中的一个重要指标为例进行实证分析，即经济发展效率，其可用全要素生产率（tfp）进行衡量。本节通过构建对外开放对经济发展效率影响的实证分析模型进行分析。通过借鉴前人相关的研究成果，从进出口贸易和外商投资对外开放对全要素生产率的影响进行实证分析，同时加入影响经济发展效率的其他控制变量，建立以下基本回归模型：

$$tfp_{it} = a_0 + a_1 tradeopen_{it} + a_2 fdi_{it} + \sum_{j=3}^{n} a_j X_{jit} + \mu_i + \varepsilon_{it} \quad (2-30)$$

模型（2-30）中，tfp_{it} 代表 i 省第 t 年的经济发展效率，$tradeopen_{it}$ 代表 i 省第 t 年的进出口贸易开放程度，fdi_{it} 代表 i 省第 t 年的外商投资开放程度，X 是模型的控制变量集合，μ_i 为不随时间变化的固定效应，ε_{it} 为随机扰动项，α_0 为常数项，α_j 为各个变量的待估计影响系数。

2. 变量选择与数据来源说明

被解释变量：经济发展效率（tfp_{it}）。由于全要素生产率反映了经济发展过程中生产要素的利用效率，在一定程度上反映了经济发展的效率水平。因此，本节关于经济发展效率的衡量借鉴大多数学者的通用做法，用全要素生产率来代表地区经济发展的效率水平。

核心解释变量：（1）进出口贸易开放（$tradeopen_{it}$）。本研究借鉴盛斌和毛其淋（2011）的做法，用进出口贸易总额/GDP 比值代表贸易开放。（2）外商投资开放（fdi_{it}）。用实际利用外资额/GDP 比值代表外商投资开放。

X 为方程式（2-30）的控制变量集合，参考现有研究成果，加入可能对经济发展水平产生影响的其他控制变量，选取城镇劳动力（$labor$）、固定资产投资（$fixinv$）、城市公共基础设施（$road$）、人力资本（$college$）、财政自主性（fa）和市场化水平（$market$）这些变量。其中，城镇劳动力指标根据索洛经济增长模型，劳动力供给是影响经济发展效率的重要因素，因此选择劳动力供给与地区总人口之比作为城镇劳动力变量的代理指标；固定资产投资能够为经济发展提供基础设施保障，因此选用固定资产投资作为经济发展效率的控制变量；城市公共基础设施能够促进区域内生产要素的流动，因此选用人均道路面积作为经济发展效率的控制变量；人力资本是经济发展和效率提升的重要因素，因此选用城市在校大学生人数占地区总人数之比作为经济发展效率的控制变量的代理指标；财政自主性代表了政府在财政支出上的充实程度，越高的收入支出比表示地方政府财政自由度越高，借鉴左翔等（2013）的观点，利用一般预算收入与一般预算支出的比值测度政府财政自主性，作为经济发展效率的控制变量的代理变量；市场化水平，借鉴康继军等（2007）的做法，地区经济发展中的市场化水平在一定程度上代表着经济发展的市场竞争状况，进而影响着地区生产要素的效率，因此，用（1-政府财政支出的 GDP 占比）来代表地区经济发展过程中的市场化水平代理指标。数据均来自中国经济社会发展统计数据库 2000-2018 年我国 30 个省、自治区、直辖市的数据（西藏自治区除外），同时为了消除通货膨胀因素的影响，对涉及金额的变量以 2000 年为基期进行 CPI 指数平减。为了消除异方差的影响，对绝对值较大的指标进行自然对数处理，各变量的统计描述如表 2-18 所示。

表 2 - 18　变量的统计描述分析

变量	样本数	均值	标准差	最小值	最大值
tfp_{it}	570	1.0051	0.007232	0.977	1.06
$tradeopen_{it}$	570	0.31309	0.396952	0.0167	1.8014
fdi_{it}	570	0.026615	0.02398	0.000384	0.15361
$road_{it}$	570	12.1072	4.46512	3.9	25.89
$labor_{it}$	570	0.19281	0.10485	0.0625	0.7131
$\ln fixinv_{it}$	570	8.2864	1.3175	4.7637	10.9191
$college_{it}$	570	0.014286	0.0075	0.001522	0.03582
fa_{it}	570	0.51896	0.18973	0.1483	1.2467
$market_{it}$	570	0.8056	0.09133	0.37314	0.93741
$traffic_{it}$	570	10.723	3.99107	3	26.64

2.4.4　实证分析

本小节基于实证分析模型（2-30），利用我国 30 个省、自治区、直辖市面板数据进行实证分析，检验对外开放对我国经济发展效率的影响。在分析过程中，首先从整体样本检验了进出口贸易和外商投资对我国经济发展效率的影响，然后对东中西部地区的样本和不同时间阶段的样本分类检验，最后通过空间计量模型分析了进出口贸易和外商投资对我国经济发展效率的空间影响。在实证分析之前，首先对各个变量的膨胀因子检验，各个变量膨胀因子均小于 10，说明各个变量之间不存在多重共线性。然后进行固定效应和随机效应回归，豪斯曼（hausman）检验结果显示应拒绝解释非观测效应和与变量无关的假设，故选择固定效应模型。模型估计结果如表 2-19 所示，分别呈现了不加入控制变量的回归（Ⅰ）、固定效应模型（Ⅱ）和随机效应模型（Ⅲ）。从回归结果来看，无论是未加入控制变量还是加入控制变量后的固定效应模型和随机效应模型，进出口贸易开放对全要素生产效率的影响均在 1% 的显著水平呈正向的影响关系。本节仅以固定效应结果为例进行分析。

表 2 - 19　对外开放对我国全要素生产率的整体样本检验结果

	（Ⅰ）	（Ⅱ）	（Ⅲ）
$tradeopen_{it}$	0.2761***	0.00399***	0.00354***
	(4.69)	(2.70)	(2.69)
fdi_{it}	0.1570***	0.0749***	0.0370**
	(5.23)	(3.58)	(2.23)

	（Ⅰ）	（Ⅱ）	（Ⅲ）
$road_{it}$		0.0000317 (0.26)	0.0000964 (1.10)
$labor_{it}$		0.0170*** (2.80)	0.0129*** (2.84)
$fixinv_{it}$		−0.00442*** (−7.40)	−0.00470*** (−9.66)
$people_{it}$		0.00844 (1.60)	0.00533*** (6.29)
fa_{it}		−0.0269*** (−5.79)	−0.0126*** (−3.75)
$market_{it}$		0.0223*** (2.74)	0.0125** (2.18)
时间固定效应	控制	控制	控制
省份固定效应	控制	控制	控制
常数项	0.5932*** (241.82)	0.960*** (22.07)	0.989*** (241.82)
样本数	570	570	570
R^2	0.0436	0.470	0.4086

注：括号中为 t 统计量值，符号"＊＊＊""＊＊"和"＊"分别表示显著性水平为 1％、5％和 10％。

1. 对外开放对全要素生产率影响的全样本检验

从表 2-19 来看，进出口贸易开放和外商投资开放对全要素生产率的影响系数分别为 0.00399 和 0.0749，这说明进出口贸易开放和外商投资开放对我国经济发展效率的影响存在显著的正向影响。固定效应模型下的拟合度为 0.470。控制变量方面，交通运输通达性对全要素生产率的影响呈不显著的正向影响，这可能与近年来交通运输条件的改善尚未在提升经济发展效率中显著地体现出来有关。城镇劳动力就业对全要素生产率的影响在 1％的显著水平上呈正相关，影响系数为 0.0170，这说明城镇劳动力的增加能够显著地促进地区经济发展效率的提高。固定资产投资对全要素生产率的影响在 1％的显著水平上呈负相关，影响系数为 −0.00442，这可能是由于固定资产投资过度会对其他市场投资产生挤出效应，尤其是我国固定资产投资当中存在较多重复建设的问题，从而不利于经济发展效率的提升。人口集聚对全要素生产率的影响显著性尽管低于 10％，但是仍然具有较好的正向显著性，这可能由于人口集聚能够在一定程度上带来集聚效应，对经济发展效率的影响存在正向促进作用。

地方政府财政自主性对全要素生产率的影响在1‰的显著水平上呈负相关，影响系数为－0.0269，这可能由于政府财政自主性越高，政府对经济的干预能力就越强，对要素配置效率带来不利影响。市场化水平对全要素生产率的影响在1‰的显著水平上呈正相关，影响系数为0.0223，这说明市场化水平越高，经济发展的各种要素市场竞争越充分，进而越有利于全要素生产率的提升。

2. 对外开放对我国东中西部地区经济发展效率影响的检验

由于我国对外开放政策由东部沿海向中西部地区梯度实施以及地方政府在对外开放当中存在一定的竞争能力差异，据此，本部分在前一部分的研究基础上，将我国30个省、自治区、直辖市样本数据分为东中西部，进而来检验对外开放对我国经济发展效率影响的区域差异性。模型（Ⅰ）（Ⅱ）（Ⅲ）分别是固定效应模型下东中西部地区对外开放对全要素生产率的模型估计结果。具体结果汇报如表2-20所示。

从表2-20来看，东部地区的进出口贸易开放和外商投资开放对全要素生产率的影响均在5‰的显著水平上呈正向影响，影响系数分别为0.00318和0.0601，而中部地区、西部地区的进出口贸易开放和外商投资开放对全要素生产率的影响呈不显著的影响，由此验证了假说的成立。这说明我国东部地区由于对外开放起步较早，对外开放的广度和深度相对较高，因此对外开放对经济发展效率的影响也较为显著。中西部地区由于对外开放起步较晚，对外开放对全要素生产率的影响显著性相对比较低。

表 2-20　东中西部区域对外开放对全要素生产率影响的检验结果

	（Ⅰ）	（Ⅱ）	（Ⅲ）
$tradeopen_{it}$	0.00318** (2.34)	0.00388 (0.25)	－0.00801 (－0.70)
fdi_{it}	0.0601** (2.60)	0.0805 (1.18)	0.0709 (0.98)
$road_{it}$	－0.0000363 (－0.24)	－0.0000841 (－0.21)	－0.000388 (－1.36)
$labor_{it}$	0.0136* (1.97)	0.0649*** (3.15)	0.0213 (1.46)
$fixinv_{it}$	－0.00491*** (－4.86)	－0.00838*** (－6.07)	－0.00307*** (－2.74)
$people_{it}$	－0.00295 (－0.47)	0.0632*** (2.94)	0.0323** (2.54)
fa_{it}	－0.0259*** (－3.23)	－0.0531*** (－3.94)	－0.0207*** (－3.02)

续表

	（Ⅰ）	（Ⅱ）	（Ⅲ）
$market_{it}$	−0.0289	−0.0346	0.0448***
	（−1.55）	（−0.97）	（3.65）
时间固定效应	控制	控制	控制
省份固定效应	控制	控制	控制
常数项	1.104***	0.577***	0.750***
	（20.05）	（3.09）	（7.29）
样本数	209	152	209
R^2	0.504	0.504	0.509

注：括号中为 t 统计量值，符号"＊＊＊""＊＊"和"＊"分别表示显著性水平为1%、5%和10%。

3. 对外开放对我国经济发展效率影响的阶段性检验

由于我国对外开放在不同阶段的发展目标存在一定的差异，不同阶段对外开放推进的力度和深度也不尽相同。改革开放初期我国对外开放的主要政策目标是加快改革开放步伐，以市场换空间以推动经济增长。近年来，我国改革开放的发展目标转向提高对外开放的质量和深度，而不是单纯地注重进出口贸易和外商投资的规模。因此，对外开放对我国全要素生产率的影响在不同阶段存在一定的差异性。据此，本节把我国30个省、自治区、直辖市全样本数据分为2000—2012年和2013—2018年两个阶段。模型（Ⅰ）和模型（Ⅱ）表示2000—2012年对外开放对我国全要素生产率的影响的固定效应模型和随机效应模型回归结果。模型（Ⅲ）和模型（Ⅳ）表示2013—2018年对外开放对我国全要素生产率的影响的固定效应模型和随机效应模型回归结果。具体回归结果如表2-21所示，仅按固定效应估计结果进行分析。

表 2-21　不同阶段对外开放对我国全要素生产率影响的检验结果

	2000—2012		2013—2018	
	（Ⅰ）	（Ⅱ）	（Ⅲ）	（Ⅳ）
$tradeopen_{it}$	0.00785**	0.00521***	0.0174**	0.00357
	（2.55）	（3.30）	（2.42）	（0.90）
fdi_{it}	0.0715**	0.0129	0.196***	0.0525
	（2.58）	（0.69）	（3.22）	（1.47）
$road_{it}$	−0.000007	0.0000042	−0.000314	0.0000583
	（−0.04）	（0.04）	（−0.80）	（0.49）
$labor_{it}$	−0.00841	−0.00710	0.00831	0.0180***
	（−0.63）	（−0.85）	（0.50）	（2.80）

	2000—2012		2013—2018	
	（Ⅰ）	（Ⅱ）	（Ⅲ）	（Ⅳ）
$fixinv_{it}$	−0.00421***	−0.00443***	−0.00461**	0.00143
	(−5.43)	(−7.08)	(−2.16)	(0.86)
$people_{it}$	0.00863	0.00409***	0.213***	0.00164
	(1.17)	(3.77)	(4.90)	(0.99)
fa_{it}	−0.0208***	−0.00673*	−0.0615***	−0.0143**
	(3.74)	(1.73)	(4.40)	(1.98)
$market_{it}$	0.0215**	0.00851	−0.0189	0.00257
	(1.98)	(1.15)	(0.76)	(0.29)
时间固定效应	控制	控制	控制	控制
省份固定效应	控制	控制	控制	控制
常数项	0.957***	1.002***	−0.662*	0.968***
	(16.18)	(187.96)	(−1.90)	(164.92)
样本数	390	390	180	180
R^2	0.419	0.398	0.448	0.403

注：括号中为 t 统计量值，符号"＊＊＊""＊＊"和"＊"分别表示显著性水平为1％、5％和10％。

从表 2 - 21 可以看出，2000－2012 年进出口贸易开放对全要素生产率的影响在 5％的显著水平上存在正向影响关系，影响系数为 0.00785，外商投资开放对全要素生产率的影响在 5％的显著水平上存在正向影响关系，影响系数为 0.0715。2013－2018 年进出口贸易开放对全要素生产率的影响在 5％的显著水平上存在正向影响关系，影响系数为 0.0174，外商投资开放对全要素生产率的影响在 1％的显著水平上存在正向影响关系，影响系数为 0.196。通过比较分析可以看出，对外开放对我国全要素生产效率的影响在 2013－2018 年比 2000－2012 年有了较大幅度的增加。这说明，我国进出口贸易开放和外商投资开放的质量和深度均有所提升，对经济发展效率的影响也较 2000－2012 年期间有所增长，经济发展的质量进一步提高。其他控制变量回归结果与前部分的模型结果基本上保持一致。

4. 对外开放对我国经济发展效率影响的空间效应检验

（1）全局莫兰指数（Global Moran's Ⅰ）的测算。

为了检验我国对外开放对经济发展效率的空间效应，本节首先对经济发展效率和进出口贸易以及外商投资进行 Moran's Ⅰ 指数测算。Moran's Ⅰ 指数计算结果表明：经济发展效率、进出口贸易开放和外商投资开放的全局统计指标

（Moran's Ⅰ）均为正，说明三个变量之间存在正的空间自相关性，且总体上随着时间的推移有逐渐增强的趋势。其中经济发展效率和进出口贸易在 2004 年之后的空间自相关更加显著，实际利用外资全部年份都很显著。三个变量对空间的溢出效应都很显著，这说明，随着对外开放的不断深入，进出口贸易开放和外资开放对周边地区产生一定的空间外溢效应，区域经济发展效率呈现出向周边空间外溢的趋势。

表 2 - 22　经济发展效率、进出口贸易开放和外资开放的全局 Moran's Ⅰ 指数

年份	经济发展效率（tfp）	进出口贸易开放（$tradeopen$）	实际利用外资开放（fdi）
2000	0.02	0.045	0.058*
2001	0.032	0.049	0.059*
2002	0.041	0.052	0.067**
2003	0.04	0.055	0.098***
2004	0.051	0.066**	0.099***
2005	0.104***	0.065**	0.095***
2006	0.123***	0.064**	0.103***
2007	0.081***	0.065**	0.099***
2008	0.051	0.061*	0.09***
2009	0.062**	0.065**	0.083***
2010	0.034	0.064**	0.074**
2011	0.038	0.062**	0.066**
2012	0.081	0.058*	0.085***
2013	0.095***	0.056*	0.088***
2014	0.114***	0.056*	0.091***
2015	0.083***	0.067**	0.80***
2016	0.049***	0.071***	0.123***
2017	0.071***	0.071***	0.106***
2018	0.067***	0.069***	0.121***

注：符号"＊＊＊""＊＊"和"＊"分别表示显著性水平为 1％、5％和 10％。

（2）空间计量模型的分析。

在模型（2 - 30）的基础上，分别通过构建空间滞后模型（Spatial lag model，以下简称 SLM）、空间误差模型（Spatial error model，以下简称 SEM）进行分析。其中，设 W 为空间矩阵，通过将地理单元的空间坐标位置纳入模型中构建起空间权重矩阵，如果两个地区相邻则为 1，不相邻则为 0，λ 为经济发展的空间自回归系数，ρ 为空间误差系数。

SLM 模型：

$$\ln tfp_{it}=\alpha_0+\lambda W\ln tfp_{it}+\alpha_1 tradeopen_{it}+\alpha_2 fd_{it}+\alpha_3\ln labor_{it}+\alpha_4\ln fixinv_{it}$$
$$+\alpha_5 road_{it}+\alpha_6\ln college_{it}+\alpha_7 fa_{it}+\alpha_8 market_{it}+\delta_i+\varepsilon_{it} \qquad (2-31)$$

SEM 模型：

$$\ln tfp_{it}=\alpha_0+\alpha_1 tradeopen_{it}+\alpha_2 fd_{it}+\alpha_3\ln labor_{it}+\alpha_4\ln fixinv_{it}+\alpha_5 road_{it}$$
$$+\alpha_6\ln college_{it}+\alpha_7 fa_{it}+\alpha_8 market_{it}+u_{it} \qquad (2-32)$$
$$u_{it}=\rho W u_{it}+\varepsilon_{it}$$

在构建空间滞后模型（2-31）和空间误差模型（2-32）的基础上，通过实证分析来论证对外开放对我国全要素生产率影响的空间效应。在实证分析之前，先进行豪斯曼检验，根据豪斯曼检验结果发现 P 值通过了 1% 的显著水平检验，强烈拒绝随机效应的原假设，故空间固定效应的估计结果更有效。本节仅对固定效应下的空间滞后模型和空间误差模型的估计结果进行分析。模型（Ⅰ）和模型（Ⅱ）分别给出了固定效应模型下的空间滞后模型和空间误差模型的回归结果，具体模型回归结果见表 2-23 所示。

表 2-23　对外开放对我国经济发展效率的空间效应分析

	（Ⅰ）空间滞后模型	（Ⅱ）空间误差模型
$tradeopen_{it}$	0.00458**	0.00452**
	(2.38)	(2.34)
fdi_{it}	0.0511***	0.0509***
	(3.17)	(3.17)
$road_{it}$	0.000171*	0.000175*
	(1.67)	(1.71)
$labor_{it}$	0.0140**	0.0138**
	(2.56)	(2.54)
$fixinv_{it}$	−0.00311***	−0.00312***
	(−3.15)	(−3.16)
$people_{it}$	0.00911**	0.00914**
	(1.96)	(1.96)
fa_{it}	−0.0150***	−0.0150***
	(−3.88)	(−3.87)
$market_{it}$	0.0115*	0.0117*
	(1.66)	(1.68)
ρ/λ	0.0491***	0.0503***
	(4.54)	(3.53)
样本数	570	570
R^2	0.175	0.165

注：括号中为 t 统计量值，符号"***""**"和"*"分别表示显著性水平为 1%、5% 和 10%。

从表 2 - 23 可以看出，空间滞后模型和空间误差模型的相关系数 ρ 和 λ 都是显著大于 0 的，也就是说，邻近区域经济发展效率之间存在强烈的空间溢出效应，邻近区域的经济效率对本地经济效率有积极的正向影响，地区经济效率存在强烈趋同性。由于地区学习效应和竞争效应的存在，地区经济发展效率的提升能够带动周边生产效率的提升，从而实现空间外溢。回归结果表明，核心变量进出口贸易开放和外商投资开放对全要素生产率的影响仍然在 5％ 和 1％ 的显著水平上呈正相关关系。

在考虑空间效应的情况下，交通通达性对全要素生产率在 10％ 水平上显著为正，说明交通通达性能够有效提高生产要素配置的效率。城镇劳动力就业对全要素生产率的影响在 5％ 的显著水平上呈积极影响。固定资产投资对全要素生产率的影响在 1％ 的显著水平上呈负相关。人口集聚对全要素生产率的影响在 5％ 的显著水平上呈正相关，这说明人口的集聚带来集聚效应使得要素效率得到有效的提升。财政自主性对全要素生产率的影响在 1％ 的显著水平上呈负相关。市场化水平对全要素生产率的影响在 10％ 的显著水平上呈正相关，这说明市场化能够加快要素的竞争和优化配置，从而有助于全要素生产率的提升。

2.4.5 主要结论与政策启示

1. 主要结论

本节在相关研究综述的基础上提出了理论假说，并据此构建实证分析模型，利用我国 30 个省、自治区、直辖市 2000—2018 年的面板数据对对外开放与经济发展效率的关系进行实证检验。检验结果表明，无论是进出口贸易开放还是外商投资开放对我国经济发展效率的影响均存在十分显著的正向影响。从东中西部区域差异的角度检验结果发现，进出口贸易开放和外商投资开放对我国经济发展效率的影响在东部地区较为显著，在中西部地区不太显著。从阶段性的样本检验结果来看，2012 年以前，对外开放对经济发展效率的影响均较为显著，2012 年后对外开放对经济发展效率的影响更为突出。从空间溢出效应的视角检验来看，对外开放对我国经济发展效率的影响存在明显的空间溢出效应。

2. 研究启示

基于以上结论，得到以下主要启示。

（1）要通过继续深化对外开放推动经济高质量发展。

从整体来看，改革开放四十多年对我国经济发展的显著促进作用已经被实践所证明，继续深入推进对外开放是未来中国经济高质量发展的必然选择。当前我国经济发展正在由规模增长向优化产业结构，实现高质量发展转变，因此，必须继续加快对外开放的步伐，进一步提高对外开放的广度和深度以推动经济发展。一方面要扩大国际国内的区域空间对外开放，尤其是注重加强对"一带一路"沿线国家的对外开放，增强抵御外部风险的能力。二是深化资本和贸易领域的开放，尤其是强化金融资本服务领域的对外开放以及核心产业链条的创新领域的竞争与合作，提高对外开放的深度，提升我国经济增长的科技含量和创新要素占比，真正实现经济发展由创新要素驱动。

（2）要在对外开放中更加注重东中西部区域开放的协调发展。

未来对外开放必须更加注重区域的协调发展，解决区域对外开放不平衡不充分的问题。通过深入推进对外开放助推内陆偏远地区对外开放水平，实现各地区均衡发展和共享对外开放发展成果。总体来看，对外开放有效地促进了我国经济的发展，但是还必须看到由于我国东中西部地区在地理位置、资源禀赋条件上的差异性以及对外开放发展阶段的差异性，当前我国经济发展仍然呈现出一定的区域不平衡和不充分。地区对外开放的协调推进是未来对外开放过程中必须解决的一个重要问题。未来对外开放发展的过程中需要加快推动中西部地区的对外开放政策的落地实施，通过对外开放和政府资源再分配增强地区经济发展的协调性，从而带动经济发展的整体协调，让全社会共享经济发展成果。

（3）要加强对外开放过程中经贸政策制定和实施的精准性。

我国的对外开放无论是从区域空间上还是从产业领域上已经迈出了巨大的步伐，对经济发展也产生了深远的影响。未来我国对外开放政策需要做到精准制定和实施，尤其是对于关系我国经济发展质量和效率的关键技术创新领域，政府要强化对外开放的针对性，加快对外开放政策的精准投放，积极参与国际市场的竞争。未来的对外开放过程中，应当加大第一产业对农产品领域的进出口贸易和外商投资的优惠力度；加快高新技术产业的市场开放力度，转变第二产业对于外商投资的吸收策略；积极深度参与全球高新技术的研发与合作，降低第三产业对外商投资的进入壁垒。这些都需要政府加强对外开放政策的针对性和实施过程中政策的精准投放，才能进一步释放改革开放红利，更好地服务经济转型升级。

第3章　金融与资本市场效率研究

  资本市场投融资效率关乎一个国家产业结构升级和经济发展由"速"转"质"。效率在经济上指投入与产出的关系。金融效率指金融部门的投资与产出的关系，可划分为微观与宏观两个层面。宏观金融效率通过提升金融机构投资转换率，释放更多资金服务于实体经济，最终降低企业融资成本，缓解融资约束。就微观层面而言，金融效率指金融资源在各类型金融系统中的配置效率。证券公司、银行、保险公司与信托公司等微观主体通过将金融资源配置于不同经济部门，促使企业金融资源配置逐渐均衡化，缓解融资约束。

  资本市场效率通常指资本市场实现金融资源最优配置功能的程度，最早可追溯到法国学者巴切利尔（Bachelier）的研究，他预测资本市场效率和股价的随机性有联系。从已有文献来看，资本市场效率理论常常被用来描述资本市场调节和资本配置的效率，即资本市场是否可以将资本配置到最能充分有效利用资本的企业，其核心是优化资源分配。高效率的资本市场通常指把有限的资源分配给最有效率的企业和行业，引导劳动力资源和其他社会经济资源的合理流动，优化组合，从而创造最大的社会产出并实现最大化的社会福利。

  从金融学最基本的意义上来说，资源配置是中心议题。资源配置功能主要通过金融市场体系的运作进行储蓄动员和项目选择，从而达到资源配置的目的。资源配置其有效性体现在通过金融市场体系动员储蓄，把社会上的闲散资金聚集起来，使资金的利用率大大提高。资本市场作为金融系统的核心组成部分，具有金融资源的属性特点。通过资本市场实现金融资源的优化配置，使不同表现形态的资本得到最充分有效的利用。资源的配置与资本所带来的利益分配不可分割，资本所带来的利益分配或多或少地影响和制约金融资源的配置。因此，在一定意义上说，资本市场正是通过各种利益关系的再分配，影响甚至决定了金融资源的配置。

  市场需要有不同类型和不同层次的资本来满足投融资双方多样化的交易需求。通过细分资本市场，最大限度地满足企业多样化的投融资需求，提高资本市场效率，实现资本供求平衡，进而促进资源的合理配置。因此要发挥资本市场在金融资源配置方面的作用，建设一个富有效率的多层次资本市场体系。资本市场的发展和完善必须紧紧围绕提高资本市场效率来进行，资本市场的完善和发展成熟与否，应该以资本市场的效率水平来衡量；资本市场的发展导向，应该用资本市场的效率是否提高来判断和设定。

本章从开放经济效率视角，选择四个有关金融和资本市场效率的主题进行研究，以期得到一些有价值的结论和启示。

3.1　企业金融化对资本市场定价效率的影响研究

近年来，伴随中国经济发展步入新常态，由注重经济发展速度向更加注重经济发展质量转变，"三去一降一补"推动中国经济结构调整持续深化。企业金融化是近年来理论和实践界研究探讨的热点领域。伴随着供给侧结构性改革的渐进深入，企业金融投资行为日趋活跃，越来越多的企业进入金融市场参与金融产品交易。已有研究表明，过度金融化带来的负面作用主要有两方面：一是对企业实体经营产生了负面作用（张成思和张步昙，2016）；二是影响了资本市场的功能（彭俞超等，2018）。

股价同步性是指单个公司股票价格的变动与市场平均变动之间的关联性，即所谓的股价同涨同跌现象。资本市场的基本功能是利用股票价格的信号机制实现资源的最优配置，在一个功能有效的证券市场里，价格能引导稀缺的资本实现其最大的回报。资本市场运行效率的一个重要的表现就是公司股票价格的同步性。成熟资本市场的股价能够更为充分地反映公司基本面的信息，因而具有较低的股价同步性，相反，新兴的资本市场其股价更多受市场层面因素的影响，往往表现出同涨同跌的现象，即具有较高的股价同步性。中国作为新兴市场国家的代表，资本市场股价同步性一直维持在较高水平，探寻降低股价同步性的途径，对提高我国资本市场定价效率具有重要的理论和实践意义。

3.1.1　研究基础、理论分析与研究假设

1. 研究基础及问题的提出

企业金融化可以从行为和结果两个方面进行认识和界定：从行为角度看，企业金融化是企业采取的一种偏重资本运作的资源配置方式，表现为企业资产更多地运用于投资而非传统的生产经营活动；从结果角度看，企业金融化是企业利润更多地来源于非生产经营业务的投资和资本运作，追求单纯的资本增值而非经营利润。简言之，企业金融化就是非金融企业金融投资占比和金融渠道获利占比日益提高的趋势。这个定义一方面可以清楚地解释企业金融化的过程

和后果，方便对企业金融化程度的度量；另一方面可以克服前述企业金融化概念的缺陷。

国内外大多数相关研究聚焦于金融化对企业实体经营状况的影响。企业金融化减少了企业当期研发投入，金融获利也挤出了企业创新（Gleadle et al.，2014）。金融化显著降低了企业的实业投资率和主业业绩水平，因此表现出更强的"挤出"效应，而非"蓄水池"效应（杜勇等，2017）。从"蓄水池"效应视角就金融化对资产配置效率提升的作用进行研究，指出企业配置短期金融资产有助于增加资产的流动性，降低对外部融资的依赖，从而在一定程度上"反哺"其主业 [德米尔（Demir），2009]。相对于实体经济层面影响的研究，金融化对资本市场影响方面的研究还较少。闫海洲和陈百助（2018）对上市公司持有风险金融资产的市场价值进行检验，发现产业部门的公司持有风险金融资产对其股票回报产生负向作用，这种效应在融资约束公司表现得更加强烈。用一个包含市场、公司和经理人的三期博弈模型，研究企业"脱实向虚"与股价崩盘风险之间的关系，发现企业为了隐藏负面信息而持有金融资产会显著提升企业股价崩盘风险的概率（彭俞超等，2018）。从财务学视角研究发现，企业有动机利用金融资产本身具有的"盈余管理"功能，恶化公司信息环境，进而降低股价信息含量（白俊等，2019）。

对于股价同步性影响因素的研究主要集中于两类。一类是企业内部因素与股价同步性。如古尔等（Gul et al.，2012）、列等（Lie et al.，2015）、彼德森等（Peterson et al.，2015）从审计质量、董事会特征、盈余质量等方面着手展开探讨，证实了良好的公司治理机制和信息透明度会促使股价吸收更多的公司特质信息，降低股价同步性。一类是企业外部因素与股价同步性，但该领域研究成果分歧较大。如朱红军等（2007）发现证券分析师的信息搜寻活动能够提高股票价格中公司特质信息含量，降低股价同步性。冯旭南和李心愉（2011）的研究认为分析师所发布的研究报告较少反映公司特质信息，更多地反映来自市场层面的信息，使得分析师跟进数量与股价同步性正相关。安恒和张廷（An & Zhang，2013）认为机构投资者持股比例的提高加速了股票价格对新信息的调整和吸收，从而降低了股价同步性。

综上所述，现有对于企业金融化的研究大多集中于对企业经营和发展影响等实体经济领域，主流观点认为企业金融化"挤出"效应大于"蓄水池"效应，挤占实业投资和研发等要素的资源，从而揭示了企业金融化的部分负面作用。而在资本市场方面，目前的研究整体不够充分，特别是在金融化对定价效率影响方面还有待挖掘。针对目前股价同步性研究在分析师和外部投资者作用等领域仍存在的分歧，本节将从金融化这一企业特质信息的创新角度出发，探究分析师与机构投资者的实际作用。

2. 理论分析与研究假设

股价同步性的研究离不开资本资产定价模型，与以往更多地关注模型中 β 和理论推导不同，罗尔（Roll，1985）对"为何模型的拟合优度（R^2）始终较低"这一问题给出了解释。他认为，股票价格包含三个层面的信息：第一层是市场层面的信息，如政治、经济等因素，这些因素影响市场中所有企业股票价格的波动；第二层是行业层面的信息，如新产业政策、结构调整等因素，这些因素影响某一特定行业内所有企业股票价格的波动；第三层是企业层面的信息，如财务报告的公布、股权变动等因素，这些因素影响某一特定企业股票价格的波动。当股价融入更多的市场或者行业层面的信息，或者股价中企业特质信息越少时，资本资产定价模型中的 R^2 就会越大，反之则越小。兰德尔·莫克、杨智思和余伟恩（2000）先提出股价同步性的概念，他们认为较高的 R^2 表明个股价格波动与市场整体走势具有较高的同步性，而较低的 R^2 表明个股价格波动与市场整体走势存在较大的背离。后续学者众多的理论与实证研究成果也证实了企业特质信息与股价同步性之间的密切联系。

那么，金融化程度作为企业特质信息中的一类，企业配置金融资产的数量或类型是否会对股价同步性产生影响？具体来看，企业金融化一般会产生两种效应：一是"挤出"效应；二是"蓄水池"效应。"挤出"效应指的是由于企业存在资源约束，金融资产配置与实体投资是一种替代关系，这将直接抑制企业主业等产生自身经营特征要素（杜勇，2017）。换言之，金融化将"挤出"企业特质信息，且新增的金融资产将为企业带来更多的市场和行业层面的信息，增强企业经营状况与市场总体的联系程度，反映在股价波动上就是股价同步性有所提高。"蓄水池"效应指企业持有的金融资产能够缓解资金约束，在未来资金短缺时可以将其变现以支持实业投资，弥补主业投资不足，起到反哺实业的作用，并最终促进企业自身发展。换言之，金融化也可能带来更多的企业特质信息，降低股价同步性。因此，企业金融化对股价同步性的实际作用取决于上述两种对立效应孰强孰弱。基于目前研究成果大多证实"挤出"效应发挥主导作用，可以推测企业金融化在改变企业特质信息的过程中"挤出"效应同样大于"蓄水池"效应。

企业特质信息依赖于外部投资者的挖掘，已有研究发现企业金融化引发企业主业业绩下降，企业配置金融资产的行为势必会引起市场参与者的注意和警惕，负面信息会导致投资者形成悲观预期，主动规避风险，降低持股比例，并最终减少外部投资者对企业特质信息的挖掘。综上所述，提出研究假设一：企业金融化水平越高，股价同步性越高。

本研究还关注企业配置金融资产动机对企业金融化与股价同步性关系的影响。企业配置金融资产的动机可以归结为两种：一种是由于第一类和第二类代理问题的存在诱发企业通过增加金融投资进行套利的投机动机；一种是企业为应对不确定性，减少对外部融资依赖，出于长远考虑而配置金融资产的平滑动机。研究企业金融化对股价同步性的影响，有必要在区分企业配置金融资产的两种动机的基础上加以分析。如果企业金融化是为了更好地发展主业、发现未来好的投资机会、保障企业研发的持续性而进行的资源储备，那么增加金融资产配置便有助于产生更多的企业特质信息。反之，如果企业金融化是出于投机动机，金融投资挤占了企业其他方面的投入，那么增加金融资产配置只会减少企业特质信息，增加自身和金融市场的联动性。企业配置金融资产的结构特征能在一定程度上反映上述两种动机。根据金融资产流动性水平来划分，企业持有的金融资产流动性分为两类，即高流动性资产和低流动性资产。高流动性资产具有持有期限较短、变现能力较强、价格波动区间较小、收益相对较低的特点，配置此类金融资产一般体现了企业未雨绸缪的平滑动机。低流动性资产具有持有期限较长、变现能力较弱、转换成本较高、收益波动相对较大的特点，配置此类金融资产更有可能反映企业追求短期利益的投机动机。根据上文对金融化动机的分析，如企业以高流动性资产配置为主，则金融化对企业特质信息的影响较小；如企业以低流动性资产配置为主，则金融化对企业特质信息的影响较大。由此，提出假设二：企业配置低流动性金融资产是推升股价同步性的主因。

3.1.2 实证分析模型构建、指标选取与数据说明

1. 实证模型构建

为实证检验本节提出的研究假设，构建以下实证模型：

$$Synch_{i,t+1} = \alpha_0 + \beta Fin\_Dgr_{it} + \gamma Control_{it} + \varphi_t + \tau_t + \varepsilon_{i,t+1} \qquad (3-1)$$

模型（3-1）用以检验假设一、二，其中，$Synch_{i,t+1}$ 是行业 i 在第 $t+1$ 年的股价同步性，本节主要关心的解释变量为 Fin_Dgr_{it}。之所以选择用本期的金融化水平解释下期股价同步性，是因为本期金融化水平是年报报告的期末值，并且金融化水平反映至股价通常还有一定时滞，因此用 Fin_Dgr_{it} 解释下期 $Synch_{i,t+1}$ 较为合理。参考现有研究，模型中加入了若干控制变量，其中包括：企业规模（$Lnasset$）、负债率（$Leverage$）、账面市值比（MB）、资产回报率（ROA）、第一大股东持股比例（$Top1$）、产权性质（$Property$）、股票换手率（$Turnover$）、企业年龄（$Lnage$）、国际"四大"审计（$Big4$）和经营性现金流（$Cashflow$）。此外，模型还控制了企业固定效应和年度固定效应，并对回

归系数的标准差在企业层面进行了聚类处理。本节主要变量定义及描述性统计详见表 3 - 1。

表 3 - 1　主要变量定义与描述性统计

变量符号	变量定义	样本量	均值	标准差	中位数
$Synch$	股价同步性指标	14017	−0.198	0.811	−0.149
Fin_Dgr	企业金融化程度	14017	0.0307	0.059	0.0054
$Lnasset$	企业规模，期末总资产的对数值	14017	22.19	1.237	22
$Leverage$	负债率，期末总负债与总资产之比	14017	0.423	0.199	0.419
MB	市值账面比，期末流通市值与期末股东权益账面价值之比	14017	2.185	1.758	1.688
ROA	资产回报率，当期净利润与期末总资产之比	14017	0.0454	0.048	0.0398
$Top1$	第一大股东持股比例，期末第一大股东持股数与总股本数之比	14017	0.361	0.146	0.343
$Property$	企业所有制性质，国有取 1，其他取 0	14017	0.415	0.488	0
$Turnover$	换手率，股票日换手率的年平均值	14017	2.632	1.869	2.04
$Lnage$	企业年龄，当年减去企业上市年份加 1 后的对数值	14017	2.08	0.737	2.2
$Big4$	国际"四大"审计取 1，否则取 0	14017	0.066	0.25	0
$Cashflow$	经营性现金流，当期经营活动产生的现金流量净额与期末总资产之比	14017	0.0478	0.0597	0.046

2. 主要变量定义

(1) 企业金融化

现有关于企业金融化的实证研究主要采用两种度量方式。一种利用流动资产和流动负债的相关性来识别（王永钦等，2015）。当企业流动资产与流动负债呈现同向变动的时候，表明该企业从事了金融投资活动。一种利用上市企业数据中披露的流动资产投资等科目进行直接度量（德米尔，2009）。相对第一种度量方法，第二种度量方法更加准确且具有可操作性。参照现有实证研究的大多做法（刘珺等，2014；彭俞超等，2017），本节将企业金融化程度（Fin_Dgr）定义为：企业金融化程度＝（交易性金融资产＋衍生金融资产＋可供出售金融资产＋持有至到期投资＋投资性房地产＋买入返售金融资产＋发放贷款及垫款＋持有金融机构股权）与期末总资产之比。在后文中，我们还引入其他指标进行稳健性检验。

(2) 股价同步性

参考彼得罗斯基和罗尔斯通（Piotroski & Roulstone，2004）、古尔等（2010）

的做法，本节计算股价同步性过程如下：

对股票 i 的周收益数据进行回归，

$$R_{iwt}=\alpha_0+\alpha_1 R_{Mwt}+\alpha_2 R_{Mw-1t}+\alpha_3 R_{Iwt}+\alpha_4 R_{Iw-1t}+\varepsilon_{iwt} \qquad (3-2)$$

其中，R_{iwt} 为股票 i 在 t 年第 w 周考虑现金红利再投资的收益率；R_{Mwt} 为全部 A 股公司第 t 年第 w 周流通市值加权平均收益率；R_{Iwt} 为股票 i 在 t 年第 w 周所在行业剔除股票 i 后的其他股票流通市值加权平均收益率，本节行业分类以证监会 2012 年分类标准为依据，经计算得到 R^2。对 R^2 进行对数化处理，得到 $Synch_{i,t}$ 为股票 i 在 t 年的股价同步性指标：

$$Synch_{i,t}=\mathrm{Ln}[R_{it}^2/(1-R_{it}^2)] \qquad (3-3)$$

有些研究也采用不加入滞后项的收益率进行回归计算 R^2：

$$R_{iwt}=\alpha_0+\alpha_1 R_{Mwt}+\alpha_2 R_{Iwt}+\varepsilon_{iwt} \qquad (3-4)$$

本节分析中使用的股价同步性指标采用第一种方法计算，并用第二种方法进行稳健性检验。

3. 指标选取及数据说明

本节选择 2009—2018 年全部 A 股上市公司为原始样本。根据研究惯例，对原始数据进行了如下处理：一是剔除金融业和房地产业的样本、主要变量存在缺失值的样本；二是剔除 IPO 当年样本；三是剔除特殊状态（ST、＊ST、暂停上市、退市）的样本；四是剔除年交易少于 30 周的样本。为了剔除异常值的影响，对所有除虚拟变量外的连续变量进行上下 1％水平上的缩尾处理。最终选择了 14017 家公司年度观测值。股票市场数据和公司主要财务数据来自国泰安金融数据库（China Stock Market & Accounting Research Database，以下简称 CSMAR），其中金融资产类别能够找到对应会计科目的，直接使用会计科目数据，不能和会计科目对应的持有金融机构股权，采取从年报中手工识别的方法。

3.1.3 实证结果及分析

1. 描述性统计

表 3-1 的描述性统计结果显示，股价同步性指标 $Synch$ 的均值和中位数分别为 -0.198 和 -0.149，与同类研究差别相近，说明我国近年来股价同步性没有显著变化，依然维持在较高水平。金融化程度（Fin_Dgr）的描述性统计结果说明在本节的样本中金融化程度的均值为 3.07％，中位数为 0.54％，表明至少一半以上的样本观测值持有金融资产，Fin_Dgr 的最大值达到 38％，说明部分非金融企业持有的金融资产占总资产的比例非常大，其余控制变量的统计量在合理区间。

2. 基准模型回归分析

本节对企业金融化程度与股价同步性的关系进行检验。回归结果如表 3 - 2 所示。(1)～(3) 报告了本节假设一的检验结果,第 (1) 列为单变量回归结果,第 (2) 列加入了行业和时间固定效应,第 (3) 列纳入模型 (3 - 1) 中的控制变量。结果显示,主要解释变量 Fin_Dgr 的系数均为正,且在 1% 的水平上显著,即企业金融化水平越高,股价同步性越高。从量化角度上看,企业金融化程度每增加一个标准差 (0.059),使得下一期股价同步性的提升幅度相当于样本标准差的 2.72% (= 0.3741 * 0.059/0.811)。回归结果证实了金融化对股价同步性存在正向影响,因此本节假设一通过了实证检验。

表 3 - 2　企业金融化与股价同步性

	(1)	(2)	(3)	(4)	(5)
Fin_Dgr	0.6957*** (5.9178)	0.5533*** (5.6013)	0.374*** (3.757)		
Fin_Dgrh				−0.1481 (−0.239)	
Fin_Dgrl					0.4403*** (4.09)
control	No	No	Yes	Yes	Yes
Year/IndusFE	No	Yes	Yes	Yes	Yes
N	14017	14017	14017	14017	14017
F-Statistic	41.90***	111.56***	105.74***	104.77***	105.88***
Adj-R^2	0.00283	0.2882	0.3135	0.3131	0.313

注:括号中为 t 值;符号 *、* *、* * *分别表示在 10%、5% 和 1% 的显著性水平上显著。

对于假设二,本节通过考察不同金融资产类型对股价同步性的作用是否存在差异来加以验证。参考闫海洲和陈百助 (2018)、黄贤环等 (2018) 的研究,将构成本节金融化指标的交易性金融资产、衍生金融资产、买入返售金融资产和发放贷款及垫款归为高流动性金融资产,将可供出售金融资产、持有至到期投资、投资性房地产和持有金融机构股权归为低流动性金融资产,并利用总资产对高流动性金融资产和低流动性金融资产进行标准化,构造新的高流动性金融化指标 (Fin_Dgrh) 和低流动性金融化指标 (Fin_Dgrl),利用模型 (3 - 1)进行回归,得到结果见表 3 - 2 中 (4)～(5) 列。观察上述两个指标系数发现,高流动性金融化指标的系数为负但不显著,而低流动性金融化指标的系数为正且在 1% 的水平上显著,说明企业配置金融资产提升股价同步性主要依靠低流动性金融资产发挥作用,揭示了配置不同种类的金融资产对股价同步性的影响存在差异，支持了假设二。

3. 稳健性分析

为保证本节主要实证结果的可靠性，进行了如下稳健性检验：一是通过引入工具变量解决可能存在的内生性问题。借鉴白俊等（2019）的研究，选择同期所在行业其他企业金融化水平的平均值和所在省份其他企业金融化水平的平均值作为工具变量，采用工具变量 2SLS 法处理。二是由于企业配置金融资产的行为可能存在自选择，本节使用倾向得分匹配法（PSM）进行检验。无论是近邻匹配法、核匹配法和马氏匹配法计算出的组间 ATT 值相差不大，均在 5% 的统计水平上显著为正。三是更换主要变量，借鉴杜勇等（2017）的研究，构造新的金融化指标并重新进行回归分析。四是考虑到2008 年爆发的金融危机及后续欧债危机的冲击，因此剔除 2009－2010 年的观测值重新进行检验。上述检验结果均与前文保持一致，说明本研究的结论是稳健的。

3.1.4 可能的影响机制检验

根据已有研究和理论分析，提出两种可能的传导机制："企业金融化—企业主业业绩—股价同步性"和"企业金融化—机构持股比例—股价同步性"。参考杜勇等（2017）的研究，本研究利用中介效应模型考察上述传导路径影响股价同步性的有效性，构建模型：

$$Synch_{i,t+1} = \alpha_0 + \alpha_1 Fin\_Dgr_{it} + \alpha Control_{it} + \varphi_t + \tau_t + \varepsilon_{i,t+1} \qquad (3-5)$$

$$MEIV_{i,t+1} = \beta_0 + \beta_1 Fin\_Dgr_{it} + \gamma Control_{it} + \varphi_t + \tau_t + \varepsilon_{i,t+1} \qquad (3-6)$$

$$Synch_{i,t+1} = \gamma_0 + \gamma_1 Fin\_Dgr_{it} + \gamma_2 MEIV_{it} + \gamma Control_{it} + \varphi_t + \tau_t + \varepsilon_{i,t+1}$$

$$(3-7)$$

表 3－3 显示了影响机制检验结果，表中（1）～（3）列显示了企业未来主业业绩（$CorePerf_{i,t+1}$）作为中介因子的检验结果，可以看到模型（3－5）～（3－7）的系数 α_1、β_1、γ_1、γ_2 均是显著的，且 $|\gamma_1| < |\alpha_1|$，说明 $CorePerf_{i,t+1}$ 通过了中介变量检验，企业主业业绩是金融化影响股价同步性的部分中介因子。表中（4）～（6）列显示了机构投资者持股比例（$Inst_{i,t+1}$）作为中介因子的检验结果，可以看到模型（3－5）～（3－7）中的系数 α_1、β_1、γ_1、γ_2 均是显著的，且 $|\gamma_1| < |\alpha_1|$，说明 $Inst_{i,t+1}$ 通过了中介变量检验，机构持股比例是金融化影响股价同步性的部分中介因子。为稳健起见，我们对上述传导机制进行了 Sobel 检验，Z 统计量均通过 1% 水平的统计检验，证实中介效应是显著的。

表 3 - 3   机制检验结果

	(1)	(2)	(3)	(4)	(5)	(6)
	$Synch_{i,t+1}$	$CorePerf_{i,t+1}$	$Synch_{i,t+1}$	$Synch_{i,t+1}$	$Inst_{i,t+1}$	$Synch_{i,t+1}$
Fin_Dgr	0.374***	−0.0295***	0.354***	0.3757***	−0.0542***	0.3173***
	(3.757)	(−4.7228)	(3.5468)	(3.7357)	(−5.217)	(3.151)
$CorePerf_{i,t+1}$			−0.6792***			
			(−4.8262)			
$Inst_{i,t+1}$						−1.0799***
						(−12.77)
$control$	Yes	Yes	Yes	Yes	Yes	Yes
$Indus$	Yes	Yes	Yes	Yes	Yes	Yes
$Year$	Yes	Yes	Yes	Yes	Yes	Yes
$SobelZ$			2.9694***			5.0356***
N	14017	14017	14017	13874	13874	13874
$F\text{-}Statistic$	105.74***	166.1***	104.95***	105.06***	42.17***	107.75***
$Adj\text{-}R^2$	0.3135	0.5128	0.3151	0.3147	0.173	0.323

注：括号中为 t 值；符号 *、**、*** 分别表示在 10%、5% 和 1% 的显著性水平上显著。

3.1.5   补充的检验：考虑融资约束和分析师作用

1. 融资约束、企业金融化和股价同步性

本研究进一步考察了不同融资约束条件下企业金融化对股价同步性影响的差异性。鉴于企业金融化对股价同步性的提升作用依赖配置金融资产对企业特质信息的"挤出"效应渠道和外部投资者渠道，融资约束程度较高的企业配置金融资产会对企业包括主业信息在内的其他特质信息产生更强的"挤出"效应，更容易引发外部投资者对企业未来发展的担忧，进而使得高融资约束企业金融化对股价同步性的提升更显著。为了进一步验证这种可能性，采用产权性质、SA 指数和 KZ 指数三种方法衡量企业的融资约束水平，并对每种指标下的样本分组进行检验。第一种以企业是否为国企作为融资约束程度的代理变量，比起国企，非国有企业通常面临更高程度的融资约束；第二种以 SA 指数和 KZ 指数衡量企业融资约束，如果企业指数绝对值高于样本中位数，将其划分为融资约束程度高的企业，相反则属于融资约束程度较轻的企业。

检验结果如表 3 - 4 所示，表中（1）（3）（5）列显示了融资约束程度较轻组的回归结果，可以看到企业金融化对股价同步性的影响系数仅在 10% 的统计水平上显著或不显著，说明融资约束较轻的企业由于可利用外部资源较丰富，配置金融资产时并未过度"挤出"主业业务。

表中（2）（4）（6）列显示了融资约束程度较高组的回归结果，可以看到企业金融化对股价同步性的影响在1%的显著性水平上显著，且系数均明显大于融资约束较轻组，说明融资约束程度较高的企业在本身资源受限的条件下，继续配置金融资产会对企业主业产生较大影响，也更能引发外部投资者的担忧，降低机构投资者持仓，进而使金融化对股价同步性的影响更显著。

表 3 - 4　融资约束、企业金融化与股价同步性

	(1) 国企	(2) 非国企	(3) |SA|低	(4) |SA|高	(5) KZ 低	(6) KZ 高
Fin _ Dgr	0.2391* (1.7331)	0.5457*** (3.8471)	0.02 (0.0798)	0.4233*** (4.031)	0.2503* (1.9131)	0.5061*** (3.751)
control	Yes	Yes	Yes	Yes	Yes	Yes
Indus	Yes	Yes	Yes	Yes	Yes	Yes
Year	Yes	Yes	Yes	Yes	Yes	Yes
N	5885	8132	7010	7007	6363	664
F-Statistic	62.38***	68.23***	54.32***	56.91***	53.29***	51.73***
Adj-R²	0.2943	0.3329	0.3155	0.3199	0.3247	0.329

注：括号中为 t 值；符号 *、* *、* * * 分别表示在10%、5%和1%的显著性水平上显著。

2. 分析师跟踪、企业金融化和股价同步性

分析师能否有效发挥其作用以促进证券定价效率的提高，一直是个充满争议的话题。已有研究充分证明，分析师与股价同步性相关联，但分析师的存在是提高了股价同步性还是降低了股价同步性，尚无一致结论。分歧的关键在于，分析师是提供了更多市场、行业层面的信息，还是更多企业层面的特质信息。如果分析师挖掘了更多的企业层面信息，那么因金融化导致的企业自身特质信息含量降低这一情况将被更大程度地发现，从而增强金融化对股价同步性的正向作用。相反，如果分析师挖掘出了更多的市场、行业信息，抑或分析师不重视企业金融化信息，企业金融化的特征不能通过分析师进行充分展现，那么金融化对股价同步性的作用不受分析师影响。

表 3 - 5　分析师跟踪、企业金融化和股价同步性

	(1) $Synch_{i,t+1}$	(2) $CorePerf_{i,t+1}$
Fin _ Dgr	0.24** (2.411)	0.3047** (2.402)
$Analyst_{i,t+1}$	−0.0087*** (−11.57)	−0.0084*** (10.33)

	(1) $Synch_{i,t+1}$	(2) $CorePerf_{i,t+1}$
$Fin\_Dgr \times Analyst$		−0.0131 (−0.9131)
control	Yes	Yes
Indus	Yes	Yes
Year	Yes	Yes
N	14017	14017
F-Statistic	106.74***	104.91***
Adj-R²	0.3157	0.3157

注：括号中为 t 值；符号＊、＊＊、＊＊＊分别表示在 10％、5％和 1％的显著性水平上显著。

表 3-5 显示了分析师跟踪（Analyst）对金融化提升股价同步性的调节效应，第（1）列是模型（3-1）仅加入分析师跟踪变量后的结果，Analyst 系数显著为负，说明分析师跟踪对股价同步性存在负向影响，支持了分析师能够提供企业特质信息从而降低股价同步性的观点。第（2）列是模型（3-1）加入交乘项后的回归结果，交乘项 $Fin\_Dgr \times Analyst$ 的系数不显著，无法证明企业金融化与分析师跟踪之间存在交互作用。因此本研究认为，相对于市场和行业层面的信息，分析师确实能够提供更多企业层面的信息，但是分析师有意或者无意忽视了金融化的相关信息，导致交互项不显著。

3.1.6 研究结论与启示

1. 研究结论

首先，总体检验结果表明，企业金融化提升了股价同步性水平，降低了资本市场定价效率。从企业持有金融资产的类型来看，低流动性金融资产（如投资性房地产、金融机构股权等）是推升股价同步性的主因，高流动性金融资产对股价同步性的影响不显著，说明企业出于投机动机持有金融资产会损害自身股价定价效率，而基于正常的生产经营需要持有金融资产不会损害股价定价效率。其次，影响机制检验结果表明，企业金融化通过降低企业主业业绩和机构持股比例，提高了股价同步性，即当前的企业金融化已经对企业自身业务发展产生了不利影响，而这种不利影响也被外部投资者发现并减少持股，上述两方面作用共同降低了资本市场定价效率。再次，补充检验还发现，融资约束程度较高的企业金融化对股价同步性的影响更显著，而分析师跟踪不存在显著的调节作用。

2. 启示与对策建议

一是政府应关注企业过度金融化的负面影响，营造良好的实业投资和创新氛围。正如本节研究结果的含义，企业金融化不仅占用了主业发展资源，影响了实体产业发展，同时损害了资本市场定价效率，一定程度上影响了我国金融改革红利的释放。因此，要想从根本上改变企业这种投机冲动和短视行为，一方面应当积极利用财政、税收政策改善营商环境，大力引导实体企业回归主业，提高实体经济利润率。同时加强外部监管，通过适当政策调控和防范企业金融市场的投机套利行为；另一方面，需要加快金融改革步伐，降低金融业垄断利润，削弱金融市场对实体企业的吸引力。同时大力发展直接融资市场，拓宽融资渠道，使企业不仅"想"而且"能"利用金融资源专注自身主业，为金融真正服务于实体经济创造条件。

二是企业应注意优化资产结构，避免过度金融化，尤其要抑制投机冲动和超出正常生产经营需求的低流动性金融资产配置。金融投机也许会对短期利润带来正向作用，但长期来看，实体企业过度金融化不仅不利于自身主业发展，阻碍研发创新，还可能影响上市公司股价表现。因此，回归主营业务不仅有助于上市公司的健康发展，而且能够降低股价同步性，维护良好的投资者关系，从而更好地利用上市资源。特别是对融资约束较为严重的公司来说，寄希望于金融投资获利无异于"饮鸩止渴"。

三是促进机构投资者在我国资本市场的发展，利用其专业性为提高资本市场定价效率服务。本节的研究结果表明，机构投资者对企业金融化具有一定的敏感性，面对企业过度持有金融资产，机构投资者会主动降低持股比例。这一方面会影响企业的股价表现，另一方面会对公司产生警示作用，督促其回归到健康发展的轨道上来。由此可见，机构投资者对于抑制企业金融化的趋势能够发挥重要作用。

四是打造专业可靠的证券分析师队伍，提升行业和公司研究水平。现有文献对我国证券分析师在市场中发挥的作用给出了负面评价。研究结果表明，针对企业金融化这一现象，分析师没有很好地发挥信息发现功能，挖掘这部分信息。鉴于金融化对资本市场定价效率的重要影响，建议分析师今后应重视企业金融化的相关信息，促进更多企业特质信息融入股价，提高资本市场定价效率。

3.2 我国资本市场对中小企业融资效率及成因研究

中小企业是我国经济增长的重要来源，也是经济转型和高质量发展的动力源泉，但中小企业"两多两难"（民间资金多、投资难；中小企业多、融资难）

的问题仍然存在。资本市场是中小企业直接融资的主要途径。提高资本市场对中小企业融资效率是解决中小企业融资难的重要手段。研究资本市场如何更好地支持中小企业融资具有重要的理论意义和实际应用价值。

在资本市场融出资金效率研究方面，国外有学者从市场有效性的角度出发进行研究，从资本配置效率的角度进行研究，如昆特和莱文（Kunt & Levine，1996）研究认为股票市场有利于提升金融市场中资本的配置效率。有学者的研究涉及上市公司的融资效率方面。有学者从资本结构的角度进行研究，如张伯伦（Chamberlain，2009）通过研究纽交所上市公司数据，认为资本结构对企业的融资效率有显著影响，过高的股权融资会导致融资效率的下降。有学者从上市公司经营绩效的角度进行研究，如欵勾斯特（AGhost，2011）、安德里安夏（Andriansyah，2014）对美国上市公司融资前后的经营绩效进行比较。这些研究仅仅说明了企业公开资本市场融资后的表现情况，即资金的运用效率，而没有从资本市场融出资金效率（企业融入资金的效率）角度进行研究。

在资本市场融出资金效率研究方面，国内学者的研究主要集中在融资成本高低、融入资金使用效率的高低，对资本市场融出资金效率的研究涉及较少。现有研究主要采用一般的统计分析和模型实证分析。邓召明和范伟（2001）采用统计分析方法，对上市公司融资前后的财务指标进行比较，发现上市公司融资后的盈利能力等指标出现下滑，表明上市公司资金利用效率不高。魏开文（2001）、田芬（2011）等采用模糊综合评价法，对不同类型融资方式的效率进行评价，研究发现股权融资的效率最低。郭平和罗秋萍（2012）采用熵值法，对创业板企业的融资效率进行了实证分析，认为整体的融资效率仍较低。陆泱（2013）等通过建立多元线性回归模型，研究融资效率问题，认为新三板市场的融资功能未能充分发挥。数据包络分析法（DEA）原来主要用于企业和产业的绩效评估研究，后来逐步被引入到资本市场融资效率的研究中，如刘力昌等（2004）运用 DEA 分析方法研究上市公司的融资效率，发现我国上市公司的融资效率偏低；高山（2010）、孙瑶（2012）等运用数据包络分析法（模型）研究了创业板公司的融资效率，发现创业板上市公司的融资效率普遍较低。方先明和吴越洋（2015）、白一帆（2016）等运用 DEA 模型对新三板挂牌公司的融资效率进行研究，研究显示挂牌公司融资效率整体偏低。

本节结合我国境内资本市场的分层实践，从公开市场和非公开市场两个层面对我国资本市场对中小企业融资的效率进行分析，并运用数据包络分析（DEA）方法测算我国资本市场对中小企业融资效率，系统分析我国资本市场对中小企业融资效率不高的原因。最后，从存量制度优化和新模式探索两个方面提出提高我国资本市场对中小企业融资效率的相关建议。

3.2.1 资本市场对中小企业融资效率的测度方法

要度量资本市场对中小企业的融资效率，就要看现行资本市场的制度框架和制度供给是否有利于促进中小企业融入资金。具体而言，可以从几个角度度量资本市场对中小企业融资效率：一是中小企业能否融到所需资金；二是融资程序便捷性及审查时间；三是融资过程中各类成本支出；四是完成融资的资金量大小。考虑到资本市场制度层面无法进行量化及数据可得性问题，本节通过观察中小企业利用资本市场融入资金的情况（包括中小企业能否融到资金以及完成融资的金额大小），评估整个中小企业群体融入资金的效率，据此作为资本市场对中小企业融资效率的度量方法。

1. 资本市场对中小企业融资效率的度量指标

资本市场在融出资金时，会综合考虑多方面的因素，其中企业的股本规模大小、盈利水平和成长性是最重要的考察因素。一般而言，股本规模反映了企业的基本实力，股本规模越大的公司，经营的稳定性越好，因此越受资本市场青睐，越容易通过资本市场融入资金。盈利水平反映企业经营的总体状况，盈利水平越高的公司，表明企业业务和产品契合市场需求，经营效益较高，这类公司容易通过资本市场融入资金。成长性反映企业未来的成长潜力，成长性较高的公司，未来发展的空间较大，这类公司更受资本市场青睐，容易通过资本市场融入资金。在研究资本市场对中小企业融资效率时，将这三个指标作为中小企业投入变量，将"吸收投资收到的现金"作为中小企业产出变量，运用数据包络分析（DEA）方法对投入变量和产出变量进行计算，得出中小企业融入资金的效率值，效率值小于 0.5 的公司，表明处于效率严重不足的状态。

在计算具体效率值时，创业投资市场、私募股权市场和区域性股权市场属于非公开市场，缺乏投入变量和产出变量指标的数据，因此，本节主要计算公开层次资本市场（含中小板、创业板和新三板）的效率值，即公开层次资本市场对上市或挂牌中小企业融资效率（因主板市场主体主要为大型企业，故不列入本节考察对象）。在运用数据包络分析（DEA）方法进行具体计算时，选取企业上市或挂牌前一年末的股本、前一年度净利润、营业收入 3 年复合增长率作为投入变量，其中股本反映企业的规模，净利润反映企业的盈利水平，营业收入增长率反映企业的成长性；选取企业上市或挂牌当年"吸收投资收到的现金"作为产出变量，反映企业在上市或挂牌当年股票发行融资的情况。

2. 资本市场对中小企业融资效率的计算模型

本节选取数据包络分析（DEA）方法对资本市场服务中小企业融资的效

率进行实证评价。因适合评价多项输出和多项输入的有效性，DEA 方法被广泛运用于具有多项输出和多项输入的有效性综合评价。DEA 法无须直接综合决策单元数据，因此决策单元的投入数值和产出数值的量纲与最终计算的最优效率值无关，运用 DEA 方法建立模型前对决策单元的数据不用进行无量纲化处理。

本节运用 CCR 模型（1-16）和 BCC 模型（1-21）。其中，BCC 模型方法所包络的数据比规模报酬不变模式下 CCR 模型方法的圆锥形态更紧密，因此规模报酬不变模式下 CCR 模型方法计算的技术效率值要小于或等于 BCC 模型方法所计算的技术效率值。对于一个决策单元分别按照 CCR 模型和 BCC 模型方法计算，若计算得出的技术效率值之间存在差异，则说明此决策单元是规模无效的。规模报酬不变模式下（CCR 模型）的技术效率测度被分解为纯技术效率和规模效率，其中规模效率等于 CCR 模型测度效率值除以 BCC 模型测度效率值，这种测算规模效率值的方法存在一个缺点，无法区分该决策单元的规模效率值是在规模效应增加还是规模效应减少的情形下测度得出。

数据包络分析（DEA）要求输入的指标值不能为负，因此，当上述指标为负值时，需要进行无量纲化处理。前述几个指标中，净利润和营业收入增长率两个投入指标数据存在负值的情况，需要在运用模型前使用某种函数方法将原始数据转化为某一正数区间。本节采用的具体方法如下：

$$X'_{ij} = 0.1 + \frac{(X_{ij} - a_i)}{(b_i - a_i)} \cdot 0.9 \qquad (3-8)$$

式（3-8）中，X_{ij} 为第 j 个决策单元对应第 i 项指标具体数据；X'_{ij} 为第 j 个决策单元对应第 i 项指标在做无量纲化处理后的具体数据；$a_i = \min(X_{ij})$ 表示第 i 项指标的最小值；$b_i = \max(X_{ij})$ 表示第 i 项指标的最大值。X'_{ij} 的变化区间为 [0，1]。

3.2.2 资本市场对中小企业融资效率的测度结果

1. 样本选取及数据分析

本节选取中小企业板、创业板和新三板企业，按上市/挂牌前的指标测算划分为中型企业、小型企业和微型企业作为样本。其中，中小企业板公司样本为 2007 年至 2017 年上市的公司，样本合计 488 家；创业板公司样本为 2009 年至 2017 年上市的公司，样本合计 589 家；新三板公司样本为 2016 年至 2017 年挂牌的公司，样本合计 5958 家。样本公司上市/挂牌交易场所及类型分布如下。

表 3 - 6 样本公司上市/挂牌交易场所及类型分布

类别	中型企业	小型企业	微型企业	合计
中小企业板	447	41	0	488
创业板	470	119	0	589
新三板	1647	4228	83	5958
合计	2564	4388	83	7035

注：依据工信部等四部委发布的《中小企业划型标准规定》测算，数据来自东方财富 Choice 金融终端。

在公司总股本方面，不同板块的分布较为集中，其中中小企业板和创业板主要集中在 5000 万元至 1 亿元之间，占比分别为 60.66％和 65.53％；新三板主要集中在 1000 万元至 5000 万元之间，占比为 62.59％。

表 3 - 7 样本公司上市/挂牌前一年末的总股本分布（单位：万元）

类别		<500	500～1000	1000～5000	5000～10000	≥10000	总计
中小企业板	家	0	0	33	296	159	488
	％	0	0	6.76	60.66	32.58	100
创业板	家	0	0	131	386	72	589
	％	0	0	22.24	65.53	12.22	100
新三板	家	257	907	3742	770	282	5958
	％	4.3	15.17	62.59	12.88	4.72	100

注：根据东方财富 Choice 金融终端相关数据整理计算。

在公司净利润方面，中小企业板和创业板均明显高于新三板，中小企业板和创业板样本公司净利润均超过 1000 万元，而新三板挂牌公司净利润超过 1000 万元的数量占比不足 20％。

表 3 - 8 样本公司上市/挂牌前一年净利润分布（单位：万元）

类别		<0	0～100	100～1000	1000～5000	5000～10000	≥10000	总计
中小企业板	家	0	0	0	204	201	83	488
	％	0	0	0	41.8	41.19	17.01	100
创业板	家	0	0	0	283	236	70	589
	％	0	0	0	48.05	40.07	11.88	100
新三板	家	726	837	3359	973	51	12	5958
	％	12.14	14.0	56.18	16.27	0.85	0.2	100

注：根据东方财富 Choice 金融终端相关数据整理计算。

在营业收入方面，中小企业板和创业板均显著高于新三板，99.8％的中小企业板公司营业收入在1亿元以上，超过97％的创业板公司营业收入在1亿元以上，新三板挂牌公司的营业收入绝大部分在1亿元以下，其中1000万元至5000万元之间占比46.09％。

表3-9　样本公司上市/挂牌前一年营业收入分布（单位：万元）

类别		＜500	500~1000	1000~5000	5000~10000	10000~50000	≥50000	总计
中小企业板	家	0	0	0	1	272	215	488
	％	0	0	0	0.2	55.74	44.06	100
创业板	家	0	0	0	16	463	110	589
	％	0	0	0	2.72	78.61	18.68	100
新三板	家	62	282	2756	1457	1295	106	5958
	％	1.04	4.72	46.09	24.37	21.66	1.77	100

注：根据东方财富Choice金融终端相关数据整理计算。

整体上看，新三板挂牌公司在规模上较小，但成长性较高，如吸收投资收到的现金、总股本、净利润的均值和中位数均小于中小企业板和创业板，但营业收入年复合增长率高于中小企业板和创业板。在吸收投资收到的现金、总股本、营业收入年复合增长率方面均体现为右偏分布特征，但新三板右偏分布特征更为显著，表明大多数值分布在均值的左侧；同时，与中小企业板和创业板公司相比，新三板公司在吸收投资收到的现金、总股本、营业收入年复合增长率方面峰度值较高，表明极端值较多。从各指标的标准差来看，新三板、中小企业板和创业板之间差异不大，其中新三板吸收投资收到的现金和净利润指标的标准差相对更低，表明新三板挂牌公司更具有均质性。这是因为，新三板挂牌公司主要集中为规模较小的企业，虽然出现极端值的情况较多，但在总体上特征更趋于一致。

表3-10　样本公司上市/挂牌当年吸收投资收到的现金、挂牌前一年末总股本的统计描述

项目	吸收投资收到的现金（亿元）			总股本（亿元）		
	中小企业板	创业板	新三板	中小企业板	创业板	新三板
均值	5.06	4.40	0.07	0.99	0.73	0.30
中位数	3.97	3.36	0.00	0.80	0.60	0.20
最大值	57.54	23.09	9.02	4.32	4.58	30.00
最小值	0.39	0.82	0.00	0.32	0.15	0.001
标准差	4.28	3.21	0.24	0.65	0.51	0.55
偏度	4.96	2.38	15.38	2.80	4.18	28.80
峰度	48.03	7.83	419.32	8.88	21.04	1443.71
样本量	488	589	5958	488	589	5958

表 3-11　样本公司上市/挂牌前一年度净利润、营业收入年复合增长率的统计描述

项目	净利润（亿元）			营业收入年复合增长率		
	中小企业板	创业板	新三板	中小企业板	创业板	新三板
均值	0.74	0.65	0.06	17.7%	22.7%	43.6%
中位数	0.57	0.51	0.03	15.0%	19.3%	20.8%
最大值	8.09	9.18	2.29	197.6%	120.1%	2975.0%
最小值	0.17	0.16	−2.13	−25.5%	−29.9%	−97.7%
标准差	0.62	0.56	0.12	0.22	0.2	1.19
偏度	5.11	7.53	3.57	3.18	1.06	11.5
峰度	45.03	94.55	66.50	20.3	2.14	203
样本量	488	589	5958	488	589	5958

2. 模型实证结果及分析

在使用 DEA 模型对前述样本数据进行实证时，本节选择运用 DEA 软件进行处理。投入变量为企业上市或挂牌前一年末的股本、前一年度净利润、营业收入 3 年复合增长率。产出变量为企业上市或挂牌当年吸收投资收到的现金。由于 DEA 模型输入指标值不能为负数，本节对样本中净利润指标和营业收入年复合增长率指标进行了无量纲化处理。最后实证的样本中包括中小企业板上市公司 488 家，创业板上市公司 589 家，新三板挂牌公司 5958 家，实证结果汇总见表 3 - 12。在 MaxDEA 的结果窗口中，显示的效率值有三个：①技术效率值（Technical Efficiency Score，以下简称 TE），是指在规模报酬不变（CRS）前提下用相关模型计算得出的技术效率值，也被称为综合技术效率。②纯技术效率值（Pure Technical Efficiency Score，以下简称 PE），是指在规模报酬可变（VRS）的前提下用相关模型计算出的技术效率值，也被称为纯技术效率。③规模效率值（Scale Efficiency Score，以下简称 SE），表示规模效率值。

从效率值整体看，中小企业板、创业板和新三板绝大部分公司技术效率值处于 0.5 以下，表明大部分公司都处于效率不足的状态，中小企业融入资金的效率整体不高。在综合技术效率值方面，中小企业板和创业板的技术效率值集中在 0.1～0.3 之间，占比约为 65%，新三板公司技术效率值集中在 0.1 以下，表明新三板挂牌公司融资效率更低，这可能与新三板挂牌公司规模小融资难度相对较大有关。在纯技术效率值方面，约 88% 的中小企业板公司效率值在 0.1 至 0.5 之间，约 88% 的创业板公司效率值在 0.1 至 0.5 之间，约 97% 的新三

板公司效率值在0.1以下。在技术效率值等于1的6家公司中，1家来自中小企业板，2家来自创业板，3家来自新三板，从这一角度看，发展新三板市场对促进中小企业融资有重要意义。

表3-12　中小企业板、创业板和新三板中小企业融资效率实证分析

		1	0.9~1	0.7~0.9	0.5~0.7	0.3~0.5	0.1~0.3	≤0.1
技术效率值								
中小企业板	家数	1	0	8	17	89	322	51
	占比	0.20%	0.00%	1.64%	3.48%	18.24%	65.98%	10.45%
创业板	家数	2	2	6	28	108	380	63
	占比	0.34%	0.34%	1.02%	4.75%	18.34%	64.52%	10.70%
新三板	家数	3	0	3	1	6	103	5842
	占比	0.05%	0.00%	0.05%	0.02%	0.10%	1.73%	98.05%

纯技术效率值

		1	0.9~1	0.7~0.9	0.5~0.7	0.3~0.5	0.1~0.3	≤0.1
中小企业板	家数	3	2	13	25	132	297	16
	占比	0.61%	0.41%	2.66%	5.12%	27.05%	60.86%	3.28%
创业板	家数	3	3	7	39	129	391	17
	占比	0.51%	0.51%	1.19%	6.62%	21.90%	66.38%	2.89%
新三板	家数	14	0	2	0	13	122	5807
	占比	0.23%	0.00%	0.03%	0.00%	0.22%	2.05%	97.47%

规模效率值

		0.9~1	0.7~0.9	0.5~0.7	≤0.5	irs	drs	crs
中小企业板	家数	118	324	44	1	474	13	1
	占比	24.18%	66.39%	9.02%	0.20%	97.13%	2.66%	0.20%
创业板	家数	290	272	25	0	566	21	2
	占比	49.24%	46.18%	4.24%	0.00%	96.10%	3.57%	0.34%
新三板	家数	783	1284	170	45	2262	20	3676
	占比	13.14%	21.55%	2.85%	0.76%	37.97%	0.34%	61.70%

注：irs、drs、crs分别表示规模报酬递增、规模报酬递减、规模报酬不变。

从整体效率值分布情况看，公开市场（含中小企业板、创业板和新三板）挂牌/上市中小微企业中绝大部分公司技术效率值处于0.5以下，其中中小企业

板 94.67％的上市中小企业综合效率值不足 0.5，创业板 93.56％的上市中小企业综合效率值不足 0.5，新三板 99.88％的挂牌中小企业综合效率值不足 0.5，绝大部分公司都处于效率不足的状态，这表明我国资本市场对中小企业融资效率整体偏低，尤其是新三板市场融资效率不足的问题更为突出。但也有部分企业在新三板市场的融资效率相对较高，表明发展新三板市场对促进中小企业融资有积极的意义。

3.2.3 我国资本市场对中小企业融资效率不高的原因分析

资本市场是一个比较复杂的系统，市场结构是影响其对中小企业融资效率的核心和关键。从资本市场的层次结构看，我国既有公开市场也有非公开市场，有主板也有中小企业板、科创板、创业板、新三板，基本上形成了多层次的资本市场架构，但在支持中小企业融资方面仍面临效率不高的问题。从市场的微观运行机制看，各类微观运行要素相互协同相互配套，是资本市场高效运行的基础，也是多层次资本市场功能充分发挥的关键。本小节主要从资本市场微观运行机制的角度，分析资本市场对中小企业融资效率不高的原因。就促进中小企业融资而言，资本市场的发行制度、信息披露制度、中介机构管理制度、二级市场交易机制、投资者类型等微观运行机制均在一定程度上影响资本市场对中小企业融资效率。总体上看，我国基本上形成了多层次的资本市场结构，但资本市场的微观运行机制还不够完善，缺乏相互协同相互配套，这是我国资本市场对中小企业融资效率不高的根源。具体体现在以下几个方面。

1. 多层次发行制度体系不健全影响了资本市场对中小企业融资效率

股票发行是企业进行直接融资的起点，多层次发行制度体系是提高资本市场对中小企业融资效率的基础和前提。长期以来，我国资本市场将股票发行等同于公开发行股票，将公开发行股票等同于交易所上市，股票发行市场结构较为单一，制约了中小企业发行融资。在公开发行制度方面，面向不特定对象的公开发行门槛高，向特定对象发行累计超 200 人的公开发行制度效率低，制约了中小企业通过公开发行机制进行融资的途径。

2. 信息披露制度不完善影响了资本市场对中小企业融资效率

资本市场对中小企业融资效率不高的重要原因之一是信息不对称问题，而解决信息不对称的主要途径是信息披露。信息披露制度有利于增强资本市场的信息效率，但信息披露通常是有成本的，为做好信息披露工作相应的成本支出会给中小企业带来较大经营负担，进而对资本市场融资效率产生负面影响。我国公开资本市场的强制信息披露制度形式相对单一，导致中小企业信息披露的成本负担较重。自愿信息披露有利于降低投资者信息搜寻成本，有利于提升发行证券的价值，但我国还缺乏对企业进行竞争保护的相关配套制度，导致企业自愿披露主动性不足。

3. 中介机构服务不足影响了资本市场对中小企业融资效率

一是投资银行（包括承销商和证券分析师）在促进企业融资方面发挥重要作用，但实践中由于成本等方面的原因，承销商和证券分析师对中小企业的服务并不理想。二是中小企业初步接触资本市场，急需全链条服务，做市商是全链条服务的中心和纽带，由于缺乏业务协同效应，做市商未能发挥对中小企业融资的促进作用。三是中小企业财务规范程度相对较低，但实践中审计机构服务成本较高影响中小企业融资的效率。

4. 二级市场交易制度不完善影响了资本市场对中小企业融资效率

流动性对企业融资有显著影响，流动性不足会提高企业融资难度和成本，影响资本市场融资功能发挥。而交易制度是股票二级市场流动性的重要影响因素之一，二级市场交易机制需与中小企业的特点相匹配。新三板的做市交易存在制度不完善等问题，影响了资本市场对中小企业融资效率。

5. 机构投资者发展不成熟影响了资本市场对中小企业融资效率

在公开融资之前，中小企业进行股权融资的投资方主要有天使投资、风险投资和私募股权投资。这些投资者的参与一方面为企业提供了急需的长期资本，在一定程度上解决了融资难，另一方面有利于中小企业后续在公开市场进行融资。我国天使投资和创业投资发展时间短，投资人数量少，发展不充分；私募股权机构鱼龙混杂，出现了"募资难""退出难"等问题，数量和规模出现收缩趋势，影响了中小企业私募融资的效率。

3.2.4　政策启示

前文从统计和实证的角度分析了我国资本市场对中小企业融资效率不高的问题，系统地分析了资本市场对中小企业融出资金效率不高的原因。基于前文的研究，为提高我国资本市场对中小企业融资效率，提出以下相关政策建议。

1. 构建资本市场多层次发行制度体系

中小企业尤其是创新型中小企业的风险性，决定了以银行资金为主的间接融资不可能成为主要融资渠道，以资本市场为主的直接融资是中小企业资本形成的主要渠道。股票发行是企业进行直接融资的起点，多层次发行制度体系是提高中小企业资金融入效率的基础和前提。僵化的发行体制和单一的发行市场结构不利于促进资本形成，阻碍了资本市场配置资源的效率。因此，建议构建适合我国国情的多层次发行制度体系。

2. 降低中小企业融资过程中的成本支出

对中小企业而言，只有成本支出合理，才会选择通过资本市场融资。降低成本负担的主要措施包括：监管部门及交易场所降低中小企业登记注册费用以及初始和维持上市/挂牌费用；实施不同的财务报告披露标准，降低审计费用支出；对中小企业招股说明书的审查责任可委托给交易场所或保荐人；政府机构，如中小企业局，可对中小企业公开发行的成本给予适当的补偿。初始和持续的信息披露成本支出，是中小企业融资过程中最大的成本支出，因此需要构建适合中小企业股票特点的公开信息披露机制。

在公开层次资本市场，政策制定者需要考虑中小企业的特点和成本负担，根据不同类型企业特点提供差异化的信息披露制度要求，增加自愿性信息披露，确保中小企业有条件接触公开层次资本市场。

3. 资本市场其他运行制度优化建议

资本市场运行机制会对企业融资效率产生间接影响。在资本市场制度设计中，需要针对中小企业的特点和需求优化资本市场的运行机制，主要包括以下几个方面。

（1）增强多层次资本市场对中小企业的覆盖面

一是大力发展创业投资市场和私募股权市场。创业投资和私募股权市场以其机制灵活、发行条件富有弹性、融资成本低等优势，在推动各国产业转型升级和可持续发展等方面发挥了重要作用。

二是优化区域性股权市场运行制度安排。小微企业是经济发展的主力军，是就业的主渠道。区域股权市场在服务小微企业方面具有独特优势。为提升服务中小微企业融资的效率，建议进一步优化区域性股权市场运行制度安排。

三是促进中小企业通过新三板进行公开股票融资。新三板与深化交易所同属于公开市场、场内市场、独立市场，但在服务对象等方面存在差异。新三板始终坚持服务创新型、创业型、成长型中小微企业的功能定位，是公开资本市场服务中小微企业的主阵地。截至 2018 年年末，新三板存量挂牌公司达10691 家，其中中小微企业占比 94％。因此，建议完善新三板市场制度，依托新三板市场促进中小企业在公开资本市场进行融资。

（2）优化资本市场中介机构管理机制

投资银行（包括承销商和证券分析师）在促进企业融资方面发挥重要作用，但实践中投资银行对中小企业的服务并不理想，证券监管部门可考虑出台一些激励政策，提升投资银行服务中小企业的积极性，进而提高融资效率，但实践中审计收费较高，证券监管部门需要出台措施，对中小企业审计业务给予激励。

（3）优化股票二级市场交易机制

流动性对企业融资有显著影响，流动性不足会提高企业融资难度和成本，影响资本市场融资功能发挥。而交易制度是股票二级市场流动性的重要影响因素之一，二级市场交易机制需与中小企业的特点相匹配。大力发展并优化做市交易制度，有利于提升中小企业股票市场交易定价效率和流动性，进而间接地提升中小企业融资效率。

（4）加强中小企业融资宣传和教育

中小企业本身实力较弱，对资本市场接触相对较少，有必要对中小企业进行专门的辅导、培训和培育，政府部门和中介机构可在这方面投入更多资源和力量。

一是提升公众意识。监管部门可组织宣传活动、研讨会和会议，宣传资本市场的作用，增强公众对中小企业融资重要性及需求的认识。

二是对中小企业进行培训教育。帮助中小企业了解资本市场的监管要求，同时可成立专门团队对中小企业关于监管相关要求的问题咨询进行解答。

三是加强市场培育。中小企业服务机构可考虑建立专门网站，用于传递信息、教育和帮助中小企业和相关投资者，可在网站发布有关中小企业股票的定期分析报告。各方需要共同协调配合，通过设立咨询委员会和其他激励措施等方式，提升中小企业的融资能力。

（5）加强对中小企业的监控和监督

交易场所应当对中小企业遵守监管要求的情况进行监控，必要时可考虑建立专门团队具体负责监督中小企业合规情况。具体制度建议包括：一是建立指定保荐人制度。指定保荐人由交易所授权或注册，主要是为企业申请在交易所上市提供帮助。二是严格防范市场操纵。与大型企业发行人相比，中小企业股票更容易被操纵。为维护投资者信息和市场纪律，监管部门应对中小企业股票的交易进行密切监控。三是加强信息披露监管，稳定投资者的信心。普通散户投资者是中小企业股票市场的主要投资者，需要加强对散户投资者的保护，稳定投资者信心。

（6）培育投资者对中小企业股票的需求

从需求的角度看，不管是发达市场还是成长市场，吸引长期机构投资者投资中小企业证券十分重要。中小企业进行股权融资的投资方主要有天使投资、风险投资和私募股权投资。这些投资者的参与一方面为企业提供了急需的长期资本，在一定程度上解决了融资难，另一方面有利于中小企业后续在公开市场进行融资。在公开市场进行融资时，各类机构投资者是公开发行证券的主要购买者，机构投资者对中小企业融资定价效率有显著影响，但实践中机构投资者对中小企业股票兴趣不足，政府部门需要出台税收优惠等激励政策提升机构投资者对中小企业股票的参与度。

4. 在控制风险的前提下构建股权众筹融资模式

股权众筹属于资本市场的服务范畴，但其不同于前述传统资本市场服务模式，其融合了互联网技术等创新因素，模式新颖。引入股权众筹，有利于解决拓宽中小企业直接融资渠道、提高中小企业融资效率，弥补传统资本市场服务模式的不足，对我国当前多层次资本市场结构形成有益补充。股权众筹融资作为一种新兴的融资模式，对于缓解小微企业融资难问题、丰富融资渠道、分散金融风险、鼓励创新创业、创造就业机会有重要作用，受到境外市场的高度重视。我们应顺应时代发展的潮流，借鉴境外众筹融资的发展经验，准确界定股权众筹融资的法律地位和特征，并在投资者保护等方面制定股权众筹融资的监管规则，支持中小企业通过股权众筹的方式进行融资。

3.3 金融生态运行效率对 OFDI 产业结构优化效应的影响研究

扩大对外开放是发展中国家增强自主创新能力的重要途径，引进外商直接投资（IFDI）和对外直接投资（OFDI）对区域自主创新能力提升具有双重影响，对外直接投资在推进新常态背景下我国产业结构升级和经济结构调整方面扮演重要角色。自 20 世纪初我国提出"走出去"战略以来，对外直接投资发展迅速，投资规模不断扩大，2007－2019 年间年均增长率达 14.7%。商务部发布的《2019 年度中国对外直接投资统计公报》显示，截至 2019 年年底我国非金融类对外直接投资存量达 19443.46 亿美元，位居世界第三位。从地理空间分布来看，东部地区对外投资总额 6409.4 亿美元，占地方对外投资比重超过 81.6%，中西部地区为 561.3 亿美元和 669.1 亿美元，综合占比不足20%，其中广东省以 1783.8 亿美元的存量位列地方对外直接投资存量之首，其次是上海 1303.3 亿美元，其后分别为北京、浙江、山东、江苏、天津、福建、海南和河南等。党的十九大报告明确指出"深化供给侧结构性改革，建设现代化经济体系，支持传统产业优化升级，加快发展现代服务业，瞄准国际标准提高水平"。在新常态经济背景下，加快对外直接投资步伐，转移传统低附加值产业与输出过剩产能，为高新技术等新兴产业"腾笼换鸟"，成为我国实现结构转型的重要举措。但事实证明，OFDI 规模与我国产业结构提升效应存在明显的区域异质性，OFDI 与东部地区产业结构合理化水平形成正向激励关系，中西部地区正向效应并不显著，因此，有必要探讨区域金融生态运行效率是否影响 OFDI 产业结构优化效应。

3.3.1 理论研究与问题的提出

金融生态强调金融运行的外部环境和基础条件，主要包括法律制度环境、市场体系和银企关系等。徐诺金（2005）通过对比自然生态与金融生态，定义金融生态是各种金融组织为生存和发展，与自身所处生存环境及内部金融组织互相之间在长期密切联系和相互作用过程中，通过分工、合作等一系列方式形成的具有某种结构和执行一定功能的动态平衡系统，主要包括金融生态环境、金融生态主体和金融生态调节三个方面。健康有序的金融生态环境是产业结构升级和经济发展的必要条件，在缓解企业融资约束、提高资金配置效率和提供制度保障等方面作用明显，但在金融生态建设过程中，系统性缺陷仍广泛存在，如金融生态主体发育尚未成熟、各子系统发展失衡、调节机制缺位和外部环境恶化等（林永军，2005），作为金融生态的重要指标，金融生态运行效率可以很好地衡量区域金融生态发展状况。因此，需深入探究区域金融生态运行效率影响 OFDI 产业结构优化效应的机理。

微观层面，区域金融生态运行效率影响 OFDI 的产业结构升级效应有助于缓解企业对外直接投资的融资约束，完善企业融资环境和竞争环境，为企业技术自主创新保驾护航，间接推动地区产业结构转型升级。高效的金融生态运行效率能为中小企业特别是创新型企业提供高额资金投入，为融资受限企业获取更多商业贷款与授信提供便利，缓解中小企业与民营企业融资困境，进而促进企业投资利润和经济绩效提升（魏志华等，2014）。在金融生态运行效率较高地区，银行关联与企业债务融资并不存在显著关系，民营企业更易获得长期借款增量（邓建平，2011）。较高金融生态运行效率有助于抑制商业银行计提操纵性贷款损失准备，改善商业银行盈余质量，为产业转型与区域建设提供必要支持（张敏，2015）。

宏观层面，区域金融生态运行效率影响 OFDI 的产业结构升级效应主要可概括为优化资金配置和强化制度保障两个方面。韩大海（2007）利用一般均衡分析检验了区域金融生态有助于推动金融资源优化配置的命题。李延凯（2011）构建数理模型推演了金融生态中降低政府干预、改善法制环境等子系统均有助于资本配置效率和经济增长的结论。区域金融生态与经济发展具有较高耦合度，经济增长与金融生态存在显著的协调关系（逯进，2015）。强化制度保障方面，许宝轩等（Hsu et al.，2014）研究发现高水平的金融发展和发达金融体系是企业投资决策和技术创新的重要推动力。完善的法律制度构建是良好的金融生态重要基础，地区健康持续的金融生态也必有较为完善的投资者保护法规和市场竞争机制（周昌发，2013）。

区域金融生态运行效率是金融生态主体与金融生态环境相互作用下的均衡效果，OFDI 产业结构优化与区域金融生态运行效率密切相关。已有文献研究大多仅从金融发展规模和金融产业发展效率角度出发，甚少将金融发展与地区经济环境、政策环境、信用环境等相联系，作为一个整体研究。如阿尔法罗等（Alfaro et al.，2010）认为发达的金融市场可为产业结构升级提供优质的金融配套服务，有助于增加产业资本供给，提高金融资源配置效率，加快产业结构优化升级。产业结构升级依赖于微观企业创新发展，任何微观企业在对外投资和技术溢出过程中，必须进行大量外部融资，从本地金融部门获取大力支持，因此，金融发展水平和效率直接决定企业对外投资的数量多寡和质量高低（张林，2016）。曹霞和张路蓬（2017）在考察金融支持影响技术创业和产业结构过程中，利用金融规模、金融效率和金融结构三个指标进行分析，发现金融发展和效率均存在正向溢出效应，而金融结构支出作用并不显著。因此，从区域金融生态运行效率角度出发，分析金融发展与经济环境、政策环境、信用环境等因素的耦合程度，可成为已有研究的重要补充。

已有文献从基础设施、人力资本、地区技术差距、知识产权保护和金融发展实力等多维度探讨 OFDI 产业结构优化效应在区域间显著性差异的原因，并取得较为可信的研究结论，但已有研究很大程度上忽视了区域金融生态运行效率对 OFDI 产业结构优化效应的作用。区域金融生态是区域金融生态主体、区域金融生态环境和区域金融生态调节的动态平衡，其运行效率是区域金融自身实力的重要指标，更是金融产业与地区经济基础、政府干预、社会环境等多要素的耦合程度的反映。OFDI 企业不仅依赖金融部门信贷资源，同样也离不开地区经济实力、政府政策、信用环境等支持，OFDI 产业结构优化效应的大小与方向很大程度上取决于区域金融生态环境。需要进一步探讨的是：OFDI、区域金融生态运行效率和产业结构升级三者之间到底存在何种关系？区域金融生态运行效率是否为 OFDI 产业结构优化效应的门槛变量？如果是，具体门槛值为多少？门槛效应是否显著？基于以上研究目标，下文将利用中国 31 个省、自治区、直辖市 2003－2015 年省级面板数据，借助非线性面板模型实证检验 OFDI、区域金融生态运行效率和产业结构升级三者之间的关系。

3.3.2 实证模型设定、指标体系构建和数据说明

1. 实证模型设定

为研究 OFDI 对我国产业结构升级的影响，本节将区域金融生态运行效率作为重要指标加入实证模型，并在模型中加入表示东、中、西部地区的虚拟变量，以探究区域异质性对 OFDI 产业结构优化影响的差异性。其次是区别于传统分组经验和交叉项模型研究 OFDI 的产业结构优化效应，借鉴汉森（Hansen，1999）设定的固定效应门槛模型，避免分组经验和交叉项带来的无法估计门槛值或验证门槛值正确性的缺点，估计 OFDI 产业结构优化效应门槛值并进行显著性检验。同时，为减轻实证模型中的异方差情形，对部分指标取对数，实证模型为半对数化模型。为克服模型自身内生性问题，模型引入被解释变量滞后一阶为工具变量。

首先从单门槛模型出发，估计单门槛模型显著性，如通过显著性检验，可继续检验双门槛模型，以此类推。单门槛模型如下：

$$UIS_{it} = \beta_1 \ln ofdi_{it} * I(rfoet_{it} \leqslant \gamma) + \beta_2 \ln ofdi_{it} * I(rfoet_{it} > \gamma)$$
$$+ \beta_j \sum_{j=3}^{n} control_{it} + D_{it} + \mu_i + \varepsilon_{it} \tag{3-9}$$

其中，UIS 为产业升级变量；$rfoet$ 为区域金融运行效率门槛变量；γ 为门槛值；$control$ 为系列控制变量；D 为地区虚拟变量；μ_i 为个体固定效应；ε_{it} 为随机扰动项。

双门槛模型方程如下：

$$UIS_{it} = \beta_1 \ln ofdi_{it} * I(rfoet_{it} \leqslant \gamma_1) + \beta_2 \ln ofdi_{it} * I(\gamma_1 < rfoet_{it} \leqslant \gamma_2)$$
$$+ \beta_3 \ln ofdi_{it} * I(rfoet_{it} > \gamma_2) + \beta_j \sum_{j=4}^{n} control_{it} + D_{it} + \mu_i + \varepsilon_{it}$$
$$\tag{3-10}$$

其中，γ_1、γ_2 分别为双门槛值，其他变量与单门槛一致。

2. 指标体系构建与数据说明

（1）被解释变量

产业结构升级反映了整体生产要素利用效率和产业素质，一般包括产业内和产业间两个方面，产业内强调生产要素与产业间耦合程度和产业内部结构优化，如从劳动密集型产业向资本、技术密集型产业转移；产业间结构优化涵盖了三次产业在国民经济中的比重，并包括以服务业为代表的第三产业与第一、二产业比值。因此，为全面反映产业结构升级内涵，本节借鉴汪伟等（2015）的方法，将第一、二、三产业均纳入指标，构建地区产业结构层次系数 UIS：

$$UIS = \sum_{i=1}^{3} i \cdot L_i \tag{3-11}$$

其中，i 表示某特定产业，L_i 表示特定产业 i 的产值占总产值的比例。

（2）核心解释变量

对外直接投资（OFDI）存量[①]，根据中国商务部历年对外投资统计公报，选用对外直接投资存量数据。现有 OFDI 数据单位均为美元，本节根据世界银行公布的年内平均官方汇率折算成人民币现价价格，并利用 CPI 指数对数据做了价格调整。

（3）门槛变量

区域金融生态运行效率，区域金融生态主要包括金融生态主体、金融生态环境和金融生态调节机制。众多复杂因素共同决定了金融生态系统的多层次性和其他投入产出指标的多样性，因此在测算区域金融运行效率时需要充分、全面考虑。借鉴王国刚等（2015）的《中国地区金融生态环境评价（2013—2014）》体系，将区域金融生态系统分为区域金融主体和区域金融生态环境两个子系统，并根据数据可得性进一步细化指标体系（见表 3-13）。

表 3-13　金融生态运行效率指标体系构建

系统	子系统	一级指标	二级指标	三级指标
金融生态系统	金融生态主体	主要金融市场	银行业	金融机构存贷款总额
			证券业[②]	股票筹资总额
			保险业	保费收入
	金融生态环境	经济发展环境	经济发展基础	人均 GDP
			经济发展结构	人均工业总产值
			经济发展活跃度	人均固定资产投资
		政策环境	政府干预程度	人均一般预算收入
				人均一般预算支出
		社会消费环境	民众收入水平	职工平均货币工资
			民众消费水平	人均消费支出
		信用环境	社会信用	教育支出

（4）控制变量

①城镇化水平。城镇化水平提高有利于优质生产要素集聚，强化生产要素空间流动性、正向外部性和经济绩效，因此本节根据各省统计年鉴，用城镇人

---

① 由于非金融类对外直接投资数额占对外投资总量约 85％，故本节所述对外直接投资均为非金融类对外投资数据。

② 由于债权、基金和期货等市场规模相对较小，故证券市场考虑以股票市场为主。

口占总人口比重作为各地区城镇化发展状况指标。

②市场化程度。已有研究认为地方政府主导的经济发展模式对产业结构升级有显著的负效应，且地方政府与国有企业结合是阻碍产业结构升级的重要影响因素（褚敏，2013）。国有企业在经济下行阶段的投资对经济增长有正向影响（马光威和王方，2016）。本节使用国有化程度作为市场化发展的逆向指标，用国有企业从业人员数占总就业人数比例衡量。

③对外开放水平。在当前国际价值产业链分工明确的背景下，实行对外开放，承接海外产业转移，积极向产业价值链顶端攀升，摆脱价值链低端锁定，实现产业结构优化升级。本节将对外开放水平作为控制变量纳入实证模型，从开放经济效率视角考察，具体以进出口贸易总额占 GDP 比重衡量。

④基础设施建设。基础设施作为一种直接投资，存量增加对应支出国内生产总值账户增长，同时兼具经济性与公益性多重属性，具有规模效应与网络效应等显著特征，不仅可提高产出效率，还可实现发达地区对落后地区的溢出效应（刘生龙和胡鞍钢，2010）。随着信息高速化与互联网技术进步，基础设施边界进一步拓宽，互联网普及性成为地区基础设施水平的重要指标，故本节以每百人互联网使用人数指标衡量基础设施建设情况。

⑤人口年龄结构。人口年龄结构通过劳动力的供给与需求两方面影响地区经济发展与产业结构调整。本节拟采用抚养比作为人口年龄结构的代理指标，分析人口年龄结构对产业升级的潜在影响。

3. 数据来源与描述性统计和效率测算

本节采用 2003—2015 年间 31 个省、自治区、直辖市动态面板数据，原始数据来源于国家统计局、CSMAR 数据库、Wind 数据库、中经网和国务院发展研究中心等，个别数据来源于各省份统计年鉴。表 3-14 为各变量的描述性统计。

表 3-14 变量的相关说明与描述性统计

变量类型	变量名称	符号	均值	标准差	最小值	最大值
被解释变量	产业结构升级	UIS	2.2956	0.1423	0.8228	2.7960
门槛变量	区域金融生态运行效率	$rfoet$	0.7051	0.2067	0.0481	0.9737
核心解释变量	对外直接投资	$\ln ofdi$	12.3774	2.3093	4.5984	17.2612
控制变量	城市化水平	$\ln urban$	3.8533	0.2979	3.0061	4.4954
	市场化程度	$\ln market$	2.25191	0.3945	1.3988	3.2392
	对外开放水平	$\ln open$	2.9242	0.9917	1.2591	5.1488
	基础设施	$\ln infra$	3.0260	0.8757	0.7643	4.3292
	人口年龄结构	$\ln pas$	2.4914	0.2026	1.9036	3.0856

本节选用 SFA 方法测度区域金融生态运行效率，具体结果如表 3-15：

表3-15 2003—2015年中国31个省、自治区、直辖市金融生态运行效率

地区	2003	2007	2011	2015	地区	2003	2007	2011	2015
北京	0.4409	0.6779	0.8381	0.9244	湖北	0.7125	0.8533	0.9308	0.9687
天津	0.2510	0.5233	0.7467	0.8784	湖南	0.6452	0.8134	0.9106	0.9592
河北	0.4988	0.7188	0.8606	0.9353	中部均值	0.4106	0.6194	0.7920	0.8982
辽宁	0.2140	0.4874	0.7236	0.8663	内蒙古	0.4441	0.6803	0.8394	0.9250
上海	0.7335	0.8654	0.9369	0.9714	广西	0.1627	0.4316	0.6859	0.8462
江苏	0.3803	0.6326	0.8125	0.9117	重庆	0.2489	0.5214	0.7455	0.8778
浙江	0.3626	0.6188	0.8044	0.9077	四川	0.2151	0.4884	0.7243	0.8667
福建	0.7513	0.8755	0.9418	0.9737	贵州	0.3435	0.6035	0.7955	0.9032
山东	0.5997	0.7852	0.8960	0.9523	云南	0.2541	0.5262	0.7485	0.8793
广东	0.3234	0.5871	0.7858	0.8983	西藏	0.5045	0.7226	0.8627	0.9363
海南	0.6614	0.8232	0.9156	0.9615	陕西	0.1759	0.4468	0.6964	0.8519
东部均值	0.4743	0.6905	0.8420	0.9256	甘肃	0.4662	0.6960	0.8482	0.9293
山西	0.2955	0.5634	0.7715	0.8911	青海	0.4905	0.7130	0.8575	0.9338
吉林	0.0886	0.3304	0.6100	0.8038	宁夏	0.4691	0.6981	0.8493	0.9298
黑龙江	0.0481	0.2527	0.5423	0.7634	新疆	0.5782	0.7715	0.8888	0.9489
安徽	0.6415	0.8111	0.9094	0.9586	西部均值	0.3627	0.6083	0.7952	0.9024
江西	0.5010	0.7203	0.8615	0.9357	全国均值	0.4147	0.6403	0.8110	0.9095
河南	0.3527	0.6109	0.7999	0.9054					

由表3-15可知，我国东、中、西部地区和全国区域金融生态运行效率在2003—2015年稳步提升，全国均值水平由2003年的0.4147升至2015年的0.9095。东部地区金融生态运行效率始终处于领先水平，西部地区表现次之，中部排名靠后，显示出东部地区金融生态外部环境的优势，反映出其经济基础、经济结构、居民生活水平、社会信用环境均处于较好水平，市场化程度相对较高，政府干预减少；西部地区金融生态运行效率高于中部地区，西部地区金融生态主体与金融生态环境的耦合程度优于中部，使得金融生态效率略高。

3.3.3 门槛效应实证研究

1. 实证结果分析

本节在充分考虑省级地区差异和产业结构动态优化过程的事实下，基于2003—2015年我国31个省、自治区、直辖市面板数据，构建门槛回归模型实证研究我国对外直接投资对产业结构升级影响效应及区域差异。区别于以往文献将金融发展规模或金融产业发展效率作为代理变量衡量地区金融发展水平，本节充分考虑到外部环境对金融发展的影响，将区域金融生态运行效率纳入计

量模型，综合考虑金融发展内部之间以及与外部环境变量的动态均衡关系，较为全面、客观地评价地区金融发展状况对 OFDI 产业结构优化的影响。

采用 Stata16 软件进行实证估计和检验，首先对全国和东、中、西部地区做门槛效应显著性检验。表 3-16 以区域金融生态运行效率为门槛变量，检验中国对外直接投资对产业结构升级的门槛效应，明显看出，全国和东、中、西部地区在 5% 的显著性水平上，单门槛效应均显著，双门槛效应全部不显著，故采用单门槛模型进行分析。单门槛效应首先需估计单门槛值并对其做显著性检验。表 3-17 列举了全国、东、中和西部地区以区域金融生态运行效率为门槛变量的门槛值估计与置信区间。

表 3-16　区域金融生态运行效率门槛效应显著性检验

	单门槛检验				双门槛检验			
	全国	东部	中部	西部	全国	东部	中部	西部
F 值	70.9300	14.8900	11.3300	30.1700	19.3300	7.8800	4.7000	7.8300
P 值	0.0000	0.0475	0.0482	0.0225	0.1700	0.3225	0.4575	0.4075
5%	30.7714	14.1898	10.3807	23.3817	29.2537	15.8734	10.3834	17.5763

注：5% 表示 5% 显著性水平上的临界值。

表 3-17　区域金融生态运行效率门槛值估计结果

地区	门槛估计值	95% 置信区间
全国	0.9589	[0.9565　0.9596]
东部	0.6399	[0.6255　0.6403]
中部	0.9726	[0.9692　0.9729]
西部	0.9767	[0.9751　0.9780]

模型门槛值估计出来以后，还需进一步对模型进行参数估计。被解释变量为地区产业结构层次系数，核心解释变量为 OFDI 存量，门槛变量为区域金融生态运行效率，具体参数估计结果见表 3-18。从全国范围看，OFDI 对产业结构升级存在门槛效应，呈阶段性特征，在区域金融生态运行效率小于0.9589 时，OFDI 存量对国内产业结构优化影响并不显著，表示此阶段地区金融生态对 OFDI 产业结构优化的作用并不明显；当国内金融生态效率大于0.9589 时，OFDI 产业结构优化效应在 5% 水平上显著，即 OFDI 产业结构优化效应随区域金融生态运行效率提升而明显。实施"走出去"战略，鼓励国内资本参与全球价值链分工，在国际市场积极竞争，获取资源、市场和技术等比较优势，并大力输出国内过剩产能，将国内产品与发展中国家需求对接，共同促进国内创新水平和技术能力提升，优化国内产业结构。区域金融生态的健康持续发展，是 OFDI 的助推力，也是高技术区别于传统产业的重要标志。

表 3 - 18 全国系数显著性检验

	全国	东部	中部	西部
$L.UIS$	0.2631**	0.7593***	0.7239***	0.0005
	(2.2969)	(16.1898)	(7.7422)	(0.0045)
$lnurban$	0.0294**	0.0990***	0.0736***	0.1087***
	(2.1778)	(12.6923)	(3.8942)	(3.7612)
$lnmarket$	−0.0341***	−0.0101***	−0.0260**	−0.0552***
	(−5.4127)	(−2.3488)	(−2.2222)	(−4.562)
$lnopen$	0.0041	−0.0020	0.0016	0.0075**
	(1.6400)	(−0.7143)	(0.4211)	(2.027)
$lninfra$	0.0016	0.0019	−0.0012	0.0030
	(0.7273)	(1.1875)	(−0.4286)	(0.8108)
$lnpas$	0.0010	0.0120***	0.0260	0.0349**
	(0.1613)	(3.3333)	(2.549)	(2.3267)
$lnofdi$ $(rfoet{\leqslant}0.9589)$	0.0012	0.0034***	−0.0039***	−0.0061***
	(1.0909)	(3.7778)	(−2.7857)	(−2.7727)
$lnofdi$ $(rfoet>0.9589)$	0.0023**	0.0026**	−0.0034**	0.0044**
	(2.0909)	(2.8889)	(−2.4286)	(2.0000)

注：括号中为 t 统计量值；＊＊＊、＊＊、＊分别表示在1%、5%和10%显著性水平上显著。

分地区来看，对外直接投资的产业结构优化效应呈现区域异质性的特点。东部地区 OFDI 对产业结构升级存在显著正向积极效应，在金融生态运行效率低于门槛值 0.6399 时，OFDI 每增加 1 个百分点，产业结构层次指数增加 0.0034 百分点，在区域金融生态运行效率高于门槛值时，OFDI 每增加 1 个百分点，产业结构层次指数增加 0.0026 百分点，即 OFDI 的产业结构正向效应随着金融生态运行效率提升有所降低，反映 OFDI 产业结构优化效应呈现边际递减特征。目前我国对外直接投资以东部地区为主，东部地区经济基础、金融实力雄厚，政策开明，基础设施完善，社会环境稳定，金融生态运行效率处于较高水平，极大促进了东部地区金融资源优化配置，提升了企业对外投资服务水平，且我国对外投资主体多为综合实力靠前的国有企业和大型民营企业，投资目的地集中于新加坡和欧美等发达地区，基础研究领先，技术实力雄厚，创新能力较强，因此东部地区应加快对外投资步伐，借助海外收益回流、技术逆向转移等机制加快实现产业结构优化升级。

中部地区 OFDI 产业结构优化效应为负数，金融生态运行低于门槛值时，系数为−0.0039，当金融生态运行效率跨越门槛值时，系数为−0.0034，负向效应明显降低；西部地区 OFDI 对地区产业结构升级的门槛效应更为显著，在低于门槛值时，OFDI 产业机构优化效应明显为负，在高于门槛值后，西部地区 OFDI 产业结构优化效应由负转正，正向作用明显。在金融生态运行效率处于较低水平时，金融规模较小，金融结构尚不合理，金融生态主体与经济发展环境、政策环境、社会消费环境和信用环境等耦合程度不高，致使金融服务实体经济能力不强，同时我国中、西部地区农业占比过高，工业化水平相对较低，致使对外投资多集中于资源、劳动等传统行业，资本密集型与技术密集型行业投资相对缓慢，在金融运行效率较低时，OFDI 的产业结构优化"反哺效应"并不明显（杨建清，2015）。

实证结果显示，城镇化水平提升有利于促进产业结构转型升级，有助于由低附加值传统农业向高附加值现代农业转变，促进地区产业的深度分工与重组，加快现代制造业和服务业协同与聚集，为产业发展提供较大发展空间。同时，产业间的专业分工与协作加速技术研发与创新水平提升，直接推动产业结构由劳动密集型向技术密集型转变，优化产业结构，提升产业发展层次（蓝庆新和陈超凡，2013）。国有企业职工人数占比作为市场化的负向指标，系数均为负数，符合预期，即国企职工人数占比越高，市场化程度越低，越不利于地区产业结构层次提升。市场化程度较高地区，经济自由度与开放度相对处于较高水平，政府干预减少，资源配置更加充分与合理，地区产业结构可实现健康合理优化（周超，2016）。对外开放水平对产业结构的正向效应在西部地区显著，系数为 0.0075，东、中部并不明显，这与我国各地区对外开放时间、力度和自由度存在较强联系。经历 40 多年的改革开放，东部地区基本完成从传统低端制造业向高端制造业、服务业等技术能力强、附加值高的产业转变，在未来向产业链高端攀升时，更需依靠自身科研实力和自主创新能力。西部地区基础科研实力薄弱、创新水平较低，仍需提高对外开放水平，一方面深度参与全球产业链分工，发挥"比较优势创造效应"和"比较优势激发效应"，通过产业迁移和模仿学习等机制吸收发达经济体的技术、知识、研发等智力优势溢出，另一方面可破除我国西部地区产业结构升级的"资源锁定效应"，降低产业结构转型升级摩擦成本与社会矛盾，促进产业结构升级（章潇萌和杨宇菲，2016）。以信息化为代表的基础设施对产业结构层次系数影响并不显著，基础设施投资对区域经济发展具有乘数效应、成本效应和空间效应等积极作用，当下我国经济发展以投资驱动为主要动力，各地区政府投资的挤出效应大于积极作用，致使以信息化为代表的基础设施效果不够显著。

2. 稳健性检验

为验证 OFDI、区域金融生态运行效率和产业结构升级影响，我们对此做进一步稳健性检验。鉴于我国各地区金融发展的差异，利用金融业效率作为门槛变量重新估计 OFDI 产业结构优化效应，其中金融业效率由金融机构存贷比衡量。实证结果显示以区域金融业效率作为门槛变量，全国和东、中、西部地区的单门槛效应仍然显著，证明前述实证结论的稳健性（见表 3 - 19 和表 3 - 20）。

表 3 - 19　金融业效率门槛效应显著性检验

	单门槛检验				双门槛检验			
	全国	东部	中部	西部	全国	东部	中部	西部
F 值	39.7900	16.8400	16.1000	31.4700	9.4300	12.7300	6.1100	4.8500
P 值	0.0100	0.0475	0.0478	0.0225	0.5950	0.1325	0.2825	0.7000
5%	26.0388	16.4882	13.4042	22.9971	22.0285	16.0473	10.2355	18.5038

注：5% 表示 5% 显著性水平上的临界值。

表 3 - 20　金融业效率门槛值估计结果

地区	门槛估计值	95% 置信区间
全国	1.3912	[1.3868　1.3975]
东部	1.2377	[1.2343　1.2448]
中部	1.3895	[1.3878　1.3912]
西部	1.4317	[1.4270　1.4690]

3.3.4　主要结论与政策启示

1. 主要结论

对外直接投资（OFDI）可通过资源替代、市场开发和技术溢出等多种机制助推母国产业结构升级，但产业结构优化效应受地区金融发展状况影响，而区域金融生态运行效率是区域金融发展的重要指标。3.3 节利用中国 31 个省、自治区、直辖市 2003—2015 年间的面板数据构建门槛数据模型，实证研究了中国对外直接投资对产业结构优化的总体效应和地区差异性效应，结果表明，中国对外直接投资对产业结构升级存在非线性关系，中国对外直接投资的产业结构优化效应是基于区域金融生态效率的单门槛效应。总体而言，当区域金融生态运行效率低于门槛值时，中国对外直接投资的产业结构优化效应并不显著，当区域金融生态运行效率大于门槛值时，中国对外直接投资对产业结构升级的作用为正并十分显著。分区域来看，东部地区对外投资的产业结构优化效应为正且显著，当区域金融生态运行效率低于门槛值时，中国对外直接投资对产业结构升级的影响系数为 0.0034，即中国对外直接投资每增加一个百分点，东部地区产业结构层次系数增加 0.0034；当区域金融生态运行效率高于门槛值时，中国对外直接投资每增加一个百分点，东部地区产业结构层次系数增加 0.0026 个百分点。而中部地区由于自身金融实力不强，且金融生态主体与金融生态环境耦合度不高，造成中部地区对外直接投资的产业结构优化效应显著为负，但随中部地区金融生态运行效率提高而缩小。西部地区由于自身经济发展与投资结构的不合理性，对外直接投资的产业结构优化效应在区域金融生态效率低于门槛值时并不明显；在区域金融生态效率高于门槛值时，中国对外直接投资增加一个百分点，产业结构层次系数提高 0.0044 个百分点，显示金融生态运行效率在西部地区产业结构升级过程中的重要作用。除此之外，实证研究还发现城镇化水平、市场化程度和人口年龄结构均对产业结构升级有正向影响，对外开放和基础设施水平因地而异。

2. 政策启示

一是要发挥对外直接投资比较优势，促进国内产业结构升级优化。2016年以前我国对外直接投资逐年增长，2016 年达到最高点 1961.5 亿美元，超过外商直接投资 1260 亿美元，2016 年以后虽逐年下降，但都超过当年实际利用外资总额，说明我国已经成长为名副其实的对外投资大国。在产业结构升级背景下，更要注重发挥对外直接投资在技术、知识和管理经验方面的溢出效应。因此需高度重视对外直接投资的产业结构优化效应，扎实稳妥地推进和执行"走出去"战略，完善"走出去"战略配套制度与政策措施，积极鼓励和引导国内实力较强企业走出国门，参与国际市场开发与竞争，引导东道国生产要素、技术资源和海外收益逆向回流，促进我国对外直接投资由"数量型"向"质量型"转变，切实助力我国供给侧结构性改革和产业结构升级。

二是要因地制宜，各省、区、市探索符合自身区域实际情况的对外投资策略。不同省、区、市应探索符合自身区域实际情况的对外投资策略。东部地区由于经济实力发达，区域金融生态良好，吸收能力较强，应以关键资源利用、市场开发和技术寻找为主要目标，有针对性地投资技术含量高、创新能力强和附加值大的行业与领域，充分利用东道国优势加速本地区产业结构升级。中西部地区应切实加大经济结构转型力度，完善基础设施建设，加大对外开放、知识产权等领域支持，提高对外直接投资的技术溢出吸收能力。

三是要加快金融体系改革，提升区域金融生态运行效率。各地区应切实建立健全金融市场体系，扩大金融市场规模，优化金融市场结构，提高区域金融发展实力，为对外直接投资企业提供强力金融支持。各地区应切实完善区域金融生态环境，加大技能培训和科学研究支出，提升地区人力资本，并充分发挥市场在资源配置中的基础性作用，采取各项措施保障区域金融生态高效率运行，为地区对外投资营造良好的金融生态环境。

3.4 资本市场促进科技金融效率研究

自党的十八大以来，党和国家从多个层面对创新驱动战略予以贯彻，一方面，加强创新体系建设，全面完善科技创新制度和组织体系；另一方面，继续加大研究与开发经费投入强度。据国家统计局数据，全国研究与试验发展（research and development，以下简称 R&D）经费投入强度逐年递增，北京、上海该项指标远高于全国平均水平。R&D 经费投入强度在一定程度上与省（区、市）的创新实力、经济活力正相关，而资金使用效率是科技金融投入的"催化剂"，能够增强单位投入的作用效果，助力创新型国家建设，推动经济高质量发展。

3.4.1 文献研究及问题的提出

对于"科技金融"概念进行界定，科技金融并没有明确统一的定义，国外关于科技金融的相关研究论著相对较少，国内对科技金融的研究从 20 世纪 90 年代开始，1993 年"科技金融"一词出现。赵昌文等（2009）将科技金融定义为：科技金融是促进科技开发、成果转化和高新技术产业发展的系列与金融相关的系统性、创新性安排。科技金融与"技术""科学""技术创新"的关系是密不可分的，科技金融是科技创新与金融创新的深度融合。卡洛塔（Carlota，2007）在《技术革命与金融资本》一书中指出，技术创新与金融资本是互相促进的关系。郑和汤森（Jeong & Towsend，2007）认为，金融深化在很大程度上推动了技术的创新。科技金融是国家金融体系和科技创新体系的重要构成因素，科技活动分为研发、成果转化和高新技术产业发展等阶段（赵昌文，2009）。王宏起等（2012）运用协同模型揭示科技创新与科技金融之间的相互作用。

关于科技金融效率测度的研究方法，查恩斯等（1978）第一次提出 DEA 方法，崔毅等（2010）采用 DEA 法评价广东省科技与金融的结合效益。刘佳宁（2015）构建了一套独具特色的广东省科技金融"三融合"发展格局。回广睿（2014）用 DEA 方法测算了 2005－2011 年我国科技金融的效率，通过 Tobit 模型检验了政府、金融市场、企业对科技金融效率的影响。马玉林等（2020）运用 2004－2017 年面板数据，利用 DEA－SBM 模型测算了中国 30 个省域的科技金融效率。

关于科技金融效率测度的影响因素分析，格里利切斯（Griliches，1984）对 1957—1977 年英国大型制造业进行研究，认为提高金融投入对一个国家经济有显著的促进作用，其中 R&D 投入有很大影响。芦锋等（2015）运用 2003—2013 年间中国 29 个省的面板数据模型分析科技金融对科技创新的影响。陈浪南等（2015）立足于国内外先进科技金融创新模式，建立了一种科技金融创新发展模式。

从研究维度来看，杭品厚（2018）运用 DEA 方法研究 2017 年浙江省各地区的科技与金融结合效率。许汝俊等（2015）选取 2009－2012 年面板数据，运用 DEA-Malmquist 指数法对长江经济带 11 个省市样本科技金融效率进行综合评价。一方面，科技金融对于科技的发展具有良好促进作用。例如，浙江省出台多条有益于科技创新工作者来浙创业、工作的政策，并帮助来浙人才解决其在配偶、医疗、教育等方面的问题，切实保障科技人才的权益。另一方面，科技金融对于金融产业亦有明显的激励作用。政府的 R&D 经费投入，企业为技术产业获取及技术改造等科技金融活动的研发资金数额庞大、周期较长的特点均有效地支持了金融业的发展。

总的来说，国内外学者对于科技金融效率问题进行了诸多研究，成果丰富，对浙江省科技金融效率在全国何种水平的分析比较少。因此，本节将研究浙江省在全国的科技金融效率。从 2018 年长三角经济一体化发展上升为国家战略以来，沪苏浙皖经济联系不断加强。本节对同为长三角经济一体化的上海、江苏、浙江、安徽四省市进行了科技金融效率的测算，为浙江省应如何与沪苏皖携手共进，在合作共赢中实现自身的科技金融效率的产出最大化提供了理论指导。

3.4.2 浙江省科技金融发展现状

1. 政府科技金融支持力度大

党的十九大以来，浙江省积极主动地响应国家号召，从规范科技重大专项及资金使用、支持创新、引进高层次人才、加强科技成果转化等方面制定政策对科技金融深层次融合予以促进（具体政策如表 3-21 所示）。了解浙江省科技金融效率现状，明确科技金融目前存在的不足，对于浙江省通过科技创新引领经济发展，实现长三角一体化具有重要的理论与现实价值。

表 3-21 2007—2020 年浙江省采取的各项政策

年份	政策	具体内容
2007	《浙江省重大科技专项计划管理（试行）办法》	规范省科技重大专项资金使用支出和项目管理
2010	《浙江省软科学研究计划和项目管理办法（试行）》	规范省科技创新战略与软科学研究专项管理
2014	《浙江省省级科技型中小企业扶持和科技发展专项资金管理办法》	从加强孵化、促进创新、激励人才、融资支持和发展环境五个方面 20 条政策支持科技型初创企业的发展，营造良好市场经营环境
2017	《浙江省省级科技成果转化引导基金管理办法》	规范浙江省科技成果转化引导基金投资管理
2018	《浙江省人民政府关于全面加快科技创新推动高质量发展的若干意见》	从培育发展高新技术企业、促进重大关键技术攻关等十个方面促进科技创新企业的发展
2020	《关于推进浙江省领军型创新创业团队引进培育计划的若干意见》	扶持高层次科技人才团队在浙创新创业

2. 科技金融主体投入增加

科技金融主体一般分为企业、科研机构和高等院校。2018 年浙江省科技统计数据显示，2018 年 R&D 人员折合当量比 2017 年增长 15%，表明科技工作者日益增加，科技人力投入不断增强。在科技金融主体的构成成分中，企业的 R&D 人员投入最多，其他单位、高等院校分别位列二三位，三者之和高于全省 R&D 人员投入的 98%。

表 3-22 显示，在 R&D 人员投入中，企业占绝大部分，2018 年达到 86.1%。本节对以高技术产业获取及技术改造为代表的企业科技金融投入进行统计，统计结果如图 3-1 所示，2011—2019 年浙江省高新技术产业技术获取及改造总支出呈现在波动中上升的趋势，表明浙江省企业对于科技投入的不断加强。

表 3-22　浙江省 R&D 人员投入主体构成

指标 年度	R&D 人员 折合全时 当量	科研机构		高等院校		企业		其他单位	
		数量 （万人年）	占比 （%）	数量 （万人年）	占比 （%）	数量 （万人年）	占比 （%）	数量 （万人年）	占比 （%）
2018	45.80	0.89	1.9	2.07	4.5	39.41	86.1	3.43	7.5
2017	39.81	0.78	2.0	2.00	5.0	33.36	83.8	3.66	9.2

资料来源：浙江省统计年鉴

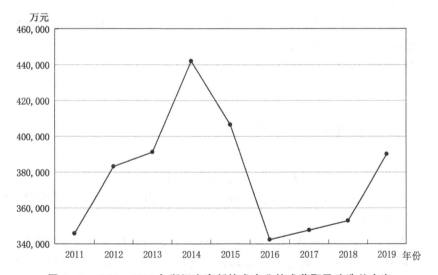

图 3-1　2011—2019 年浙江省高新技术产业技术获取及改造总支出

3. 三省一市科技产出不高

在长三角的三省一市中，浙江省的主要创新指标处于较高水平，在以技术合同成交额、专利授权量为科技成果转化阶段尤其突出。国家级技术转移示范机构相对较少，政府 R&D 经费投入占地方财政支出的比重方面与江浙皖大致相当（见图 3-2）。

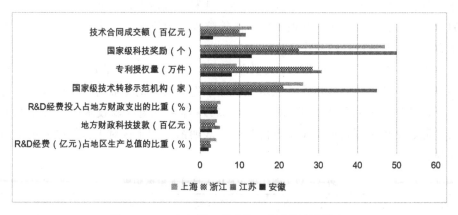

图 3-2 2018 年长三角三省一市主要创新指标

3.4.3 浙江省科技金融运行效率实证分析

1. 模型介绍

（1）BCC 模型

本节采用 BCC 模型测算科技金融运行效率。BCC 模型又被称为 VRS 模型，规模报酬是可以变化的。

目标函数：$\min[\theta - \varepsilon(S^- + S^+)]$ （3-12）

$$
\text{限制条件}\begin{cases}
\sum_{j=1}^{n}\lambda_j X_j + S^- = \theta X_0 \\
\sum_{j=1}^{n}\lambda_j Y_j - S^+ = Y_0 \\
\sum_{j=1}^{n}\lambda_j = 1 \\
\lambda_j \geqslant 0, S^- \geqslant 0, S^+ \geqslant 0, j = 1, 2, \cdots, n
\end{cases}
$$
（3-13）

在上述模型中，X_j 为代表投入量，Y_j 代表产出量，θ 代表模型的效率值。如表 3-23 所示。

运用 DEA 识别相对无效率单位，通过运用金融科技投入、金融科技产出数据，对有效率和无效率的决策单元进行比较，运用 DEA 分别对全国各省、区、市及长三角地区的科技金融结合效率进行评价，进而为浙江省科技金融结合效率的提高提供相关建议。

表 3 - 23　综合效率的含义

综合效率	表示
1	决策单元整体有效率，投入产出均衡，投入一定时产出达到了最大化
0.9~1	决策单元相对有效率，投入或产出轻微改变可以使决策单元资源配置最优化
0.1~0.9	决策单元明显处于低效率状态
0~0.1	决策单元完全无效率，其投入产出不符合经济运行规律

（2）Malmquist 模型

Malmquist 模型可以评价各决策单元不同年份的生产率变动情况，并能进一步分析生产率变动的原因，多用于连续年份决策单元的比较。

Malmquist 生产率变动指数的模型为：

$$M_0^{t+1} = \left[\frac{D^t(x_0^{t+1}, y_0^{t+1})}{D^t(x_0^t, y_0^t)} * \frac{D^{t+1}(x_0^{t+1}, y_0^{t+1})}{D^{t+1}(x_0^t, y_0^t)} \right]^{\frac{1}{2}} \qquad (3-14)$$

$$\text{tfpch} = \text{effch} * \text{techch} \qquad (3-15)$$

$$M_0^{t+1} = \left[\frac{D^t(x_0^{t+1}, y_0^{t+1})}{D^t(x_0^t, y_0^t)} * \frac{D^{t+1}(x_0^{t+1}, y_0^{t+1})}{D^{t+1}(x_0^t, y_0^t)} \right]^{\frac{1}{2}}$$

$$= \frac{D^{t+1}(x_0^{t+1}, y_0^{t+1})}{D^t(x_0^t, y_0^t)} * \left[\frac{D^t(x_0^{t+1}, y_0^{t+1})}{D^{t+1}(x_0^{t+1}, y_0^{t+1})} * \frac{D^t(x_0^t, y_0^t)}{D^{t+1}(x_0^t, y_0^t)} \right]^{\frac{1}{2}} \qquad (3-16)$$

$$\text{effch} = \text{pech} * \text{sech} \qquad (3-17)$$

其中，$D^t(x_0^t, y_0^t)$ 是第 t 期的实际值与最大值之间的比值，即实际值与前沿面的距离。当 $M_0^{t+1} > 1$ 时，代表生产率提高；$M_0^{t+1} < 1$ 时，代表生产率降低；$M_0^{t+1} = 1$ 时，代表生产率不变。"effch" 代表技术变化，"techch" 代表技术进步，"pech" 代表纯技术效率，"sech" 代表规模效率，"tfpch" 代表全要素生产率。全要素生产率可以从技术变化和技术进步两个方面来衡量，技术变化由纯技术效率和规模效率构成。

2. 科技金融整体运行效率实证检验

（1）数据获取及来源

本节将科技金融分为科技金融的投入和科技金融的产出。科技金融投入主体是政府和企业，以 R&D 经费投入强度衡量政府对科技金融的整体投入，用高技术产业技术获取（引进购买吸收）及技术改造总支出表示企业对于科技金融的投入情况。根据赵昌文的研究，科技发展分为科技研发、成果转化和高新技术产业发展三个阶段。因此，本节用专利代表科技研发阶段，高技术产业销售代表成果转化阶段，高技术出口代表高新技术产业发展阶段。本节对科技金融产出从高新技术出口贸易额、三大专利有效数和高新技术产业销售收入三个方面来衡量。运用 DEA 分析法，基于 2011－2018 年全国 31 个省、区、市

（除了港澳台地区）面板数据，对浙江科技金融投入对科技创新绩效影响进行静态分析和动态分析。

为了研究浙江省科技金融运行效率在全国范围内的水平，本研究将每个省份当作一个决策单元，数据均来源于历年《中国高技术产业统计年鉴》和《中国科技统计年鉴》。首先对得到的数据进行预处理，《2019 年中国科技统计年鉴》中高技术产业技术获取及技术改造总支出指标在 2018 年没有进行统计，运用 Excel 对 2011—2017 年的高技术产业技术获取及技术改造总支出的指标数值进行合理测算，由此得出 2018 年全国 31 个省、区、市的高技术产业技术获取及技术改造总支出。在进行 DEA 效率分析之前，首先运用 Eiews10 软件对 2011—2018 年 31 省、区、市选取的相关指标进行相关性检验，结果如下。

表 3 - 24　2011—2018 年浙江省科技金融指标相关性检验结果

	高技术出口贸易额（万元）	国内三种专利有效数总数（件）	高技术产业销售收入（万元）	高技术产业技术获取及技术改造总支出（万元）	R&D 经费投入强度
高技术出口贸易额（万元）	1.00				
国内三种专利有效数总数（件）	0.97	1.00			
高技术产业销售收入（万元）	0.92	0.98	1.00		
高技术产业技术获取及技术改造总支出（万元）	0.82	0.86	0.77	1.00	
R&D 经费投入强度	0.95	0.95	0.87	0.85	1.00

数据来源：根据《中国科技统计年鉴》计算整理而得。

相关系数用于衡量变量之间相关关系，其取值范围是 [－1，1]，相关系数的绝对值越接近于 1，两者之间相关程度越高。当相关系数大于 0 为正相关关系，两者之间存在着积极促进的关系。以上结果表明投入与产出数据之间是正相关的，可以进行下一步处理。

（2）实证检验

将浙江省的科技金融运行效率与全国其他省份进行比较，有助于我们对浙江省科技金融运行效率、科技金融发展水平做客观的定位。本节运用规模收益模型（VRS 模型），分析浙江省科技金融整体的运行效率，从而为浙江省提高科技金融运行效率采用何种措施提供实证依据。对于 DEA 非有效的决策单元，无法根据 DEA 效率值的大小进行简单的排序分析，将有效的决策单元剔除，对其余无效的决策单元再次进行评价，直至剩余决策单元均为有效或无效状态。重新对全国 31 省、区、市相关数据进行效率分析。结果如下：

表 3 - 25　全国 31 个省、区、市的 DEA 运行结果

地区	crste	vrste	scale	
北京	0.650	0.777	0.836	drs
天津	0.296	0.298	0.994	drs
河北	0.628	0.635	0.989	irs
山西	1.000	1.000	1.000	—
内蒙古	0.473	0.488	0.970	irs
辽宁	0.242	0.242	0.999	—
吉林	0.285	0.288	0.990	irs
黑龙江	0.204	0.205	0.996	irs
上海	0.661	0.661	0.999	—
江苏	0.837	0.927	0.903	drs
浙江	0.877	0.883	0.994	irs
安徽	0.539	0.539	1.000	—
福建	0.233	0.248	0.941	irs
江西	0.226	0.228	0.991	irs
山东	0.395	0.395	1.000	—
河南	0.471	0.473	0.995	irs
湖北	0.440	0.448	0.982	drs
湖南	0.177	0.190	0.931	irs
广东	1.000	1.000	1.000	—
广西	0.215	0.218	0.988	irs
海南	0.153	0.163	0.937	irs
重庆	1.000	1.000	1.000	—
四川	0.260	0.272	0.957	irs
贵州	0.181	0.184	0.987	irs
云南	0.807	0.830	0.973	irs
西藏	1.000	1.000	1.000	—
陕西	0.173	0.176	0.978	drs
甘肃	0.522	0.528	0.989	drs
青海	0.776	1.000	0.776	drs
宁夏	0.198	0.200	0.988	drs
新疆	0.969	1.000	0.969	irs

注："crste"代表综合技术效率水平，"vrste"代表纯技术效率水平，"scale"代表规模效率水平，"drs"代表规模报酬递减，"irs"代表规模报酬递增，"—"代表规模报酬不变。

表 3 - 26　全国 31 个省、区、市的排序

第一序列	第二序列	第三序列	第四序列	第五序列
山西、广东 重庆、西藏	北京、上海 江苏、浙江 山东、青海 新疆	天津、河北 福建、安徽 河南、四川 云南	内蒙古、辽宁 湖南、甘肃 江西、湖北	吉林、黑龙江 贵州、陕西 广西、海南 宁夏

实证结果显示:

①在 31 个省、区、市中,山西省、广东省、重庆市和西藏自治区的综合效率为 1,处于 DEA 有效状态,而浙江省科技金融运行综合效率为 0.877,排名全国第六位,说明浙江省科技金融效率处于 DEA 较高效率状态。

②DEA 低效率决策单元中,新疆的纯技术效率为 1,其 DEA 综合效率低源于规模效率低,表明新疆应加大科技重视力度,增加科技投入力度,适当提高科技工作者的福利待遇,增加科技金融投入规模。浙江省纯技术效率和规模效率水平分别为 0.883 和 0.994,说明技术效率导致浙江省的综合效率略偏低但处于全国较前列,这表明浙江省三项专利向技术市场转移程度较高,需要继续加强技术转移工作的力度,提高技术从实验室向市场转化的程度;其他省市DEA 效率低由规模效率和技术效率共同所致。

③浙江省在全国中属于第二序列,在 31 个省、区、市的科技金融效率中处于中上等水平。浙江省应继续大力支持基础研究,激励科技型企业勇于承担科研任务、加大研发的投入,提高科技创新绩效。支持各创新主体加快科技成果转化,完善技术成果转化。政府应公开交易与监管体系的透明度与公开性,推动科技成果转化和产业化。

④西藏综合效率为 1 且处在第一序列的原因是西藏相对于其他地区的科技投入基数较小,科技产出少,但是综合效率相对而言较高。

为进一步了解科技金融效率的动态变化情况,用 Malmquist 指数对各省、区、市创新效率进行测算和分析,结果见表 3 - 25。

表 3 - 27 为 2011—2018 年我国 31 个省、区、市的全要素生产指数及其分解情况。结果显示:2011—2018 年平均全要素生产指数大于 1 的省、区、市有 28 个,其中广西是年均增长率最高的省份,高达 50.6%。从全要素生产率指数分解来看,年平均增长率 10% 以上的省份有 5 个,年平均增长率指数最快的省份是广西,增长率达到 24.5%,然后是江西(18.7%)、陕西(12.2%)、河南(11.4%)、四川(11.4%)。在技术变动方面,年平均增速最快的是甘肃,山西和广西的年技术进步也达到了 20% 以上。

表 3 - 27 2011－2018 年我国 31 个省、区、市的全要素生产指数及其分解

地区	effch	techch	pech	sech	tfpch
北京	1.051	1.189	1.037	1.013	1.25
天津	1.075	1.121	1.078	0.997	1.205
河北	0.98	1.161	0.98	1	1.138
山西	0.886	1.212	0.898	0.986	1.074
内蒙古	0.97	1.194	0.966	1.004	1.158
辽宁	1.013	1.127	1.014	0.999	1.142
吉林	1.063	1.178	1.064	0.999	1.252
黑龙江	1.081	1.153	1.087	0.995	1.246
上海	1.061	1.07	1.061	1	1.136
江苏	1.026	1.092	1.011	1.015	1.12
浙江	1.019	1.133	1.018	1.001	1.154
安徽	1.019	1.153	1.021	0.999	1.175
福建	1.055	1.065	1.051	1.004	1.123
江西	1.187	1.073	1.189	0.999	1.274
山东	1.025	1.056	1.028	0.997	1.082
河南	1.114	1.081	1.113	1.001	1.204
湖北	0.99	1.132	0.99	0.999	1.12
湖南	1.039	1.057	1.034	1.005	1.099
广东	1	0.956	1	1	0.956
广西	1.245	1.21	1.243	1.002	1.506
海南	1.029	1.179	1.036	0.993	1.213
重庆	0.963	1.065	0.967	0.997	1.026
四川	1.114	1.073	1.107	1.006	1.195
贵州	1.01	1.125	1.038	0.973	1.136
云南	0.878	1.198	0.875	1.003	1.052
西藏	1	0.991	1	1	0.991
陕西	1.122	1.058	1.12	1.002	1.187
甘肃	1.02	1.265	1.019	1.001	1.291
青海	0.996	0	0.971	1.026	0
宁夏	1.018	1.19	1.016	1.002	1.211
新疆	0.964	1.189	0.964	0.999	1.146
均值	1.030	1.090	1.030	1.000	1.120

注："effch" 代表技术变化，"techch" 代表技术进步，"pech" 代表纯技术效率；"sech" 代表规模效率，"tfpch" 代表全要素生产率。

（3）长三角地区科技金融

为了更直观地显示长三角地区科技金融效率变化情况，单独将长三角所涉及的四省市的数据重新进行 Malmquist DEA 科技金融效率分析的测算，其动态变化数据变化如图 3 - 3。

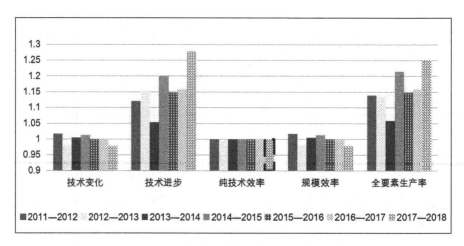

■2011—2012　▨2012—2013　■2013—2014　▩2014—2015　▦2015—2016　▨2016—2017　▨2017—2018

图 3 - 3　沪苏浙皖历年科技金融 Malmquist 指数结果

实证结果显示：TFP 值是不断变化的且均大于 1，表明长三角地区科技金融效率水平逐年提高。Techch 均大于 1 相对效率提高，表明技术进步，pech 值恒为 1，表明纯技术效率不变。

表 3 - 28　长三角经济带的科技金融效率动态变化表

地区	effch	techch	pech	sech	tfpch
上海	1.000	1.164	1.000	1.000	1.164
江苏	1.000	1.065	1.000	1.000	1.065
浙江	1.000	1.173	1.000	1.000	1.173
安徽	0.998	1.234	1.000	0.998	1.230
平均	0.999	1.157	1.000	0.999	1.157

注："effch"代表技术变化，"techch"代表技术进步，"pech"代表纯技术效率；"sech"代表规模效率，"tfpch"代表全要素生产率。

结果显示：沪苏浙皖四省市的全要素生产指数均大于 1，表明长三角经济带的技术是进步的，带来了生产率的提高。其中浙江省的全要素生产变化仅次于安徽省，处于第二位。从全要素生产率指数分解来看，浙江省的技术变化是最小的，技术进步是第二位的。技术变化是纯技术效率与规模效率的乘积，在代表纯技术效率的"pech"和代表规模效率的"sech"中，浙江省的规模效率相对来说更为高，纯技术效率较高。因此，浙江省需要通过保持规模效率和纯技术效率来保持技术变化，更为迫切的是通过提高纯技术效率使技术变化提高，进而加快全要素生产的正向变化。

将长三角经济带一体化的四个省市进行科技金融的效率测算。

表 3-29   长三角经济带的 DEA 运行结果

地区	crste	vrste	scale	
上海	1.000	1.000	1.000	—
江苏	1.000	1.000	1.000	—
浙江	1.000	1.000	1.000	—
安徽	0.934	1.000	0.934	irs

注："crste"代表综合技术效率水平，"vrste"代表纯技术效率水平，"scale"代表规模效率水平，"drs"代表规模报酬递减，"irs"代表规模报酬递增，"—"代表规模报酬不变。

从长三角经济一体化的四省市来看：上海、江苏、浙江的综合效率为 1，处于 DEA 有效状态，而安徽省的综合效率处于 DEA 非有效状态。浙江省的综合效率、技术效率和规模效率均为 1，说明各项效率高引致的 DEA 有效。安徽省处于规模报酬递增的状态，表明在这一阶段一单位金融投入能够产生超过一单位的科技产出，提高该地区科技金融运行效率主要依靠扩大科技金融的规模。

综上，浙江省科技金融 DEA 效率在全国 31 个省、区、市较高是由于三项效率都较高；在沪苏浙皖四省市的科技金融 DEA 效率较高是由于三项效率较高。从全国层面来看，浙江省的纯技术效率高，浙江省三项专利向技术市场转移程度较高，需要继续保持技术转移工作的力度，提高技术从实验室向市场转化的程度，通过提高技术效率以提高综合效率，这与浙江省 R&D 经费投入逐年增加，成果转化较高这一现实是相符合的。对于长三角地区来说，由于该地区整体经济科技投入较大，所以浙江省规模效率与其他三省市相比较高，这与长三角地区整体的科技金融规模是一致的。

3.4.4   浙江省科技金融投融资对策建议

科技金融是科技与金融两者融合到一定阶段的产物，推动科技与金融的深度结合，有利于激发科技创新发展潜力。浙江杭州作为中国第一批科技金融试点城市和综合性国家科学中心，具有浓厚的金融科技氛围，在科技与金融的融合发展方面进行了诸多尝试。然而，受到人才、环境和制度等多个方面的制约，浙江省在两者融合发展过程中发展动力和创新能力不足，科技金融环境不成熟。因此浙江省急需建立以政府为主导，多方金融机构联合辅助，以互联网金融支撑及投资支持为重要支撑的科技金融创新体系，探索适宜浙江省科技企业发展的新模式，并进一步提出促进科技金融助推浙江省企业发展的对策建议。

1. 充分发挥政府部门的职能

研究表明，浙江省科技拨款占财政支出比重呈现下降趋势。浙江省政府应通过各种方式加大对科技金融的支持力度以营造良好的科技金融政策环境。首先，浙江省在制定各级政府的财政支出预算时，应该向科技拨款方向倾斜，并且设定每年增长指标，从而扭转浙江省 R&D 投入强度的下降趋势。其次，建立和完善法律保障机制，例如完善省内的知识产权保护制度、减少中小型企业维护自身权益的时间成本。再次，政府应充分发挥引导作用，鼓励保险机构对科技创新型企业的研发活动提供担保，提倡金融机构等投资主体对科技型中小企业的投资拓宽融资渠道，并给予适当的政策支持和一定的资金支持。最后，健全科技金融监管体系，防范金融风险，以云计算、大数据等科技为依托，创新金融科技监管方式，提高科技监管水平。

2. 加快科技金融主体成果转化

在全国科技金融活动主体的运行效率检验中，浙江省研究与开发机构的科技金融运行效率处于 DEA 效率低的状态。具体来说，是研究与开发机构科技金融投入与产出结合水平不足。因此，浙江省需要通过创新研究与开发机构科研经费的管理模式，促进科技金融运行效率的提升。加快科学论文、专利等科技金融研究与发展阶段基础科研成果转移并实现其自身价值。浙江省还应依托长三角一体化的创新战略联盟，通过集中优质资源攻坚共性技术，加速科研成果转化效率。

3. 加强科技人才培养与引进

科技金融发展的关键是人才，浙江省应发挥自身科技金融优势培养本土人才，尤其是市场紧缺的复合型创新人才，虽然浙江省科技人员逐年增加，但稀缺人才仍不足。为此，科技企业和金融机构可与高校进行合作，通过定期开展科技金融讲座、培训班等，联合培养既具有理论知识又具有实操经验的新型科技金融人才；提高稀缺科技金融人才的待遇，吸引来自各地的急缺人才，为其提供各种便利条件，例如住房补贴、安家费、科研项目经费支持、子女教育、医疗保障等，全面解决来浙人才的后顾之忧。

4. 加快中小微科技企业的发展

杭州依托浙江大学等众多高校、实验室和研究所，是基础的全国首批技术创新试点城市和信息化工程重点城市，本身具有良好的科技创新基因。金融机构要依靠区块链、云计算等新科技，推出新的金融服务模式，提升金融服务水平，健全金融服务体系。R&D 投入主体中，企业占绝大多数，而中小微企业又是企业中的大部分，所以中小微科技企业应该顺应时代发展的趋势，积极主动了解最新科技金融政策，抓住机会发展自身，提高自身的科技创新水平，加快成果转化。例如通过增强金融消费者的用户体验、制定专属服务等方式增加用户消费黏性等。

浙江省应充分利用上海地区人才高地、金融中心的优势，江苏强大的传统制造业、丰富的教育资源的条件，浙江民营经济发达、数字经济拔尖的长处，结合自身的科技创新、国家政策支持，依托长三角，同时利用安徽省广阔的内陆腹地区位优势，开展产业转移合作，加快浙江省科技金融融合发展，提高科技金融发展水平。

第4章 企业与产业经济效率研究

党的十九大报告指出："我国经济已由高速增长阶段转向高质量发展阶段，正处在转变发展方式、优化发展结构、转换增长动力的攻关期，建设现代化经济体系是跨越关口的迫切要求和我国发展的战略目标。"

21世纪是知识经济时代，新兴产业作为知识经济时代的支柱产业在现代化经济体系中的重要地位越来越明显。发展新兴产业，有效提升新兴产业经济效率，对促进整个国民经济可持续发展具有重要理论意义和现实意义。因此，在开放经济视角下研究企业与新兴产业的综合经济效率问题是非常必要的，对这些问题的研究有助于为提升中国企业与产业的经济效率提供一些借鉴，从而发挥新兴产业对经济引领性的关键作用。本章采用文献研究法、理论研究与实证分析相结合、定量研究与定性研究相结合和多学科交叉融合研究相结合的方法，运用DEA数据包络分析软件、SPSS23.0和Eviews10.0等分析工具，分析了中国企业和新兴产业的经济效率问题。

4.1 宁波市科技型中小企业创新效率评价研究

创新是企业进步的灵魂，自主创新能力对科技型中小企业尤为重要，创新效率能够有效地反映企业的创新能力。通过以宁波市各地区科技型中小企业为研究对象，运用三阶段DEA模型，对剔除产业聚集程度、经济发展水平、平均企业规模、劳动人员素质四个环境因素影响前后进行创新效率对比研究，探讨环境因素对宁波科技型中小企业创新效率的影响效应，分析宁波科技型中小企业的创新效率提升的可能性，进而提出宁波科技型中小企业创新效率提升的建议。

4.1.1 问题的提出

在实行经济转型升级的过程中，科技型中小企业发挥着不可替代的作用，科技型中小企业的发展已成为我国经济发展中的重要力量，企业要想长久发展，就要积极进行科研创新活动，提升自身的科研成果转化比，努力成为创新模范企业。创新效率作为企业创新活动成果的评价指标，对指导企业如何进行资源配置与政府如何制订补助计划具有重要意义。

国内关于科技型中小企业的研究主要关注企业自主创新能力（包迪鸿和俞鸿涛，2018）、政府创新补贴（郭研和张皓辰，2020；殷梦玲，2018）、技术创新模式（陈伟等，2020）、产学研绩效（常洁和乔彬，2020）、政策创新（郭秀强和孙延明，2019）、创新能力评价（颜赛燕，2020）等领域。经过对现有文献的研究，发现绝大部分都是从宏观的角度或理论方面对科技型中小企业进行研究，因此，本节对宁波地区科技型中小企业投入与产出的微观数据进行分析。

4.1.2 研究方法、指标体系选取与数据说明

1. 研究方法

本节运用三阶段 DEA 模型对宁波市科技型中小企业创新效率进行评价分析。

第一阶段。将决策单元的原始投入和产出数据代入传统 DEA 模型，计算综合效率值，为减少规模报酬不变带来的影响，选用规模报酬可变的 BCC 模型，利用 DEAP2.1 运算结果，得到各决策单元最初的综合效率值，并计算得到投入松弛变量。

第二阶段。弗雷德等（Fried et al.，2002）提出了以传统 DEA 模型为基础，能够将决策单元受到的外部环境、统计噪声和管理无效率的影响进行剥离的三阶段 DEA 模型，借助随机前沿（SFA）模型，把第一阶段计算得到的投入变量作为被解释变量，将环境因素作为解释变量进行分析，利用 Frontier4.1 运算结果，得到剔除环境变量等因素调整后的投入变量值。

第三阶段。将第二阶段得到的调整后的投入变量值以及原始产出值，再次代入 DEA – BCC 模型，运用 DEAP2.1，得到不受外部环境等因素影响的各决策单元综合效率值。

2. 指标体系选取

（1）科技型中小企业投入及产出指标选择

科技型中小企业包含多个创新要素，通过对已有文献的分析，本节选取宁波市各地区科技型中小企业科研经费（fund）、大专及以上人数（college）、总资产（assets）作为投入变量，其中科研经费、大专及以上人数能反映科技型中小企业对创新的投入力度，总资产能反映科技型中小企业的规模，选取营业收入（revenue）、专利总数（patent）、发明专利总数（invention）作为产出

变量，其中营业收入能反映科技型中小企业目前的经营状况，专利总数和发明专利总数能直接反映出科技型中小企业的创新能力水平。

（2）科技型中小企业环境变量指标选择

环境变量的选择要求对企业的创新效率有显著影响并不受主观因素控制，根据研究需要选择的环境变量包括：产业聚集程度（aggregate），反映宁波市各地区科技型中小企业发展水平以及竞争程度，用科技型中小企业在宁波各地区的数量来表示；经济发展水平（develop），较高的经济发展水平能促进科技型中小企业对创新的需求，地区经济发展水平越高，为科技型中小企业提供的人力、物力、资金等方面力度就更大，用宁波各地区人均 GDP 表示；平均企业规模（asize），反映各地区科技型中小企业市场规模状况，用各地区营业收入与企业数的比值表示；劳动人员素质（quality），反映各地区科技型中小企业对创新的人力投入，用各地区科技型中小企业大专及以上人数所占比例表示。

3. 数据来源

本节所选样本为截至 2019 年年底宁波各地区所有科技型中小企业，数据来源为浙江科技型中小企业综合服务平台。

表 4-1　第一阶段宁波各地区科技型中小企业创新效率值

地区	综合效率	纯技术效率	规模效率	规模报酬
海曙区	0.967	1	0.967	irs
鄞州区	1	1	1	—
江北区	0.962	1	0.962	irs
镇海区	1	1	1	—
北仑区	1	1	1	—
奉化区	0.988	1	0.988	irs
慈溪市	0.999	1	0.999	irs
余姚市	0.988	1	0.988	irs
宁海县	0.995	1	0.995	irs
象山县	0.995	1	0.995	irs
平均值	0.993	1	0.993	irs

注："drs"为规模报酬递减；"irs"为规模报酬递增；"—"为规模报酬不变。

4.1.3　科技型中小企业创新效率评价分析

1. 传统 DEA 模型结果分析

由表 4-1 可以看出，在不考虑外部环境的影响下，截至 2019 年年底宁波科技型中小企业创新效率平均值为 0.993，纯技术效率平均值为 1，规模效率平均值为 0.993。从综合效率来看，鄞州区、镇海区、北仑县科技型中小企业处于技术创新前沿面，所有十个区县（市）纯技术效率均为 1，综合效率低主要是由规模效率低导致，其他地区科技型中小企业在纯技术效率或规模效率方面有较大提升空间。由于表 4-1 的计算结果没有考虑环境变量和随机变量的影响，只考虑了投入和产出变量，无法真实地反映宁波市科技型中小企业创新效率，所以要将数据进一步调整。

2. SFA 模型回归结果分析

由表 4-2 可以看出，除平均企业规模，其他三个环境变量对投入松弛变量均为显著影响，且所对应的单边似然比检验 LR 值均大于检验标准值，说明宁波科技型中小企业创新效率受环境变量的影响是显著的，对原始投入变量进行环境变量的排除是必要的，三个回归方程的 σ^2 都通过了 t 值检验且数值较大，且 γ 值都趋向于 1，说明宁波不同地区科技型中小企业创新效率间的差距较大。

（1）产业聚集程度

产业聚集程度对科研投入松弛变量、人员投入松弛变量产生了正向影响，说明科技型中小企业在产业聚集度较高的状态下，其科研投入效率和人员投入效率并没有显著增加，原因可能是随着各地区产业聚集度的提高，企业之间的竞争不断加强，企业为了维持生计，会减少对科研资金以及研发人员方面的投入，从而不利于企业创新效率的提升。产业聚集程度对总资产投入松弛变量产生了负向影响，说明随着各地区产业聚集程度的提高，科技型中小企业内部进行精简管理，促进了科技型中小企业资产利用率的提高，从而在竞争中显示出自身优势。

（2）经济发展水平

经济发展水平对科研投入松弛变量、人员投入松弛变量和总资产投入松弛变量均在 1% 的水平上负向影响显著，说明随着地区经济发展水平的提高，不仅使研发投入在科技型中小企业中得到充分利用，还能减少总资产的冗余，原因可能是随着地区经济水平的发展，企业的规模会不断扩大，企业为了更好地发展，会加大对科研经费和创新型人才的投入，从而减少企业研发投入和人员投入的冗余，同时企业会减少资产的投入以提高企业的资产利用率，减少资产投入产生的浪费。

（3）劳动人员素质

劳动人员素质对科研投入松弛变量、人员投入松弛变量产生了负向影响，对总资产投入松弛变量产生了正向影响，说明随着劳动人员素质的提升，宁波科技型中小企业科研投入松弛和人员投入松弛会减少，总资产投入松弛会增加，原因可能是员工的学历水平的提高有助于科技型中小企业的创新能力的提高，从而有效地减少科研投入和人员投入冗余。然而，宁波科技型中小企业员工劳动人员素质较低，使得企业需要对劳动力投入大量资金来提高企业创新效率，从而导致总资产投入冗余增加。

表 4-2　宁波各地区科技型中小企业 SFA 回归分析

变量	科研投入松弛变量	人员投入松弛变量	总资产投入松弛变量
常数项	−134076.28*** (−134076.28)	−37.32*** (−37.32)	−28965.76*** (−28879.12)
产业聚集程度	9.511* (2.328)	0.36*** (5.51)	−159.17*** (−97.65)
经济发展水平	−28112.36*** (−27834.02)	−13.67*** (−13.67)	−9989.56*** (−9939.86)
平均企业规模	46.24 (1.113)	0.11 (1.01)	8.94 (0.99)
劳动人员素质	−636517.86*** (−573439.51)	−212.32*** (−210.22)	135573.73*** (1.00)
σ^2	956435601244.00*** (9564356012444.0)	233219.44*** (233126.19)	30454734000.00*** (303636431)
γ	1.00*** (∞)	1.00*** (∞)	1.00*** (∞)
log	−411.12	−177.311	−311.51
LR	12.37***	15.41***	12.23***

注：＊＊＊、＊＊、＊分别表示显著性水平在 1%、5%、10%，括号中为 t 统计量值。

3. 调整后 DEA 模型结果分析

从表 4-3 可以看出调整投入变量后，宁波各地区科技型中小企业综合效率平均值由 0.993 下降为 0.932，纯技术效率平均值由 1 下降为 0.991，规模效率平均值由 0.993 上升为 0.994，各地区规模报酬递减的科技型中小企业由 23 个降低为 9 个，规模报酬递增的科技型中小企业为大多数。从综合效率来看，鄞州区、北仑区和镇海区处于技术创新前沿面，与第一阶段相比，综合效率值为 1 的地区增加了慈溪市，第一阶段和第三阶段都处于创新技术前沿的地区为鄞州区、北仑区和镇海区，说明这些地区企业技术创新处于较高水平。

总体来看，宁波科技型中小企业综合效率值降低的有海曙区、江北区、奉化区、余姚市、象山县、宁海县 6 个地区，说明这些地区的科技型中小企业创新环境相对较好，调整前综合效率值有所高估，提高的有慈溪市，说明该地区的科技型中小企业创新环境相对较差，调整前综合效率值有所低估，不变的有鄞州区、北仑区和镇海区；纯技术效率降低的有余姚市、宁海县、象山县 3 个地区，说明调整前纯技术效率值有所高估，没有提高的地区，说明调整前纯技术效率值没有地区有所低估；规模效率提高的有海曙区、江北区、奉化区、余姚市、宁海县和象山县 6 个地区，说明调整前规模效率值有所低估，不变的有鄞州区、镇海区、北仑区和慈溪市。

表 4-3 第三阶段宁波各地区科技型中小企业创新效率值

地区	综合效率	纯技术效率	规模效率	规模报酬
海曙区	0.941	1	0.971	irs
鄞州区	1	1	1	—
江北区	0.932	1	1	irs
镇海区	1	1	1	—
北仑区	1	1	1	—
奉化区	0.816	1	0.991	irs
慈溪市	1	1	0.999	irs
余姚市	0.924	0.976	0.989	irs
宁海县	0.856	0.968	0.996	irs
象山县	0.854	0.968	0.996	irs
平均值	0.932	0.991	0.994	irs

4.1.4 主要结论与对策建议

1. 主要结论

本节通过三阶段 DEA 模型对宁波各地区科技型中小企业创新效率进行研究，首先，通过传统的 DEA-BCC 模型得到在不考虑外部环境影响下的宁波各地区科技型中小企业创新效率值；再次，运用 SFA 模型，剔除产业聚集程度、经济发展水平、平均企业规模、劳动人员素质四个环境变量，并对投入变量进行调整；最后，将调整后的投入值和原始产出值再次代入 DEA-BCC 模型，得到调整后的宁波各地区科技型中小企业创新效率值，进行对比研究，得到以下结论。

①总体来看，宁波大部分地区科技型中小企业调整前的综合效率值有所高估，大部分地区的科技型中小企业创新环境较好，将综合效率分解来看，调整前大多数地区纯技术效率值有所高估，而规模效率值略微有所低估。调整之后规模效益递增的地区明显增多，表明扩大生产规模是提高宁波各地区科技型中小企业创新效率的关键因素。

②从环境变量来看，产业聚集程度能够促进宁波各地区科技型中小企业总资产的利用，但对科研投入和人员投入方面并没有积极影响；经济发展水平能

有效地促进宁波各地区科技型中小企业创新效率的提高，提高企业科研和人员投入的利用率；平均企业规模对宁波各地区科技型中小企业创新效率影响并不显著；劳动人员素质的提高能够激发宁波各地区科技型中小企业劳动者的创新积极性，提高创新效率。

③从不同地区来看，海曙区、江北区科技型中小企业创新环境较差，剔除环境因素影响后，鄞州区、北仑区、镇海区处于技术创新前沿面，与第一阶段相比，第三阶段宁波科技型中小企业综合效率值降低幅度较大的地区有奉化区、余姚市、宁海县和象山县，提升幅度较大的地区有慈溪市。

2. 政策建议

①地区政府制订科技型中小企业产业聚集发展规划，要充分发挥各地区区位优势、产业特点、资源基础等条件，合理安排布局情况，防止因产业聚集度过高带来的竞争压力使科技型中小企业创新效率降低，发现各科技型中小企业的优势，促进产业聚集给宁波各地区科技型中小企业带来知识的共享与传播，增强科技型中小企业间的分工与合作意识，提升科技型中小企业创新效率。

②加强人力资本建设，提高科技型中小企业创新活力。首先加大科技型中小企业内部人才培训力度，提升企业内部人员专业知识水平与综合素质，使企业内部人员能够做到与时俱进；其次建立校企合作机制，企业为学校提供实践基地，同时学校针对企业对人才类型的需要，为企业长期提供创新型人才，有效地提升科技型中小企业创新成果转化效率。

③地区政府应加大监督管理力度，增强科技型中小企业的风险意识，形成公平的市场环境，使资源分配合理化，避免对资源的浪费，同时将企业运营作为科技型中小企业发展的重要手段，建立现代化企业制度，加强各地区合作意识，有效发挥鄞州区、镇海区、北仑区、慈溪市的创新模范作用，实现共赢，建设具有引导效益的服务体系，推动宁波科技型中小企业创新效率的整体提高。

4.2　异质企业发展战略性新兴产业相对效率研究

自美国 2008 年的金融危机迅速演变成为全球经济危机以来，为应对经济危机各国纷纷出台积极措施，把发展战略性新兴产业当作推动经济增长和实现经济复兴的突破口，看成抢占新一轮国际经济制高点和主导新一轮国际经济竞争的核心产业。战略性新兴产业被寄予推动科技创新、产业转型，实现经济新一轮增长的厚望。然而，作为产业大军中的新生力量，战略性新兴产业的发展也面临新兴产品和服务成本偏高、基础设施不完善等诸多问题。因此，发展战略性新兴产业不仅仅需要市场的力量，还需要政府的"有形之手"给予支持。政府的行政扶持如何才能与市场力量有效互动？在战略性新兴产业这一全新领域，民营资本有多大发展空间？战略性新兴产业发展是一个创新驱动的产业，如何进一步发挥民营企业的作用，在战略性新兴产业发展当中是一个极为关键的问题。要发挥民营经济的作用主要是解决其准入问题，战略性新兴产业的准入门槛设置应该更多从技术的准入角度来考虑。

4.2.1　问题的提出与研究综述

1. 问题的提出

2010 年 10 月我国正式发布《关于加快培育和发展战略性新兴产业的决定》，确立了我国发展战略性新兴产业的立场和决心。我国政府还针对民营经济进入战略性新兴产业出台专门政策，于 2011 年 8 月出台了《关于鼓励和引导民营企业发展战略性新兴产业的实施意见》，要求有关部门和地方不得针对民营企业和民间资本在注册资本、投资金额、投资强度、产能规模、土地供应、采购投标等方面设置进入门槛，这为民营企业进入战略性新兴产业打开了政策之门，意味着在战略性新兴产业领域民营企业可以和国有企业同台竞技了。

本节主要比较国有和民营这两种不同所有制的工业企业在发展战略性新兴产业中的效率差异，以及不同产业内部的效率差异，从而发现影响战略性新兴产业发展的主要因素，确定哪种所有制企业更适合哪些行业，这对促进我国战略性新兴产业的发展，引导民营资本进入战略性新兴产业具有非常重要的理论和实践意义。

2. 研究综述

近年来国内对异质性企业生产效率比较的研究呈上升趋势，产生了丰富的研究成果。一种观点认为民营企业的效率要优于国有企业。如姚洋和章奇（2001）利用 1995 年工业普查的数据对影响企业技术效率的各个因素进行了检验，发现集体、私营、国外三资企业的效率比国有企业分别要高出 15.1%、45.5%和 11.4%。刘小玄（2004）对 2001 年全国基本单位普查数据分析后，发现私营个体企业效率最高，三资企业次之，随后是股份制和集体企业，国有企业效率最低。贺聪和尤瑞章（2008）采用索洛剩余法和 Malmquist 指数法对不同所有制经济的全要素生产率进行估算和拆分后，发现私营工业企业的技术效率要优于国有和外资工业企业。宋来和常亚青（2009）利用 2006－2007 年我国国有及国有控股工业企业和私营工业企业不同行业的数据，发现 2006 年效率最优的私营企业比国有上市公司的个数多 25%，就整个工业来讲，私营企业比国有企业效率更高。范建双等（2015）利用中国 31 个省、区、市工业企业 2001—2011 年的面板数据，基于菲尔-普雷蒙特 TFP 指数 DEA 方法，测算各省份国有、私营和外资企业的综合效率、TFP 增长及其分解要素，对其发展模式进行类别划分，结果表明，外资和私营企业的综合效率均值始终高于国有企业；工业企业表现出不同的效率优势，私营企业的优势在于技术效率和规模效率，国有企业的优势在于技术效率水平低但增长趋势显著，外资企业的优势在于范围经济效率。

另一种观点认为国有企业和民营企业的生产效率没有明显差异，甚至国有企业的生产效率超过民营企业。如王莲莲和蒋毅一（2009）利用 1998—2007 年不同经济类型工业企业生产数据，采用 CD 生产函数分析，发现国有企业生产最具规模经济，私营企业的投入产出能力较强；从经济效益指标上看，国有企业的总体水平已具有相对优势，且资本产出弹性较大，资本产出能力较弱，私营企业的资本劳动比例失衡，但获利能力最强。黄险峰和李平（2009）利用 1992—2003 年各地区工业类的国有企业产出与其他企业数据，利用两部门生产函数框架，分离出国有企业与其他部门的效率差异和国有企业的产出效应对经济增长的影响，研究发现，国有企业的效率低于其他部门，但国有企业对经济的其他部门存在显著的产出效应，而且这两种因素对经济增长的影响差不多相互抵消，国有企业与经济的其他部门对经济增长的贡献并不存在显著差异。董梅生（2012）选取 2002—2009 年 16 个竞争性行业里的 2643 家国有上市公司与 1793 家民营上市公司的数据，采用 DEA 方法对两者的效率进行实证研究，研究认为国有上市公司和民营上市公司的综合技术效率和规模效率不存在差异。魏峰和荣兆梓（2012）基于竞争性领域 20 个工业细分行业的面板数据，运用随机前沿分析方法分别计算了国有企业和非国有企业 20 个竞争性行业 2000—2009 年期间的年度技术效率，结果表明竞争性领域国有企业和非国有企业的工业行业技术效率之间存在差距，但由于国有企业技术效率上升态势明显，两者的效率总体上趋同。郝书辰等（2012）利用熵权评价方法，运用 2003—2010 年间的面板数据，实证分析了我国国有及国有控股企业在 37 个工业行业中的效率变动情况，并与私营企业、外商和港澳台商投资企业进行了比较，实证分析指出，国有工业企业效率增长速度在 21 个行业中超过私营企业。倪国华等（2016）构造了全新的变量指标体系，并基于国泰安数据库横跨 31 个省份的企业面板数据，采用 WLS、分位数回归及固定效应模型等方法定量分析了国有企业在不同经济发展阶段的相对效率差异，进而模拟国有企业在不同经济发展阶段的效率图谱，效率图谱表明：虽然处于起飞阶段的地区迅速实现技术模仿工业化，国有企业具有较强的宏观效率，但国有企业在微观效率方面的短板也将随相关地区经济发展水平的提高而逐步显现。

4.2.2　研究方法与指标数据说明

1. 研究方法

在评价生产效率方面，传统的方法是使用单要素生产率（如劳动生产率、资本生产率等）作为衡量生产率的指标。但是，实际的制造业生产过程是劳动、资本等多种生产要素的投入使用，生产要素之间存在替代关系，为了更好地反映生产率综合水平及其变动状况，许多学者通过测算全要素生产率来反映一个产业的生产率状况。全要素生产率（TFP）是指除各要素投入之外能对经济增长做出贡献的因素，全要素生产率的增长率可以很好地度量要素效率的提高以及技术进步的程度。全要素生产率可以分解为技术效率和技术进步，而技术效率的变化可以进一步分解为纯技术效率的变动和规模效率的变动。从产出角度看，技术效率是指实际产出水平与在相同的投入规模、投入比例及市场价格条件下所能达到的最大产出量的百分比；规模效率反映企业生产规模是否处于有效状态；技术进步是指科学发现、发明、革新，技术的传播、扩散等。通过对全要素生产率的测算可以清晰地了解一个产业经济运行的效率水平。

从理论与技术方法上来说，测算企业生产效率的方法分为参数法和非参数法两大类。参数法需要根据不同的假设设定生产函数的具体形式并对参数进行估计，参数法中常用的有随机前沿方法（SFA）、收入份额法和计量经济学法等。非参数法无须设定具体的生产函数形式及估计具体的参数值，由于非参数法摒弃了参数法中函数形式需要事先假定、参数估计的有效性和合理性需要检验等多方面的问题，该方法运用得更为普遍，常用的是数据包络分析法（DEA）。

数据包络分析法（DEA）是将所有决策单位的投入与产出组合投射至空间中，找出能包络所有观察点的决策单元 DMU 并将其连接起来形成生产边界，可衡量出各决策单位效率值，并提供如何达到效率的改善建议与目标。数据包络分析法旨在评价具有多个"输入"和"输出"的决策单元相对有效性的模型，其本质是先利用统计数据来确定 DEA 有效生产前沿面，处于有效生产前沿面上的决策单元是 100% 有效率的，再把非 DEA 有效的决策单元映射到 DEA 有效的生产前沿面上。通过比较非 DEA 有效的决策单元"偏离" DEA 有效生产前沿面的程度来评价各决策单元相对效率（查恩斯等，1978）。凡落在边界上的 DMU，其效率值为 1，即为具有最优效率之投入产出组合的

DMU；而其他未落在边界上的 DMU，其效率值介于 0 和 1 之间，则为无效率的 DMU。因此，DEA 可以用来分析经济社会中某产业投入的"技术有效"和"规模有效"。

DEA 模型分为投入导向和产出导向两种形式，投入导向模型是在给定产出水平下使投入最少，产出导向是给定一定量的投入要素，追求产出值最大。查恩斯、库珀和罗得斯在 1978 年提出了 CCR 模型，该模型采用固定规模假设，以线性规划法估计生产边界，然后衡量每一决策单元的相对效率。由于 CCR 模型是假设在固定规模报酬下来衡量整体效率，由于并不是每一个 DMU 的生产过程都是处在固定规模报酬之下，因此，班克等（1984）将此限制放宽，提出了 BCC 模型，假设生产技术为变动规模报酬，并将综合效率分解为纯技术效率与规模效率。

对于任一决策单元 DMU，将第一章的 BCC 模型（1-22）改写成基于投入导向下的 BCC 模型（4-1）：

$$\max h_k = \theta_k - \varepsilon\Big[\sum_{i=1}^{m} s_{ik}^- + \sum_{r=1}^{s} s_{rk}^+\Big]$$

$$s.t. \begin{cases} \sum_{j=1}^{n} \gamma_j Y_{rj} - \theta_k Y_{rk} - s_{rk}^+ = 0 \\ \sum_{j=1}^{n} \gamma_j X_{rj} + s_{rk}^- = 0 \\ \sum_{j=1}^{n} \gamma_j = 1 \\ \gamma_j, s_{rk}^-, s_{rk}^+ \geqslant 0, j=1,2,\cdots,n, i=1,2,\cdots,m, r=1,2,\cdots,s \end{cases} \quad (4-1)$$

其中，s_{ik}^- 代表投入项的差额变量，s_{rk}^+ 代表产出项的超额变量，γ_j 赋予各决策单元（DMU）之乘数，(h_k-1) 代表评估 DMU 在投入保持不变的情况下所有产出等比例的潜在程度。BCC 模型解得的效率值 $1/h_k$ 即纯技术效率值，当 $1/h_k=1$ 时，则该决策单元具有纯技术效率；当 $1/h_k<1$ 时，则该决策单元不具有纯技术效率。在 BCC 模型下对效率进行测度时，综合效率＝纯技术效率×规模效率。

2. 指标数据说明

纵观企业效率分析的文献，均是从投入和产出两方面来选取指标的。在投入产出的指标选择上既要考虑指标反映的普遍性，也要考虑到指标的可获性和准确性，因此本节选取的投入变量代理指标有固定资产投入、货币资金投入、营业成本投入、资产总计等指标，选取的产出变量代理指标有营业总收入、息税前利润、净利润和营业利润等指标。数据资料均来自国泰安 CSMAR 系列研究数据库公布的上市公司年报，样本选取七大战略新兴产业中的国有上市公司和民营上市公司，共计样本数据 3306 条，基于数据收集可得性剔除了投入和产出指标为负和零的样本。

4.2.3 基于 BCC 模型的实证分析

本节利用效率测量软件 DEAP 2.1 中的 BCC 模型对 2005－2012 年度战略性新兴产业中的民营和国有企业上市公司从两个方面进行效率分析：一是全样本的分析，二是战略性新兴产业七大细分产业的分析。

1. 全样本的分析

根据 2005－2012 年所获取的样本数据，按照企业所有制形式的不同，对战略性新兴产业中的国有和民营企业的综合效率、纯技术效率和规模效率分别进行对比分析。具体结果如表 4－4 所示。

表 4－4　2005－2012 年全样本的国有与民营企业效率测算值

指标	综合效率		纯技术效率		规模效率	
年度	国有	民营	国有	民营	国有	民营
2005	0.838	0.875	0.865	0.894	0.970	0.979
2006	0.738	0.847	0.824	0.889	0.890	0.951
2007	0.814	0.851	0.844	0.896	0.966	0.950
2008	0.857	0.800	0.881	0.844	0.973	0.949
2009	0.860	0.777	0.881	0.814	0.977	0.950
2010	0.855	0.765	0.870	0.800	0.983	0.956
2011	0.730	0.677	0.755	0.712	0.969	0.954
2012	0.721	0.673	0.752	0.710	0.959	0.948

①从综合效率来看，国有战略性新兴产业上市公司综合效率呈现出"先降后升再降的波浪式"变化，而民营战略性新兴产业上市公司综合效率整体上呈现出逐年递减的趋势。从表 4－4 可以看出，2005－2012 年间战略性新兴产业中民营上市公司与国有上市公司存在此消彼长的趋势。2008 年是一个转折年，2008 年之前民营上市公司整体效率一直要高于国有上市公司，2008 年之后国有上市公司的整体效率高于民营上市公司。其原因在于 2008 年的国际金融危机导致全球经济出现停滞乃至衰退，国内外对战略性新兴产业的需求明显不足，这给民营企业带来了巨大的打击。

②从纯技术效率来看，国有上市公司与民营上市公司在纯技术效率上表现出此消彼长的趋势。与综合效率分析相似，在2008年金融危机爆发之前，民营上市公司的技术效率高于国有上市公司，具有生产效率的机制优势。民营企业大多为自主创业，对生产效率更有一种紧迫感，能够对市场上的新需求、新技术做出快速反应。民营企业组织机构安排灵活有弹性、组织效率高、经营层次少、管理链条短、机制相对灵活，有利于技术创新决策的快速实施和研发在各部门之间的融合开展，能及时进行新技术引进和新产品开发，因此民营企业的创新更为灵活和快速，创新效率更高。然而，2008年金融危机爆发导致了民营企业市场萎缩，资金匮乏，研发投入不足，而另一方面我国政府相继推出经济刺激方案和大力发展战略性新兴产业的重大战略，并出台了一系列产业发展规划，且明确表示国有企业是战略性新兴产业发展的主体和主战场。国有企业本身除了具有技术、人才、资源禀赋等得天独厚的优势之外，再加上政策的大力支持，因此2008－2012年战略性新兴产业国有上市公司技术效率不降反升，且高于民营上市公司的技术效率。

③从规模效率来看，战略性新兴产业国有上市公司与民营上市公司在规模上不处于规模有效的状态，也就是说两种类型的企业在既有条件下各种生产要素未能得到有效的利用以实现最大产出。表4－4表明在2005－2006年间民营上市公司规模效率是高于国有上市公司的，而在2007－2012年间是低于国有上市公司的，这是因为2005年战略性新兴产业中新一代信息技术企业如盛大、腾讯、百度等互联网公司纷纷掀起了海外上市热潮，这也带动了一些新兴信息技术企业在国内上市的步伐，在这期间民营上市公司的规模大大高于国有上市公司。一轮高潮之后，互联网行业2006年又进入了低迷期，民营企业遭受重大打击，2008年金融危机更使得民营企业雪上加霜。而此时我国政府正在大力推动国有企业布局战略性新兴产业，此消彼长使得2008年之后国有企业的平均规模水平大大高于民营企业。

④在2005－2012年国有上市公司和民营上市公司综合效率值整体上呈现出大幅度降低的趋势，综合效率值下降更多是由纯技术效率的大幅度降低所造成的，这说明战略性新兴产业无论是国有上市公司还是民营上市公司，技术上都是无效率的，突出特征是在既有条件下各种要素未能得到有效利用以实现最大产出。

2. 七大细分战略性新兴产业的分析

根据战略性新兴产业七大细分产业类型，对2005－2012年度战略性新兴产业中各个细分产业的民营上市公司和国有上市公司的数据进行效率分析，得到BCC模型下的综合效率、纯技术效率和规模效率，结果如表4－5所示。

表4-5　BCC模型下中国战略性新兴产业国有上市公司与民营上市公司的生产效率

产业	指标	企业性质	2005	2006	2007	2008	2009	2010	2011	2012	均值
高端装备制造产业	综合效率	国有	0.863	0.772	0.834	0.855	0.853	0.846	0.711	0.707	0.805
		民营	0.864	0.833	0.845	0.779	0.760	0.779	0.693	0.690	0.780
	纯技术效率	国有	0.887	0.857	0.859	0.888	0.877	0.869	0.750	0.743	0.841
		民营	0.924	0.887	0.885	0.859	0.810	0.811	0.722	0.718	0.827
	规模效率	国有	0.974	0.897	0.972	0.963	0.973	0.973	0.954	0.952	0.957
		民营	0.940	0.940	0.955	0.901	0.941	0.960	0.963	0.961	0.945
节能环保产业	综合效率	国有	0.813	0.670	0.782	0.842	0.865	0.847	0.703	0.694	0.777
		民营	0.858	0.822	0.842	0.800	0.783	0.750	0.652	0.648	0.769
	纯技术效率	国有	0.844	0.780	0.813	0.864	0.875	0.859	0.730	0.721	0.811
		民营	0.881	0.865	0.892	0.824	0.817	0.788	0.685	0.681	0.804
	规模效率	国有	0.965	0.853	0.963	0.974	0.988	0.986	0.964	0.962	0.957
		民营	0.974	0.947	0.944	0.971	0.959	0.950	0.954	0.951	0.956
生物产业	综合效率	国有	0.844	0.741	0.837	0.883	0.887	0.882	0.745	0.740	0.820
		民营	0.892	0.837	0.869	0.808	0.796	0.774	0.675	0.676	0.791
	纯技术效率	国有	0.876	0.807	0.866	0.900	0.906	0.895	0.765	0.762	0.847
		民营	0.913	0.886	0.905	0.857	0.828	0.816	0.716	0.713	0.829
	规模效率	国有	0.964	0.914	0.967	0.982	0.980	0.986	0.973	0.971	0.967
		民营	0.977	0.944	0.959	0.945	0.961	0.948	0.949	0.948	0.954
新材料产业	综合效率	国有	0.836	0.778	0.836	0.860	0.852	0.853	0.764	0.763	0.818
		民营	0.857	0.802	0.842	0.790	0.736	0.790	0.800	0.795	0.802
	纯技术效率	国有	0.859	0.844	0.860	0.889	0.873	0.870	0.785	0.784	0.846
		民营	0.869	0.870	0.893	0.817	0.760	0.810	0.817	0.814	0.831
	规模效率	国有	0.976	0.917	0.973	0.970	0.977	0.982	0.975	0.973	0.968
		民营	0.986	0.918	0.942	0.968	0.971	0.974	0.979	0.977	0.964
新能源产业	综合效率	国有	0.806	0.689	0.779	0.827	0.823	0.823	0.698	0.696	0.768
		民营	0.887	0.859	0.844	0.833	0.771	0.798	0.738	0.741	0.809
	纯技术效率	国有	0.830	0.804	0.822	0.853	0.859	0.836	0.720	0.717	0.805
		民营	0.906	0.906	0.889	0.854	0.840	0.826	0.789	0.787	0.850
	规模效率	国有	0.973	0.854	0.950	0.970	0.961	0.986	0.972	0.971	0.955
		民营	0.979	0.948	0.949	0.975	0.926	0.960	0.939	0.941	0.952

产业	指标	企业性质	2005	2006	2007	2008	2009	2010	2011	2012	均值
新能源汽车产业	综合效率	国有	0.830	0.761	0.838	0.856	0.874	0.861	0.736	0.734	0.811
		民营	0.883	0.857	0.871	0.839	0.824	0.826	0.802	0.796	0.837
	纯技术效率	国有	0.870	0.853	0.865	0.872	0.887	0.871	0.762	0.761	0.843
		民营	0.902	0.886	0.925	0.860	0.835	0.857	0.836	0.834	0.867
	规模效率	国有	0.956	0.887	0.970	0.979	0.986	0.988	0.966	0.964	0.962
		民营	0.979	0.966	0.941	0.978	0.985	0.964	0.958	0.955	0.966
新一代信息技术产业	综合效率	国有	0.884	0.791	0.807	0.871	0.871	0.869	0.762	0.758	0.827
		民营	0.858	0.887	0.841	0.773	0.770	0.746	0.651	0.653	0.772
	纯技术效率	国有	0.902	0.862	0.831	0.889	0.887	0.885	0.775	0.773	0.851
		民营	0.867	0.908	0.894	0.844	0.803	0.779	0.682	0.681	0.807
	规模效率	国有	0.981	0.912	0.971	0.979	0.982	0.983	0.980	0.981	0.971
		民营	0.990	0.977	0.941	0.921	0.958	0.958	0.956	0.959	0.958

从表4-5可以得出在2005—2012年间国有上市公司与民营上市公司在七大战略性新兴产业生产效率的结论如下。

（1）综合效率水平

2005—2012年间国有上市公司与民营上市公司的综合效率整体上呈现出下降的趋势。从战略性新兴产业国有上市公司与民营上市公司综合效率均值水平比较来看，国有上市公司综合效率较高的行业是新一代信息技术行业（0.827）和生物行业（0.820），其次是新材料行业（0.818）、新能源汽车行业（0.811）、高端装备制造行业（0.805），综合效率表现最差的是节能环保行业（0.777）和新能源行业（0.768）。民营上市公司综合效率较高的行业是新能源汽车行业（0.837）和新能源行业（0.809），其次是新材料行业（0.802）、生物行业（0.791），综合效率表现最差的是高端装备制造行业（0.780）、新一代信息技术行业（0.772）、节能环保行业（0.769）。

（2）纯技术效率水平

从纵向来看，2005—2012年间国有上市公司与民营上市公司的纯技术效率值均表现为不稳定的波动态势，整体上呈现出下降的趋势。从纯技术效率均值水平比较来看，国有上市公司纯技术效率较高的行业是新一代信息技术行业（0.851），其次是生物行业（0.847）、新材料行业（0.846）、新能源汽车行业（0.843）、高端装备制造行业（0.841），纯技术效率水平较低的是节能环保行业（0.811）和新能源行业（0.805）。民营上市公司纯技术效率较高的行业是新能源汽车行业（0.867）、新能源行业（0.850），其次新材料行业（0.831）、是生物行业（0.829）、高端装备制造行业（0.827），纯技术效率水平较低的是新一代信息技术行业（0.807）、节能环保行业（0.804）。

（3）规模效率水平

从规模效率的均值水平比较来看，国有上市公司规模效率较高的行业是新一代信息技术行业（0.971），其次是新材料行业（0.968）、生物行业（0.967）、新能源汽车行业（0.962），这三大行业规模效率水平相差不大，规模效率水平较低的是高端装备制造行业（0.957）、节能环保行业（0.957）和新能源行业（0.955）。民营上市公司规模效率较高的行业是新能源汽车行业（0.966）、新材料行业（0.964），其次是新一代信息技术行业（0.958）、节能环保行业（0.956）、生物行业（0.954）、新能源行业（0.952），这四大行业规模效率水平相差不大，规模效率水平较低的是高端装备制造行业（0.945）。

4.2.4　研究结论与政策建议

1. 研究结论

本节运用数据包络分析（DEA）中的 BCC 模型对 2005—2012 年我国战略性新兴产业中异质性企业相对生产效率及其变动进行了分析与比较，得出以下主要结论。

从全样本战略性新兴产业国有和民营上市公司生产效率的分析来看，在2008 年全球金融危机爆发之前，民营上市公司的综合效率、纯技术效率和规模效率都要高于国有上市公司，但 2008 年之后民营上市公司的综合效率、纯技术效率和规模效率都要低于国有上市公司。

从细分行业的战略性新兴产业国有和民营上市公司生产效率的分析来看，七大战略性新兴产业中无论是国有上市公司还是民营上市公司，它们的生产效率都是小于 1 的，表现为两种类型的企业技术效率和规模效率均小于 1，这说明两种类型的企业在技术上是无效率的，在规模上不处于规模有效的状态，也就是说两种类型的企业在既有条件下各种生产要素未能得到有效的利用以实现最大产出，在企业规模上缺乏规模较大的企业集团，各产业的集中度都比较低，行业结构过于分散。

从横向对比来看，国有企业在发展新一代信息技术行业、生物行业、新材料行业这三大战略性新兴产业时，其综合效率、纯技术效率和规模效率都比较高，适合大规模发展；而在发展节能环保行业、新能源行业和新能源汽车行业时三大生产效率值都比较低。民营企业在发展新能源汽车行业、新能源行业、生物行业、节能环保行业等战略性新兴产业时其综合效率、纯技术效率和规模效率都比较高，适合大规模发展；而民营企业在发展高端装备制造行业、新一代信息技术行业、新材料行业时其三大生产效率值都比较低，不适合大规模投入生产。

2. 政策建议

根据本节的实证分析和研究结论，提出以下几点针对性政策建议。

针对国有企业和民营企业在中国战略性新兴产业绝大多数行业里平均技术效率呈现出负增长的情形，必须改善产业投入和产出的质量，注重增长质量的提高，实现投入与产出的最优组合。此外还要加强对现有技术的推广和扩散，继续大力推动战略性新兴产业生产技术的创新特别是自主创新能力的提高，实现技术效率和技术进步共同增长，从而推动各行业全要素生产率的提高。

研究表明，我国战略性新兴产业无论是国有上市公司还是民营上市公司的低效率主要是由技术效率下降导致的。国有上市公司主要与国有企业内部管理和运转效率密切相关，说明国有企业由于规模较大、人员冗余以及一些潜在的负担导致运转和管理的效率较低，从而影响了技术效率的提高；而民营上市公司企业技术进步水平能力的提高受限于资金、技术人才等瓶颈。因此，国有企业要通过自身的体制机制改革，明确企业所有者、决策者、管理者定位，避免职责不清、权责不明；要建立健全现代企业制度，调整完善国有企业治理结构，建立有效的激励、监督和制衡机制；要推进国有企业职业经理人制度，创新选人用人机制，提高国有企业经营者管理水平，努力提高技术及规模效率。对于民营企业，则要进一步加大对民营企业投融资的支持力度，解决民营企业融资困难。技术创新需要大量的资金投入，同时存在诸多风险，这就需要在金融保障上给予民营企业更多的支持，重点解决民营企业发展战略性新兴产业贷款和科技研发资金短缺等问题，推动民营战略性新兴产业转型升级。

在产业发展选择上，要根据企业生产效率优化国有资本与民营资本的配置。国有企业在发展新一代信息技术行业、生物行业、新材料行业这三大战略性新兴产业时相对生产效率比较高，适合大规模发展，应在这些产业中继续发挥国有企业技术能力强、资本量大、科技人才多的优势，加快这些产业的发展，保持国有经济的中坚力量；深化节能环保、高端装备制造业等行业的国有企业改革，完善现代企业制度，增强企业竞争能力；在新能源汽车行业，国有企业生产效率低下，且企业效率是逐年下滑的，远落后于民营企业的生产效率，这说明国有企业在新能源汽车行业中无竞争优势，应逐步退出这些领域。另外，要合理引导民营资本在新能源汽车行业、新能源行业、生物行业、节能环保行业等战略性新兴产业领域内的投资。

4.3 "一带一路"倡议对企业投资效率的影响研究

"一带一路"倡议提出以来，不仅深化了中国与沿线国家的经济合作，也促进了中国的对外开放，"一带一路"倡议实施的经济影响正受到全球的关注。"一带一路"沿线国家大多基础建设落后，企业通过对外投资基础设施建设项目，提高国内过剩产能（低端）的利用率，并且企业也可以采用对外贸易的方式，将产品销售到有需求的国家。随着企业产品销售规模的增加和资金周转效率的提高，可大大提升企业绩效，提高企业的投资效率，实现"互利共赢"的局面。

4.3.1 研究综述与研究假设的提出

从宏观角度看，一些学者探究了"一带一路"倡议产生的经济影响。如黄一平（Huang，2016）认为该倡议有可能将欠发达的"一带一路"沿线地区转变为一个新的充满活力的经济支柱。然而，该倡议还面临潜在障碍，包括缺乏中央协调机制、不同政治制度和信仰的潜在冲突以及跨界项目的财政可行性。田泽和许东梅（2016）认为"一带一路"作为政府资源配置、实现宏观战略目标的重要手段，以开创我国全面对外开放的新格局作为目标，促进我国对外直接投资和国际产能合作。从微观角度看，现有研究分别从投资水平、融资约束、研发创新、企业升级等方面探讨了"一带一路"倡议产生的经济影响。从投资角度看，陈胜蓝和刘晓玲（2018）认为，"一带一路"倡议为贸易往来提供了政策支持，降低了贸易成本，为公司的投资创造了优惠条件。从融资角度看，徐思等（2019）的研究结果表明，"一带一路"能够改善企业外部的融资环境，各大机构纷纷加大对"一带一路"建设的支持力度，企业能够低价高效地筹集到资金。从创新的角度看，王桂军和卢潇潇（2019）指出，"一带一路"为企业的对外直接投资创造了新的机遇，进而实现规模经济效应，为开展创新活动提供了充足的资金，并通过研发创新助推企业升级。

企业与沿线国家合作的大部分是基础设施建设项目，金额大、周期长、回报率偏低，容易导致企业资金匮乏，用于投资的支出减少，增加了由于资金不足而对其他投资机会放弃的可能性。基于此，本节提出以下两个假设。

假设一："一带一路"倡议通过对外销售产品和对外直接投资促进要素流动、提高产能利用率而对企业投资效率产生正向影响。

假设二："一带一路"倡议通过沿线国家政治、宗教、社会、法律等层面的宏观风险和企业运营、管理、财务等层面的微观风险而对企业投资效率产生负向影响。

4.3.2　实证研究设计

1. 变量的定义及实证模型的设定

（1）变量的定义

本节的被解释变量为企业投资效率，代理指标值使用理查森等（Richardson et al.，2006）的公司投资期望模型测算而得，先用回归方法估计出企业的正常投资水平，而后用模型的残差表示公司的无效率投资。如果残差为正，表示过度投资，反之，表示投资不足。

$$inv_{it} = \alpha_0 + \alpha_1 Tobin_{it-1} + \alpha_2 Lev_{it-1} + \alpha_3 Cash_{it-1} + \alpha_4 Age_{it-1} + \alpha_5 Size_{it-1}$$
$$+ \alpha_6 Ret_{it-1} + \alpha_7 Inv_{it-1} + \sum Industry_{it} + \sum Year_{it} + \varepsilon_{it} \qquad (4-2)$$

对模型（4-2）回归，以回归残差的绝对值作为衡量投资效率的代理指标，记为 $Ainvst$，回归残差大于 0 代表实际投资高于理论预期值，存在投资过度，记为 $Overinv$，回归残差小于 0 代表实际投资小于理论预期值，存在投资不足，记为 $Underinv$。$Ainvst$ 越大，意味着投资效率越低。

（2）实证模型的设定

现有研究主要采用双重差分法，例如，陈胜蓝和刘晓玲（2018）以及王桂军和卢潇潇（2019）分别采用这一模型研究"一带一路"倡议对企业投资水平、创新水平的影响。在此基础上，本节通过构造双重差分模型来研究"一带一路"倡议对企业投资效率的影响。这里需要特别说明的是，陈胜蓝和刘晓玲（2018）以及王桂军和卢潇潇（2019）依据企业注册地是否在"一带一路"重点省份来判断企业是否受到"一带一路"倡议影响，本节将 2015 年颁布的《推动共建"一带一路"的愿景与行动》作为一次准自然实验，原因是《愿景与行动》使得"一带一路"倡议更加公开化和透明化，企业参与建设的热情和决心更大。借鉴徐思等（2019）基于同花顺提供的"一带一路"概念板块来识别微观企业投资效率是否受到了"一带一路"倡议的影响，样本囊括了并非位于重点省份，但参与建设的企业，排除了属于重点省份但未参与建设的企业。实证模型设计如下：

$$Ainvst_{it} = \beta_0 + \beta_1 Treat_{it} + \beta_2 Post_{it} + \beta_3 Treat_{it} \times Post_{it} + \beta_4 Controls_{it}$$
$$+ \sum Industry + \varepsilon_{it} \qquad (4-3)$$

其中，$Ainvst_{it}$ 是企业 i 在第 t 年的投资效率状况［模型（4-2）回归残差绝对值］；$Treat$ 为虚拟变量，本节将"一带一路"概念板块中的上市企业定义为"一带一路"支持企业，取值为 1，其余作为非支持企业，取值为 0；$Post$ 为虚拟变量，将 2015－2017 年定义为 1，2012－2014 年定义为 0。这是因为 2015 年 3 月为《愿景与行动》发布的时间节点，基于此本节构建这一虚拟变量。$Controls$ 为一系列控制变量。控制变量方面，借鉴陈胜蓝和马慧（2018）的方法，引入了企业规模（$Size$）、资产负债率（Lev）、企业会计业绩（Roa）、现金持有量（$Cash$）、成长机会（$Growth$）、独立董事比例（$Pindep$）、经营活动现金流量（$Cflow$）、管理层持股比例（$Mshare$）以及账面市值比（Bvr）等因素。为了缓解可能存在的内生性问题，对控制变量采用了滞后一期处理。此外，还加入了行业虚拟变量。

其中，β_1 衡量了在《愿景与行动》出台之前，支持企业和非支持企业在投资效率上的差异；β_2 度量了《愿景与行动》出台前后，非支持企业所面临投资效率的差异；β_3 反映了《愿景与行动》出台前后支持企业与非支持企业投资效率的变化情况。具体的变量定义如表 4-6 所示。

表 4-6　变量定义

被解释变量	$Ainvst$	投资效率，回归残差绝对值
	$Overinv$	投资过度，大于零的残差，取绝对值
	$Underinv$	投资不足，小于零的残差，取绝对值
解释变量	$Treat$	"一带一路"板块中的上市公司，取值为 1，其余为 0
	$Post$	2015—2017 年取值为 1；2012—2014 年取值为 0
控制变量	$Size$	企业规模，企业总资产的自然对数
	Lev	资产负债率，总负债/总资产
	Roa	资产收益率，净利润/总资产
	$Growth$	营业收入增长率，（本期营业收入－上期营业收入）/本期营业收入
	$Cash$	现金持有量，（货币资金＋短期投资＋交易性金融资产）/总资产
	$Cflow$	经营活动现金流量，经营活动产生的现金流量/期初总资产
	$Pindep$	独董比例，独立董事人数/董事会总人数
	$Mshare$	管理层持股比例，管理层持股数/总股数
	Bvr	账面市值比，总资产/市值

2. 数据来源及处理

本节借鉴徐思等（2019）的方法，采用 2012—2017 年 A 股主板上市企业作为研究样本，根据上市企业是否属于同花顺"一带一路"概念板块将其分为实验组（支持企业）与控制组（非支持企业），将 2015 年作为倡议冲击标志性事件，使用倾向得分匹配双重差分法（Propensity Score Matching Difference in Differences，以下简称 PSM-DID）检验"一带一路"对企业投资效率的影响。本节对样本的具体筛选原则如下：剔除金融类和 ST 类样本；剔除主要变量缺失观测值的样本；剔除所有者权益小于 0 的样本；保留政策前后都有观察值的样本。本节的财务数据均来自同花顺（iFinD）、国泰安（CSMAR）和锐思（RESSET）数据库，并进行交叉核对，经过匹配后最终获得 6124 条观测值。为避免异常值对结果造成干扰，对所有连续变量在 1% 分位两端进行缩尾处理。此外，本节还对标准误进行企业—年度层面的双 Cluster 调整。

4.3.3 实证研究结果及分析

1. 描述性统计

表 4-7 为主要变量的描述性统计。可以观察到，样本企业中投资效率（$Ainvst$）的均值为 0.0588，中位数为 0.0449。其中投资过度样本为 2626 个，投资不足样本为 3498 个，表明不同公司之间投资水平差异较大。$Treat$ 的均值为 0.1331，表明 13.31% 的样本为参与"一带一路"倡议的企业。控制变量中，$Size$ 的均值（中位数）为 22.3234（22.2038），Lev 的均值（中位数）为 0.4605（0.4579），Roa 的均值（中位数）为 0.0330（0.0304），$Growth$ 的均值（中位数）为 0.4832（0.1416），$Cash$ 的均值（中位数）为 0.1639（0.1352），$Cflow$ 的均值（中位数）为 0.0484（0.0471），Bvr 的均值（中位数）为 0.6003（0.5992），$Mshare$ 的均值（中位数）为 0.0597（0.0000），说明样本中大部分企业经营状况良好。

表 4-7 主要变量的描述性统计

变量	观测值	均值	标准差	最小值	中位数	最大值
$Ainvst$	6124	0.0588	0.0556	0.0008	0.0449	0.3323
$Overinv$	2626	0.0680	0.0752	0.0000	0.0450	0.4820
$Underinv$	3498	−0.0528	0.0400	−0.3196	−0.0448	0.0000
$Treat$	6124	0.1331	0.3397	0.0000	0.0000	1.0000
$Post$	6124	0.5170	0.4998	0.0000	1.0000	1.0000
$Size$	6124	22.3234	1.0698	19.6734	22.2038	26.2296
Lev	6124	0.4605	0.1943	0.0679	0.4579	0.9197
Roa	6124	0.0330	0.0478	−0.1647	0.0304	0.1885
$Growth$	6124	0.4832	1.4605	−0.6814	0.1416	11.2261
$Cash$	6124	0.1639	0.1095	0.0139	0.1352	0.5682
$Cflow$	6124	0.0484	0.0829	−0.2259	0.0471	0.3341

变量	观测值	均值	标准差	最小值	中位数	最大值
Pindep	6124	0.3706	0.0535	0.2500	0.3333	0.7500
Mshare	6124	0.0597	0.1291	0.0000	0.0000	0.5620
Bvr	6124	0.6003	0.2200	0.1026	0.5992	1.0953

2. 双重差分倾向得分匹配（PSM-DID）检验结果及分析

本节从"一带一路"倡议这一准自然实验出发，运用双重差分法考察"一带一路"倡议对企业投资效率的影响。首先，本节通过 Logit 模型得到匹配得分预测值，被解释变量是 *Treat*，解释变量是主回归中的控制变量。其次，从非支持企业中，通过半径匹配选择一组与支持企业在特征上较为相似的企业作为控制组。针对配对样本进行平衡性检验（Balance Test），见表 4-8，未匹配时，实验组和控制组企业在特征上存在差异；匹配后，两组企业在特征上无显著差异。最后，本节使用配对的样本对模型（4-3）进行回归，检验结果见表 4-9，第（1）（2）列检验了"一带一路"与投资效率的关系，结果表明，无论是否控制行业变量，交互项 *Treat*×*Post* 的系数均在 1% 的水平上显著为负，意味着回归残差的绝对值降低，投资效率提高，进而表明相比于非支持企业，"一带一路"明显提高了支持企业的投资效率。这为本节假设一提供了经验证据。第（3）（4）列检验了倡议与投资过度的关系，*Treat*×*Post* 的系数显著为负，说明该倡议主要是通过缓解投资过度，提高投资效率。第（5）（6）列为投资不足样本的估计结果，*Treat*×*Post* 无显著性。

表 4-8　PSM 平衡性检验

变量	样本	实验组	控制组	%偏差	t 值	P 值
Size	Unmatched	23.262	33.326	69.8	21.62***	0.000
	Matched	22.955	22.932	1.7	0.38	0.703
Lev	Unmatched	0.5599	0.4560	53.8	14.79***	0.000
	Matched	0.5375	0.5431	−2.9	−0.61	0.539
Roa	Unmatched	0.0233	0.0360	−27.9	−7.32***	0.000
	Matched	0.0248	0.0238	2.2	0.46	0.645
Growth	Unmatched	0.4528	0.5097	−4.0	−1.09	0.278
	Matched	0.4843	0.4766	0.5	0.11	0.910

变量	样本	实验组	控制组	％偏差	t 值	P 值
Cash	Unmatched	0.1449	0.1687	−22.1	−6.08***	0.000
	Matched	0.1439	0.1484	−4.1	−0.90	0.370
Cflow	Unmatched	0.0417	0.0527	−13.8	−3.71***	0.000
	Matched	0.043	0.0413	2.1	0.43	0.669
Pindep	Unmatched	0.3780	0.3726	8.7	2.83***	0.005
	Matched	0.3682	0.3718	−5.9	−1.39	0.165
Mshare	Unmatched	0.0344	0.0591	−21.1	−5.64***	0.000
	Matched	0.0383	0.0384	−0.1	−0.03	0.975
Bvr	Unmatched	0.7390	0.5901	65.1	18.13***	0.000
	Matched	0.7110	0.7103	0.3	0.06	0.951

注：***、**、*分别表示在1％、5％和10％的水平上显著。

表 4 − 9 双重差分倾向得分匹配（PSM-DID）估计结果

变量	Ainvst		Overinv		Underinv	
	(1)	(2)	(3)	(4)	(5)	(6)
Treat	0.0055**	0.0067**	0.0064	0.0060	0.0011	0.0029
	(2.1003)	(2.5196)	(1.3982)	(1.0878)	(0.4037)	(1.1837)
Post	0.0002	0.0008	0.0010	0.0019	−0.0001	0.0003
	(0.0811)	(0.3054)	(0.2426)	(0.4543)	(−0.0460)	(0.1075)
Treat×Post	−0.0077***	−0.0080***	−0.0121**	−0.0131**	−0.0030	−0.0034
	(−3.5675)	(−3.7683)	(−2.5428)	(−2.4121)	(−0.9608)	(−1.0874)
常数项	0.1200***	0.1260***	0.0354	0.0407	0.3844***	0.3999***
	(4.0659)	(5.1579)	(0.9238)	(1.0392)	(14.0352)	(15.7699)
控制变量	是	是	是	是	是	是
行业	否	控制	否	控制	否	控制
样本数	6124	6124	2626	2626	3498	3498
调整 R^2	0.0369	0.0482	0.0722	0.0833	0.3228	0.3640

注：Controls 表示控制变量，限于篇幅，表中不一一列示。括号内为 t 值，标准误均经过年度－企业层面的双 Cluster 调整。***、**、*分别表示在1％、5％、10％水平上显著。

4.3.4 "一带一路"倡议对企业投资效率的影响：产能视角

产能利用率是测度产能过剩最常用的指标。本研究参考何蕾（2015）使用的协整法测度产能利用率。该方法的思路是产出与固定资本投入要素二者具有长期协整关系，产能利用率围绕这一关系上下波动。基于上述思路，建立如下产能模型：

$$Y_i(t)=(Y_i/Y_i^*)\times(Y_i^*/K_i)\times K_i \tag{4-4}$$

式（4-4）中，i 代表企业，Y_i 为实际产出，Y_i^* 为潜在产出，K_i 为资本存量。令产能利用率 $u_i=Y_i/Y_i^*$；资本产出比 $v_i=K_i/Y_i^*$。对式（4-4）取对数，可得式（4-5）：

$$\ln Y_i(t)=\ln K_i-\ln v_i+\ln u_i \tag{4-5}$$

从长远来看，实际产能利用率会在期望值附近变动。因此，可以将产能利用率的变动 $\ln u_i(t)$ 视作一个随机误差项：$eu_i(t)=\ln u_i(t)$。

同时，资本会随着时间和技术的进步而增大，资本产出比也会相应地提高。资本产出比的增长率为：

$$gv_i=\alpha_i+\beta_i gK_i \tag{4-6}$$

其中，gv_i 表示资本产出比的增长率，gK_i 表示资本存量的增长率，α_i 表示自发技术进步，β_i 表示资本积累导致的技术进步。对式（4-6）求积分，并加上随机扰动项得：

$$\ln v_i(t)=\lambda_i+\alpha_i t+\beta_i\ln K_i(t)+ev_i(t) \tag{4-7}$$

把（4-7）代入（4-5）中，可以整理得到产出与资本存量对应关系的一般模型：

$$\ln Y_i(t)=a_i+b_i t+c_i\ln K_i(t)+e_i(t) \tag{4-8}$$

其中，$a_i=-\lambda_i$，$b_i=-\alpha_i$，$c_i=1-\beta_i$，误差项 $e_i(t)=eu_i(t)-ev_i(t)$。

通过对式（4-8）进行回归，便可以估算产能 $Y_i^*(t)$，进而得出资本产能比 $v_i(t)$ 和产能利用率 $u_i(t)$。

为检验"一带一路"倡议是否能够通过产能影响投资效率，本文参考王桂军等（2019）、李秋梅等（2019）、钱雪松等（2019）的做法，将产能利用率 u_{it} 与 $Treat_{it}\times Post_{it}$ 三重交互项进行实证检验，具体模型如下：

$$\begin{aligned} Ainvst_{it}=&\beta_0+\beta_1 Treat_{it}\times Post_{it}\times u_{it}+\beta_2 Treat_{it}\times Post_{it}+\beta_3 Treat_{it}\times u_{it}\\ &+\beta_4 Post_{it}\times u_{it}+\beta_5 Treat_{it}+\beta_6 Post_{it}+\beta_7 u_{it}+\beta_8 Controls_{it}\\ &+\sum Industry+\varepsilon_{it} \end{aligned} \tag{4-9}$$

式（4-9）中，u_{it} 为产能利用率，重点关注三重交互项 $Treat_{it}\times Post_{it}\times u_{it}$ 的系数。表 4-10 呈现了"一带一路"倡议是否通过化解产能过剩提高企业投资效率的估计结果。$Treat_{it}\times Post_{it}\times u_{it}$ 的系数在 $Ainvst$ 组和 $Overinv$ 组 1% 的水平上显著为负，说明缓解产能过剩是"一带一路"倡议提高企业投资效率的重要路径。

表 4 - 10 "一带一路"与企业投资效率：产能视角

	Ainvst	Overinv	Underinv
$Treat \times Post \times u$	−0.0005***	−0.0011***	−0.0003
	(−7.9026)	(−2.9197)	(−0.2639)
$Treat \times Post$	−0.0044	−0.0043	−0.0029
	(−1.6445)	(−0.7086)	(−1.0572)
$Treat \times u$	0.0030***	0.0023***	0.0003
	(3.6679)	(2.6955)	(0.4022)
$Post \times u$	0.0004***	0.0006***	−0.0002
	(3.4725)	(3.2101)	(−1.1695)
$Treat$	0.0033	0.0073	0.0060**
	(1.0674)	(1.2180)	(2.0205)
$Post$	−0.0012	−0.0043	0.0122***
	(−1.2133)	(−1.3394)	(4.0528)
u	0.0002**	0.0012***	0.0004
	(2.3483)	(4.7495)	(1.4992)
常数项	0.0090	0.2405***	0.6865***
	(0.3862)	(7.2140)	(18.4398)
控制变量	是	是	是
行业	控制	控制	控制
样本数	6124	2626	3498
调整 R^2	0.0501	0.1110	0.4826

注：括号内为 t 值，＊＊＊、＊＊、＊分别表示在1％、5％、10％水平上显著。

4.3.5 "一带一路"倡议对企业投资效率的影响：稳健性检验

1. 稳健性检验（1）：内生性问题

使用倾向得分匹配双重差分法需要满足政策实施的外生性和处理组的选择随机性。但是投资水平高的企业更有可能走出去对沿线国家进行投资，这就导致本节的政策变量（$Treat$）会受到政策内生性的干扰。

借鉴陈胜蓝和刘晓玲（2018）以及王桂军和卢潇潇（2019）的方法，将古代"丝绸之路"涉及省（区、市）（IV）视作工具变量。该工具变量基本满足两个条件："一带一路"是以古代"丝绸之路"为依据提出的，满足工具变量（IV）与内生变量（$Treat$）的相关要求；古代"丝绸之路"距离现代企业时间较远，不会直接影响当代企业的投资效率，满足工具变量与随机扰动项不相关，外生性条件也满足。

值得注意的是，模型（4-3）中存在两个内生变量 $Treat$ 和 $Treat \times Post$，本节将 IV 作为 $Treat$ 的工具变量，将 $IV \times Post$ 作为交互项 $Treat \times Post$ 的工具变量。第一阶段的回归模型如下：

$$Treat_{it} = \beta_0 + \beta_1 IV_{it} + \beta_2 Post_{it} + \beta_3 IV_{it} \times Post_{it} + \beta_4 Controls_{it} + \varepsilon_{it} \quad (4-10)$$

$$Treat_{it} \times Post_{it} = \beta_0 + \beta_1 IV_{it} + \beta_2 Post_{it} + \beta_3 IV_{it} \times Post_{it} + \beta_4 Controls_{it} + \varepsilon_{it}$$

$$(4-11)$$

其中，$IV_{it} = 1$ 代表公司 i 注册地为古代"丝绸之路"途经省（自治区、市），其余 $IV_{it} = 0$。表 4-11 为估计结果。第（1）（2）列为第一阶段的检验，IV_{it} 符合相关性要求。第（3）（4）（5）列是第二阶段的实证检验，在投资效率组，$Treat \times Post$ 系数显著为负；在投资过度组，$Treat \times Post$ 系数在 5％的水平上为负。这说明，在缓解了处理组的内生性问题后，"一带一路"倡议主要是通过缓解投资过度行为提高投资效率的，本节结论不变。

表 4-11 工具变量法估计结果

变量	第一阶段回归		第二阶段回归		
	(1) $Treat$	(2) $Treat \times Post$	(3) $Ainvst$	(4) $Overinv$	(5) $Underinv$
IV	0.2901*** (6.8647)				
$IV \times Post$		0.4100*** (7.1049)			
$Treat \times Post$			0.0207* (1.7444)	0.0374** (2.0329)	0.0036 (0.2353)
常数项	−1.2454*** (−6.4612)	−0.9694*** (−3.0867)	−0.1982*** (−3.9362)	−0.5535*** (−4.8736)	0.3906*** (7.4430)
控制变量	是	是	是	是	是
行业	控制	控制	控制	控制	控制
样本数	6124	6124	6124	2626	3498
调整 R^2	0.0386	0.0412	0.0432	0.0828	0.0644

注：括号内为 t 值，＊＊＊、＊＊、＊分别表示在1％、5％、10％水平上显著。

2. 稳健性检验（2）：更换被解释变量

为了避免指标选取对实证结果的影响，本节借鉴陈运森和黄健峤（2019）、程新生等（2012）的做法，运用比德尔等（Biddle et al.，2009）所使用的衡量投资效率模型重新进行回归，结果表明，在 *Ainvst* 样本和 *Overinv* 样本中 *Treat* × *Post* 均显著为负，结果未发生显著变化，因此本节的实证结果是比较稳健的，回归结果见表 4 - 12。

表 4 - 12　更换被解释变量

	(1) *Ainvst*	(2) *Overinv*	(3) *Underinv*
Treat	0.0032	0.0020	0.0037 **
	(1.0779)	(0.3967)	(2.4369)
Post	− 0.0043 **	− 0.0038	− 0.0040 ***
	(− 2.3809)	(− 1.5493)	(− 3.1908)
Treat × *Post*	− 0.0062 **	− 0.0114 **	− 0.0019
	(− 2.0101)	(− 2.4840)	(− 0.9835)
常数项	0.1156 ***	0.1167 ***	0.1298 ***
	(7.2124)	(2.9161)	(10.6696)
控制变量	是	是	是
行业	控制	控制	控制
样本数	6124	2626	3498
调整 R^2	0.0425	0.0381	0.1089

注：括号内为 t 值，***、**、* 分别表示在 1%、5%、10% 水平上显著。

3. "一带一路" 倡议对企业投资效率的影响：异质性检验

"一带一路" 倡议并非对所有企业产生同等影响。陈冬华和姚振晔（2018）指出，随着宏观政策的施行，各地方政府为推行政策制定的配套措施会存在方向和程度上的差异，为此，本节初步预期不同类型企业受到 "一带一路" 倡议的作用力度可能会存在一定差别。从企业的规模和法律制度环境两特征切入，通过分组回归方式考察 "一带一路" 倡议影响企业投资效率的横截面差异。本节根据企业规模（*Size*）的均值将样本企业划分为大型企业和小型企业。按照 "市场中介组织的发育与法律环境制度指数" 是否在 2014 年排名全国前十划分为法律制度环境较好和环境较差。表 4 - 13 的结果表明，"一带一路" 倡议提高了大型企业和法律制度环境较好地区的企业的投资效率。这可能是因为：大型企业凭借自身强大的竞争力更容易满足企业 "走出去" 战略，并且可以通过对外贸易销售和对外直接投资缓解企业投资过度的局面；优化的法律制度环境，能够减少资本市场摩擦，缓解融资约束（钱雪松等，2019），可以获得更多的银行贷款和更优惠的贷款条件，使得企业有更多资源进行投资。

表 4 – 13 "一带一路"倡议对企业投资效率的影响：异质性检验

	大型企业			小型企业			法律制度环境较好			法律制度环境较差		
	$Ainvst$	$Overinv$	$Underinv$	$Ainvst$	$Overinv$	$Underinv$	$Ainvst$	$Overinv$	$Underinv$	$Ainvst$	$Overinv$	$Underinv$
$Treat$	0.0036 (0.6102)	0.0037 (0.4702)	0.0034 (1.6309)	0.0033 (1.5369)	0.0022 (0.8605)	0.0036 (0.9664)	0.0036 (1.4589)	−0.0030 (−0.6682)	0.0022 (1.0161)	0.0073 (1.6086)	0.0126 (1.1536)	0.0057 (1.5682)
$Post$	0.0010 (0.3909)	−0.0010 (0.2996)	0.0013 (1.4737)	0.0023 (0.6647)	0.0075 (1.0915)	0.0021 (0.5055)	0.0027 (1.1605)	0.0046 (1.2643)	0.0003 (0.0799)	−0.0024 (−0.6382)	−0.0019 (−0.3507)	0.0011 (0.3476)
$Treat \times Post$	−0.0104** (−2.1271)	−0.0037*** (−2.7326)	−0.0108 (−1.4882)	0.0008 (0.1390)	0.0055 (0.2492)	−0.0013 (−0.2475)	−0.0061** (−2.2308)	−0.0040** (−2.3402)	−0.0046 (−1.1659)	−0.0089 (−1.5051)	−0.0230 (−1.5472)	−0.0020 (−0.4508)
常数项	−0.0541 (−1.4279)	0.2387*** (7.7239)	−0.0306 (−0.7535)	0.3984*** (10.1018)	0.3612*** (2.9740)	0.3932*** (10.5980)	0.1217*** (4.4085)	0.0447 (1.0617)	0.3964*** (11.2661)	0.1455*** (3.2707)	0.0626*** (6.9187)	0.4363*** (13.3800)
控制变量	是	是	是	是	是	是	是	是	是	是	是	是
控制变量	控制	控制	控制	控制	控制	控制	控制	控制	控制	控制	控制	控制
样本数	2778	1251	1527	3346	1375	1971	3850	1570	2280	2274	1056	1218
调整 R^2	0.0944	0.1306	0.1775	0.1461	0.0946	0.3033	0.0490	0.0796	0.3430	0.0661	0.1148	0.4128

注：括号内为 t 值，***、**、*分别表示在 1%、5%、10%水平上显著。

4.3.6 主要结论与政策建议

1. 主要结论与启示

本节较为全面地考察了地方政府和职能部门在倡议实施过程中扮演的角色。研究发现：

①"一带一路"倡议提出及《愿景与行动》出台以后，能够显著缓解支持企业的投资过度，提高企业的投资效率，在缓解了内生性问题、更换被解释变量，进一步按照企业规模、法律制度环境分组回归之后，研究结论依然成立。

②异质性分析表明，"一带一路"倡议对支持企业投资过度的缓解作用在大型企业以及法律制度环境好的地区表现更为显著。

③本节从企业投资效率这一视角切入，揭示"一带一路"倡议对微观企业的经济后果，研究发现"一带一路"倡议能够显著改善企业的投资过度，提高企业投资效率。

通过对以上问题的研究，本节得出一系列启示：政府或相关监管部门如何有效制定政策，并结合市场手段引导企业将资金有效率地配置到"一带一路"倡议鼓励的产业项目上去，避免拟用于产业发展的资金"脱实向虚"或偏离政策鼓励的方向，进一步提升"一带一路"支持项目的投资效率，值得长期关注和研究。

2. 政策建议

"一带一路"倡议对世界经济的发展提供了强劲动力，也极大地释放了国内市场潜力，增强了企业投资活力。基于研究结果，本节提出以下建议。

①国内企业应该因势利导，积极把握"一带一路"倡议所带来的发展契机。企业要善于利用地方政府营造的融资环境等一系列利好举措，主动参与"一带一路"项目投资，积极开拓企业的市场空间。同时，企业"走出去"应当与中国经济结构转型紧密相连，将国内企业的优势产能与沿线国家巨大的需求市场结合起来，促进国内外经济的有机互动，努力实现经济结构的优化升级。

②政府应当在"一带一路"建设中为企业提供制度规范和政策支持，组织、协调、引导更多的企业"走出去"发展，鼓励企业积极开展与"一带一路"沿线国家的投资合作。政府还应当充分考虑沿线国家的实际情况，因地制宜，最大限度地发挥资源配置作用。此外，沿线国家不仅存在政治、宗教、社会、法律层面的宏观风险，而且一些国家的营商环境欠佳，存在运营、管理、财务等层面的微观风险，政府应当建立风险防控机制，为中国企业"走出去"保驾护航，进而拓展国内企业与沿线国家投资合作的广度与深度，形成深度融

合的互利合作格局。

4.4 资本市场开放对企业投资效率的影响研究

随着资本市场扩大对外开放，我国在国际资本市场中的影响力也越来越大。资本市场开放的政策可以让内地的资本市场与更为发达的其他资本市场形成互联互通状态，为内地的资本市场引入更加优秀的投资以及发展理念，使国内资本市场投资者更为成熟，使内地资本市场与发达资本市场的差距越来越小，相关制度建设以及监管力度和保护投资者方面不断增强。"沪港通"交易平台于 2014 年 11 月 17 日在上海证券交易所正式开通，"沪港通"政策的实施意味着中国资本市场面向世界的开放过程中走下了坚实的一步，内地投资者可以购买香港市场上市的股票，香港的投资者也可以购买上海证券交易所的股票，大型的机构投资者可以通过"沪港通"这一交易平台对资产进行配置，从而吸引更多的国际投资者。资本市场良好资源配置效率可以使经济不断稳定发展，本节将视角放在资本市场开放对于企业投资效率的影响。

4.4.1 研究综述与问题的提出

1. 研究综述

国内外有关非效率投资研究文献较丰富。非效率投资是我国上市公司普遍存在的问题，分为投资过度和投资不足。一方面，管理者有构建"企业帝国"来获得控制权扩大而带来各项收益的动机，从而导致过度投资［詹森和麦克林 (Jensen & Meckling)，1976]；另一方面，管理者又希望降低自身风险，保障收益，达到薪酬效用的最大化（懒政）等私人动机从而导致投资不足［迈尔斯和马吉卢夫（Myers & Majluf），1984]。对于非效率投资的治理研究，现有文献主要从内部治理和外部监督两方面入手。就内部治理而言，阿加瓦尔和萨姆威克（Aggarwal & Samwick，2002）、理查森等（2006）发现完善的公司治理机制能够提高公司的投资效率。叶康涛等（2007）认为独立董事能强化对大股东和管理者的监督，防止内部人侵占，从源头处有效减少非效率投资。非效率投资通常伴随着企业盈余管理行为，独立董事所具有的财务或法律从业背景能够有效地识别并抑制盈余管理，提高盈余稳健性（胡奕明和唐松莲，2008），提升会计信息质量。对非效率投资治理的外部监督，研究文献主要从审计师、机构投资者、证券分析师和新闻媒体等方面入手。审计师的行业专长能提升公司信息透明度和信息质量，从而间接抑制公司非效率投资，机构投资者持股比例的提高能够起到有效的股权制衡作用，缓解代理问题，从而抑制公司非效率投资（潘慧峰等，2018）。拥有相关行业背景知识的分析师能够通过实地调研和信息分析，察觉上市公司异象，对公司产生监督效应（朱红军等，2007）。通过业绩预测对上市公司产生压力效应（李春涛等，2014），抑制非效率投资。此外，还有不少研究发现，资本市场的间接参与者——新闻媒体也能够起到部分的监督治理效应。新闻媒体对上市公司及高管的负面信息报道能够有效抑制败德行为的发生（于忠泊等，2011；杨玉龙等，2016）。总体而言，缓解非效率投资在于两个方面，一是改善公司治理结构，提高治理水平；二是降低信息不对称。

已有研究表明，资本市场开放能提高市场信息效率，如降低资本成本［亨利（Henry），2000］，提高私有信息的披露质量［古尔等，2010；卡伦和方（Callen & Fang），2015］，缓解信息不对称［韦尔克（Welker），1995；比德尔等，2009］，等等。

2014年"沪港通"的实施标志着我国资本市场对境外投资者的全面开放。其最直观的经济后果首先体现在股票市场上，如增强了两地市场之间的融合度（徐晓光等，2015）。增强了股票市场有效性，促进了资本市场效率，促进了公司特质信息纳入股票价格，提高了股价信息含量（钟覃琳和陆正飞，2018）。刘程等（2019）通过"沪港通"政策发现资本市场开放能够提高投资效率。辛莹莹等（2019）发现资本市场开放可以提高公司治理水平，缓解融资约束，从而提高投资效率。

从总体来看，在资本市场开放的经济后果方面，现有文献多侧重于对资本市场信息效率的研究。"陆港通"作为连接两地资本市场的机制，在两地联合监管的情况下，势必带来更加完善和严格的制度环境，香港地区的信息披露、公司治理等要求将向内地溢出。企业作为参与互联互通机制的主体，其行为也必然会受到影响。本节将借助这一实验场景，从信息披露质量及公司治理的角度检验"陆港通"对企业投资效率的影响。

2. 问题的提出

从2002年开始，我国相继推行了合格境外机构投资者（Qualified Foreign Institutional Investor，以下简称QFII）、A股＋H股（A＋H）交叉上市等部分开放市场制度。现有研究关注了这些政策措施的实施对于公司治理结构、经营活动和资本市场表现等方面的影响。然而，现有研究尚未关注到更为全面的资本市场开放事件，即连接我国资本市场与境外资本市场的互联互通机制对于公司投资效率的影响，这就提出了本节的研究课题，即以"沪港通"和"深港通"（以下简称"陆港通"）为切入点，研究资本市场开放对企业投资效率的影响。

互联互通机制不仅为我国资本市场引入了境外投资者的资金，也将境外市场对上市企业的公司治理、信息披露等行为规范的要求引入了我国股票市场。由于香港联交所对上市公司的监管较内地更加成熟、严格，互联互通机制的实践案例——"陆港通"将引进习惯于联交所制度和规则的成熟投资者，在一定程度上能加强对"陆港通"企业的监督。互联互通机制为我们检验其是否对样本公司产生显著的治理效应，提升企业投资效率提供了一个天然的外生场景，通过样本配对以满足双重差分法的研究设计要求，检验"陆港通"对于企业投资效率的影响。

4.4.2　理论分析与研究假设

1. 理论分析

法玛等（1969）的研究指出，上市公司的决策会受到股价波动的影响，当资本市场发生异动时，公司管理者可能会出于迎合股价的动机而调整公司投资策略。因为公司股价表现不仅影响公司形象、公司融资，还会直接影响管理者的可获得薪酬。从本质上看，股价波动的根源是投资者对公司价值预期发生了变化。但投资者是高度分散的，因此在未产生市场的一致性判断之前，公司股价将呈现出一种"随机游走"的状态，而股价有方向的波动将发生在公司信息披露的前后［波尔和布劳恩（Ball & Brown），1968］。在这种情况下，公司管理者就有动机通过调整信息的方式来影响股价，其中包括真实地调整公司经营策略和通过操纵的手段改变会计信息。简单来说，管理者会通过释放好消息和坏消息的方式来改变投资者预期，进而影响股票价格。

对于管理者而言，通过合理的公司经营来引导公司股票价格上行的确是其长期目标，但从短期来看，这种经营方式的效益对个人而言却是微小的。詹森和墨菲（Jensen & Murphy，1990）指出，股东财富每增加 1000 美元，管理者财富增加 3.25 美元，这种巨大的反差使得管理者和股东之间存在着难以调和的代理冲突。这就使得管理者在公司经营中可能做出违背股东利益最大化，而谋求个人利益最大化的行为。在这种情况下，理性的管理者就会进行权衡，他们既要通过机会主义行为增加个人财富，又要保证股价在合理区间之内。因此，在股价面临下行压力之时，管理者要及时地调整投资策略；在股价稳定之时又会重新进行非效率投资。然而，这一看似完美的平衡仅能维持在相对封闭的市场环境中，当市场环境发生重大改变，如外部监督力量突然加强时，管理者为了维护自身声誉和职位，将被迫减少机会主义行为。

2. 研究假说

我国逐渐形成了从宏观市场监管到微观上市公司内部治理的一系列规章制度，有效地抑制了公司管理者的自利行为，保护了中小投资者的利益。但与西方成熟市场相比，我国资本市场还存在着不少尚待解决的问题。资本市场对外开放，吸收发达市场的成功经验是解决现有问题的出路之一。新古典经济学理论认为，市场的对外开放是资本市场逐渐走向成熟的标志，这意味着一国的资本市场已经初步完善，希望能够更快地与国际市场接轨。我国提出的以沪港通为代表的互联互通机制正是资本市场国际化的重要里程碑事件。一是沪港通的实施带来了逐渐递增的外资持股。2016 年证监会颁布的《内地与香港股票市场交易互联互通机制若干规定》中规定，境外投资者对内地上市公司的持股比例最高可达到 30%。相比内地投资者，香港投资者具备更好的资源和更专业的知识，能够运用跨资本市场投资的经验，处理不同市场的信息，更能有效识别企业的非效率投资行为。外资股东与本地企业的经营业务关联度低，相较于本国股东具有更强的独立性，故更能发挥监督作用，保障自身利益。现有文献表明，来源于法律保护程度较高地区的投资者更加注重对自身利益的维护，香港投资者在购买内地上市公司股票后，更善于从多种渠道获取上市公司信息，并将这些信息反映在买卖决策中。当公司发生了无效率经营行为时，这些投资者就会低估公司股价，并卖出公司股票，即"用脚投票"，通过对股价产生的下行压力去倒逼上市公司管理者改变无效率投资行为。另外，由于地域和文化距离的劣势，境外投资者通常会要求上市公司进行更加详细的信息披露和解释 [阿加瓦尔等（Aggarwal et al.），2011] 并要求对所参股的上市公司进行更为严格的审计。"陆港通"实施之后，A 股市场"陆港通"标的股的审计机构变成了国际四大会计师事务所，这也在很大程度上抑制了企业盈余管理行为，提升了信息透明度，通过缓解境外投资者和被投资企业的信息不对称，从而限制企业的非效率投资。二是"陆港通"实施后机构投资者比例显著上升。从西方资本市场的发展历程来看，成熟资本市场的投资者主体为机构投资者而非散户投资者。以香港证券市场为例，2018 年香港证监会的统计显示，在市场中本地机构投资者占比为 41%，外地机构投资者比例为 31%，也就是说有 70% 以上的为机构投资者，个人投资者仅占 20%。机构投资者的特点是投资能力卓越和资金实力雄厚，从现实情况来看，在"沪港通"实施的一年后，就有高达8000 亿元人民币的资金从境外流入内地资本市场。机构投资者在参股内地上市公司后，通常会成为前十乃至前三大股东，股权集中度高，能获得"用手投票"的资格，对企业投资决策具有一定影响力的机构投资者，凭借经验优势能够帮助其识别企业的非效率投资。机构投资者具有外部独立性，更可能监督企业的非效率投资，同时由于机构投资者是汇集其他投资者的资金来投资，故其承担的法律信托责任使其有义务监督上市公司并采取行动防止价值损失（伊志宏和李艳丽，2013），故机构投资者有抑制上市公司非效率投资的意愿和责任。

为了保护自身利益，机构投资者介入后，通常会要求上市公司优化董事会结构，其中最常见的方式是向上市公司派驻香港籍的独立董事，以加强对大股东的制衡。现有大量研究证据表明，独立董事对抑制大股东或管理层的非效率投资行为有着关键作用［埃德曼斯等（Edmans et al.），2014；贝纳等（Bena et al.），2017］。除了为 A 股市场引入更多的境外机构投资者之外，"陆港通"实施后，标的股上市公司除了要接受中国证监会的监管，还要接受香港联交所的监管，即"陆港通"的"两地监管效应"。相比于内地股票市场，香港股票市场经历了更长时间的发展，监管部门具有更有效的法律监管、更严格的信息披露规则和更完善的投资者保护机制。具体而言，香港市场采用与美国相同的累积投票制和重开股东大会制度。尽管内地证监会也引进了类似的制度，但在具体实施上，内地重开股东大会所需最低股票比例为 10%，而香港仅为 5%。如果"陆港通"标的股在香港被要求重开股东大会，那么在内地也将受到同样的处罚，投票制度的约束及处罚制度将在一定程度上限制企业的非效率投资行为。除了证监会所代表的正式监管制度外，新闻媒体和分析师等也能够作为非正式监管制度对"陆港通"标的股起到监督作用，从而缓解上市公司的非效率投资行为。由此提出以下研究假说：

H1："陆港通"实施后，上市公司的非效率投资行为将得到抑制。

4.4.3　研究设计与样本、数据来源

1. 变量定义

用预期投资模型中残差项来评价投资效率，具体模型为：

$$Inv_{it} = \alpha_0 + \alpha_1 Inv_{it-1} + \alpha_2 Lev_{it-1} + \alpha_3 Cash_{it-1} + \alpha_4 Size_{it-1} + \alpha_5 Return_{it-1}$$
$$+ \alpha_6 Growth_{it-1} + \alpha_7 Age_{it-1} + \varepsilon_{it} \tag{4-12}$$

式（4-12）中，Inv_{it} 代表公司本年度投资活动现金流；Inv_{it-1} 代表公司上一年度投资活动现金流。若理查森模型的残差值 ε 大于 0，则说明该公司存在过度投资行为（Overinv），此时保留大于 0 的数值，然后令小于等于 0 的样本公司取 0 值，以表示不存在过度投资。若模型残差值 ε 小于 0，则说明公司存在投资不足（Underinv）现象。此时保留小于 0 的值，并取绝对值，以衡量公司投资不足的程度，然后令大于 0 的样本公司取 0 值，以表示公司不存在投资不足现象。

考虑到"沪港通""深港通"各自实施的时间不同且标的股票每年存在进入和退出调整情况，在取值时将当年是否真实参与"陆港通"作为多期双重差分法（Multi-period difference in differences，以下简称 DID）处理。是否参与"陆港通"（Treat）：当年参与"陆港通"的企业取值为 1，未参与的取值为 0。

"陆港通"时间节点（Post）：参与事件前取值为 0，参与之后取值为 1。

在控制变量中加入其他可能影响投资效率的因素，包括国企民企（SOE）、企业规模（Size）、上市时间（Age）、财务杠杆率（lev）、总资产回报率（ROA）、营业收入增长率（Growth）、自由现金流持有水平（FCF）、盈余管理水平（DA）、机构持股比例（Inshold）、分析师跟踪（Follow）等。各主要变量及其具体定义如表 4 - 14 所示。

表 4 - 14　变量定义

变量	定义
Overinv	过度投资，式（4 - 12）中残差为正直接取残差
Underinv	投资不足，式（4 - 12）中残差为负取残差绝对值
SOE	国有企业取值 1，民营企业取值 0
Cash	货币资金/总资产
Size	企业规模，取总资产的对数
Age	企业上市年限
Lev	资产负债率：用总负债比总资产计算而得
ROA	总资产回报率：净利润/总资产
Growth	营业收入增长率：（当期营业收入－上期营业收入）/上期营业收入
FCF	货币资金持有占总资产比
DA	由修正 Jones 模型计算得出的盈余管理水平变量
REM	用 Roychowdhury 模型来度量真实活动盈余管理
Inshold	机构持股比例：机构投资者持股数量/公司总股数
Follow	分析师进行盈利预测和投资评级的数量总和的对数
Fshr	第一大股东持股比例：第一大股东持股数量/公司总股数
Pindep	上市公司独立董事数量
Foreign	外资持股比例：外资持股数量/公司总股数
Restatement	现财务重述，出现过重述取值 1，未出现取值 0
Big4	公司聘用四大会计师事务所之一时进行审计
Year/Ind	行业年度的虚拟变量

2. 实证模型设计

由于"沪港通"与"深港通"实施时间上的差异，采用多期双重差分模型来检验资本市场开放对公司投资效率的影响，在模型中控制了企业个体效应和年度固定效应。

$$Overinv_{it} = \beta_0 + \beta_1 Treat_{it} + \beta_2 Post_{it} + \beta_3 Treat_{it} \times Post_{it} + \beta_4 Controls_{it}$$
$$+ firm - fixedeffect + year - fixedeffect + \varepsilon_{it} \qquad (4 - 13)$$

$$Underinv_{it} = \beta_0 + \beta_1 Treat_{it} + \beta_2 Post_{it} + \beta_3 Treat_{it} \times Post_{it} + \beta_4 Controls_{it}$$
$$+ firm - fixedeffect + year - fixedeffect + \varepsilon_{it} \qquad (4 - 14)$$

本节主要关注 Treat×Post(tp) 的回归系数。交互项若为负，则表明"陆港通"能显著抑制非效率投资，即提升了投资效率。实证过程主要为三个步骤：首先选取协变量来对"陆港通"变量 Treat 进行倾向得分匹配（Propensity Score Matching，以下简称 PSM），观察处理组和控制组的共同取值范围，再检验协变量的合理性，并观察处理组和控制组是否存在显著差异，以检验 PSM 结果的合理性。其次，剔除未能参与匹配的样本，对匹配后的样本进行多期 DID 分析，观察事件对两组实验前后的影响。最后，进行稳健性检验，对 PSM 配对后的样本进行普通最小二乘法回归（Ordinary least Square regression，以下简称 OLS）分析，即生成 Treat 和 Post 的交乘项 tp，tp 代表"陆港通"实施的事件。将 tp 与两种非效率投资情形，即过度投资（Overinv）和投资不足（Underinv）进行 OLS 回归，检验"陆港通"的实施对上市公司非效率投资的影响。

3. 样本选取与数据说明

研究对象为参与"陆港通"的企业。中国证监会、上海证券交易所及深圳证券交易所的数据显示，"陆港通"企业存在加入和退出，所以我们按照年度更新参与企业名单，样本区间为 2010 年至 2018 年。对原始样本进行一定的筛选，剔除金融类企业、经营异常以及重要变量缺失的企业。公司财务数据来自国泰安金融数据库（CSMAR），二级市场股票数据来自万得数据库（Wind）和上交所、深交所网站，截至 2018 年 12 月 10 日共有 1549 只标的股，如表 4-15 所示。

表 4-15　"陆港通"标的股票情况概述

生效日期	性质	加入	剔除	总数量
2014-11-17	沪港通	568		568
2014-12-15	沪港通	28	27	569
2015-03-24—2015-06-09	沪港通	5	3	571
2015-06-15	沪港通	31	33	569
2015-12-14	沪港通	34	34	569
2016-04-01—2016-06-13	沪港通	30	32	567
2016-06-29—2016-11-21	沪港通	3	1	569
2016-12-01	深港通	810		1 379
2016-12-12	沪港通		30	1 349
2017-05-30	沪港通	56	56	1 349
2017-12-01	深港通	187		1 536
2018-12-10	沪港通	38	25	1549

4.4.4 实证结果分析

1. 主要变量的描述性统计

表4-16是主要变量的描述性统计结果。为了排除极值对于本研究的影响，对所有连续变量进行了上下1%的缩尾处理。可以看出，投资过度（Overinv）的均值为0.044，中位数为0；投资不足（Underinv）的均值为0.047，中位数为0.018。控制变量中总资产收益率（ROA）的均值为0.039；资产负债率（Lev）的均值为0.445；公司规模（Size）的均值为22.361；公司年龄（Age）的均值为9.715。这些控制变量的结果说明数据分布都在正常范围以内。

表4-16　主要变量的描述性统计

变量	样本量	均值	中位数	最大值	最小值	标准差
Overinv	14190	0.044	0.000	0.620	0.000	0.097
Underinv	14190	0.047	0.018	0.369	0.000	0.068
ROA	14190	0.039	0.035	0.216	-0.177	0.058
Lev	14190	0.445	0.435	0.952	0.053	0.217
Size	14190	22.361	22.200	26.321	19.796	1.284
Age	14190	9.715	9.090	21.210	1.010	5.819

2. 倾向得分匹配结果

选择了以下协变量来对"陆港通"实施变量进行倾向得分匹配处理（见表4-17），在PSM配对后，配对样本中处理组和控制组的协变量均值无显著差异，未成功配对的样本组中处理组和控制组的协变量均值存在显著差异，这说明PSM配对效果良好，控制了配对样本之间的自然差异。

表4-17　PSM平衡性检验结果

变量	Unmatched Or Matched	均值		统计检验	
		处理组	控制组	t值	P值
Size	U	22.634	21.796	52.500	0.000
	M	22.604	22.624	-1.454	0.148
Lev	U	0.445	0.433	3.666	0.000
	M	0.447	0.449	-0.626	0.114
ROA	U	0.048	0.031	30.391	0.000
	M	0.047	0.046	0.606	0.545

变量	Unmatched Or Matched	均值		统计检验	
		处理组	控制组	t 值	P 值
Growth	U	0.165	0.117	12.160	0.000
	M	0.164	0.166	−0.828	0.205
Foreign	U	0.007	0.008	−3.363	0.005
	M	0.007	0.007	1.313	0.119
Age	U	9.719	9.426	3.081	0.000
	M	9.723	9.825	−0.636	0.423
Pindep	U	3.122	3.805	−10.383	0.000
	M	3.876	5.026	−0.778	0.361
FCF	U	0.540	0.369	16.564	0.000
	M	0.525	0.533	−0.869	0.386

3. 倾向得分匹配双重差分（PSM-DID）模型的检验结果

表 4-18 列示了倾向得分匹配双重差分（PSM-DID）模型检验的实证结果。就投资过度（Overinv）而言，"陆港通"实施之前，"陆港通"标的股样本组（Treat）与非标的股样本组（Control）的投资过度差为 0.004，t 值为 1.46，二者差异不显著。"陆港通"开通后，标的股样本组和非标的股样本组之间的过度投资差异增加到−0.0162，t 值为−4.70，在 1% 的水平上显著。"陆港通"标的股样本组在过度投资程度上显著低于非"陆港通"标的股样本。从组内差异上来看，"陆港通"开通后标的股样本组的过度投资有所下降（从 0.0444 下降到 0.0323），非标的股样本组的过度投资显著提高（从 0.0404 上升到 0.0485）。总体来看，两组事件前后的差异为−0.020，t 值为−4.57，在 1% 的水平上显著。说明"陆港通"的实施抑制了标的股的过度投资。

表 4-18　PSM-DID 的检验结果

变量	"陆港通"开通前			"陆港通"开通后			PSM-DID 检验结果
	处理组	控制组	偏差	处理组	控制组	偏差	
Overinv	0.0444	0.0404	0.004 (1.46)	0.0323	0.0485	−0.0162*** (−4.70)	−0.020*** (−4.57)
P 值			0.147			0.000	0.000
Underinv	0.0434	0.0525	−0.0091*** (−5.40)	0.0444	0.0616	−0.0172*** (−8.44)	−0.003*** (−2.95)
P 值			0.000			0.000	0.000

注：括号中为 t 值，＊＊＊、＊＊、＊分别代表在 1%、5%、10% 的水平上显著，下列各表同。

就投资不足（Underinv）而言，"陆港通"实施之前，处理组（Treat）与控制组（Control）的投资不足差为 -0.0091，t 值为 -5.40，在 1% 的水平上显著，处理组显著低于控制组。这印证了前述推断，即"陆港通"样本组由于体量过大，更容易发生过度投资而非投资不足。在"陆港通"开通后，处理组和控制组之间的投资不足差异为 -0.0172，t 值为 -8.44，在 1% 的水平上显著，差距进一步扩大。从组内差异上来看，"陆港通"开通后处理组的投资不足略微提升（从 0.0434 变为 0.0444），但仍保持在较低水平上。控制组的过度投资显著提高（从 0.0525 上升到 0.0616）。总体来看，两组事件前后的差异为 -0.003，t 值为 -2.95，在 1% 的水平上显著。这说明"陆港通"的实施抑制了标的股的投资不足。

4. 稳健性检验

（1）PSM 后的 OLS 回归

为了进一步印证 PSM-DID 的推断，保证实证结果的稳健性，本节对模型进行了 PSM 配对后的 OLS 回归。若前述结论成立，则回归结果中 Treat 和 Post 的交互项应显著为负，表明"陆港通"实施后，处理组的非效率投资得到了有效缓解。由表 4-19 可知，Treat×Post 对 Overinv 的回归系数为 -0.019，t 值为 -4.38，在 1% 的水平上显著，说明"陆港通"的实施有助于抑制企业的过度投资。Treat×Post 对 Underinv 的回归系数为 -0.005，t 值为 -1.685，在 10% 的水平上显著，说明"陆港通"的实施有助于抑制企业的投资不足。以上结论证明了 PSM-DID 检验结果的稳健性，说明了"陆港通"政策有助于改善企业的非效率投资。

表 4-19　PSM 后的回归结果

变量	Overinv	Underinv
Treat×Post	-0.019^{***} (-4.38)	-0.005^{*} (-1.685)
Treat	-0.003 (-1.092)	-0.001 (-0.402)
Post	-0.000 (-0.012)	0.007^{**} (2.20)
样本数	10684	10684
R^2	0.070	0.039

（2）平行趋势检验

为了进一步说明双重差分结果的合理性，我们对两组双重差分模型分别进行了平行趋势检验。首先构建了衡量参加"陆港通"前后时间差的虚拟变量

tp。其中 tp_ 代表样本当年与进入"陆港通"开通年的时间差；tp 代表进入"陆港通"后与当年的时间差。tp0 代表进入"陆港通"的年份，如果 DID 检验结果是稳健的，那么在 tp0 之前的时间差不应该显著抑制非效率投资，而 tp0 后的（包括 tp0）时间差应显著为负，代表进入"陆港通"后确实抑制了非效率投资。表 4-20 的回归结果显示：过度投资（Overinv）组在进入"陆港通"之前，即 tp0 之前，在各时间段样本的过度投资均未得到抑制，数值在 0～0.002 之间波动；进入"陆港通"后，tp0 的回归系数为 -0.014，t 值为 -1.78，结果在 10% 的水平上显著；tp1 的回归系数为 -0.009，t 值为 -2.019，结果在 5% 的水平上显著。说明样本在进入"陆港通"后的当年和次年，过度投资程度均得到了显著抑制。

表 4-20 平行趋势检验结果

变量	Overinv	Underinv
tp_6	0.002 (0.095)	0.035*** (3.229)
tp_5	0.017 (1.288)	0.031*** (3.796)
tp_4	0.017* (1.768)	0.027*** (3.650)
tp_3	0.013 (1.448)	0.028*** (4.085)
tp_2	0.010 (1.185)	0.024*** (3.683)
tp_1	0.023*** (2.784)	0.023*** (3.722)
tp0	-0.014* (-1.780)	0.024*** (3.577)
tp1	-0.009** (-2.019)	0.008* (1.725)
tp2	-0.015 (-1.325)	0.001 (0.110)
tp3	-0.017* (-1.81)	0.000 (0.213)
常数项	0.037** (2.238)	0.000 (0.021)
样本数	8836	8836
R^2	0.024	0.046

从图 4-1 的平行趋势检验能够看出，进入"陆港通"后，样本的过度投资被有效抑制，说明"陆港通"政策效力显著，本节的研究结论是稳健的。在投资不足（Underinv）组，tp0 的回归系数为 0.024，t 值为 3.683，结果在 1% 的水平上显著；tp1 的回归系数为 0.008，t 值为 1.725，结果在 10% 的水平上显著。该结果说明样本在进入"陆港通"后的当年和次年，投资不足并未得到完全抑制。虽然投资不足未得到完全抑制，但抑制效果却呈显著上升趋

势，到了"陆港通"实施后的第三年，对于投资不足的抑制效果已经开始显现（正相关性减小至零）。以上结果说明"陆港通"的实施对于投资不足的抑制并不是立竿见影的，而是需要实施若干期间后才能够完全显现效果。这可能是由于改善企业投资不足需要更充足的现金流，而"陆港通"为企业带来的融资便利尚需要一段时间才能达到。总体而言，平行趋势检验说明，"陆港通"对企业投资不足仅起到了逐步缓解作用，而不是完全抑制作用。

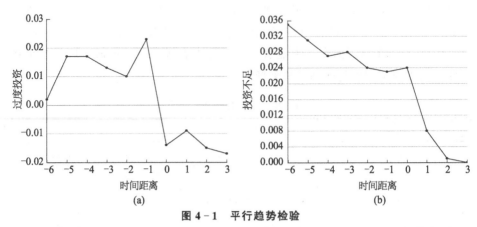

图 4 - 1　平行趋势检验

注：纵轴表示投资过度和投资不足与陆港通的相关系数；横轴表示陆港通实施前后的时间间隔

4.4.5　企业信息质量和监督强度对非效率投资的影响

为进一步探究资本市场开放的外部治理效应，本小节再从企业信息质量和监督强度两方面对原回归模型进行样本分组测试，以检验在不同的情况下，"陆港通"实施对于企业非效率投资的影响。

1. 对企业信息质量进行度量

采用修正琼斯（Jones）模型来度量应计项目盈余管理程度，采用罗伊乔杜里（Roychowdhury）模型来度量真实活动盈余管理。将样本在参加"陆港通"之前一年，盈余管理的绝对值数值大于 50％分位数的样本，定义为信息质量较差组；其他的定义为信息质量较高组。经分组后，再对原"陆港通"投资效率模型进行回归，结果如表 4 - 21 所示，当信息质量以应计项目盈余管理来度量时，在应计项目盈余管理程度较高组中，"陆港通"实施变量 Treat×Post 对过度投资（Overinv）的回归系数为 -0.025，t 值为 -3.697，在 1％的水平上显著，而在应计项目盈余管理程度较低组中，Treat×Post 对过度投资（Overinv）的回归结果不显著，系数为 -0.01，t 值为 -1.401。二者差异为 0.015，在 5％的水平上显著，这说明"陆港通"的治理效应在原本信息质量较差的样本组中更为明显。为了进一步印证该结论，对真实活动盈余管理进行分组测试，结论并无差异。同时，还对分组回归进行了组间差异检验，两种分组方式的系数差异均在 5% 的水平上显著，组间存在显著差异，说明"陆港通"的实施对原本信息质量较差的样本起到了良好的过度投资抑制作用。

表 4-21 的 Panel B 列示了当因变量为投资不足（Underinv）时的信息质量分组回归结果。从中可以看出，在各组中，"陆港通"实施变量对投资不足的回归系数均不显著，说明"陆港通"的实施对不同信息质量公司投资不足的抑制作用并没有显著差异。这与本节平行趋势检验的结果较为一致，说明"陆港通"对公司投资不足的治理效应有限，仅起到了逐步缓解作用，并未起到立竿见影的抑制作用。

表 4-21 按信息质量分组的回归结果

Panel A 按信息质量分组的回归结果（Overinv）				
变量	DA 高组	DA 低组	REM 高组	REM 低组
Treat×Post	-0.025^{***} (-3.697)	-0.010 (-1.401)	-0.013^{***} (-3.071)	-0.003 (-0.891)
DIFF/Empirical P-value	0.015^{**} (0.021)		0.010^{**} (0.029)	
样本数	4698	4016	3874	4840
R^2	0.165	0.261	0.172	0.205
Panel B 按信息质量分组的回归结果（Underinv）				
变量	DA 高组	DA 低组	REM 高组	REM 低组
Treat×Post	0.001 (0.172)	0.002 (0.355)	0.003 (0.714)	0.001 (0.351)
DIFF/Empirical P-value	0.001 (0.455)		-0.002 (0.384)	
样本数	4698	4016	3874	4840
R^2	0.038	0.041	0.045	0.043

2. 对企业受监管强度进行度量

采用独立董事人数来度量内部监管程度，采用审计所性质来度量外部治理程度。将样本在参加"陆港通"之前一年，独立董事人数大于 50% 分位数的定义为内部监管较强组；其他的定义为内部监管较低组；将受四大会计师事务所审计的企业（简称为"四大"审计组）定义为外部监管较强组，将非四大会计师事务所审计的企业定义为外部监管较弱组（简称为非"四大"审计组）。经分组后，再对原陆港通-投资效率模型进行回归，结果如表 4-22 的 Panel

A 所示，当监管强度以独立董事人数来度量时，在独立董事较少组中，"陆港通"实施变量 Treat×Post 对过度投资（Overinv）的回归系数为−0.015，t 值为−2.833，在 1% 的水平上显著。而在独立董事人数较多组中，Treat×Post 对过度投资（Overinv）的回归结果不显著。且两组间均值差异的经验 P 值为 0.049，在 5% 的水平上显著，这说明"陆港通"的治理效应在原本受内部监管较弱的样本组中更为明显。

当监管强度以审计所性质来度量时，在"四大"审计组中，"陆港通"实施变量 Treat×Post 对过度投资（Overinv）的回归系数为−0.009，t 值为−1.029，回归结果不显著，而在非"四大"审计组中，Treat×Post 对过度投资 Overinv 的回归结果为−0.011，t 值为−1.81，在 10% 的水平上显著。且两组间均值差异的经验 P 值为 0.081，在 10% 的水平上显著，这说明"陆港通"的治理效应在原本受外部监管较弱的样本组中更为明显。表 4-22 的 Panel B 列示了当因变量替换为投资不足（Underinv）时的监督强度分组回归结果，从表中可以看出，在各组中，"陆港通"实施变量对投资不足的回归系数无显著差异，这说明"陆港通"的实施对于不同监督强度的上市公司其投资不足治理效应并不存在显著差异。

表 4-22　按监督强度分组的回归结果

Panel A 按监督强度分组的回归结果（Overinv）			
变量	独董多组	独董少组	"四大"审计组	非"四大"审计组
Treat×Post	−0.006 （−0.377）	−0.015*** （−2.833）	−0.009 （−1.029）	−0.011* （−1.81）
DIFF/Empirical P-value	−0.009** （0.049）		−0.002* （0.081）	
样本数	626	8088	2078	6636
R^2	0.402	0.152	0.246	0.161

Panel B 按监督强度分组的回归结果（Underinv）			
变量	独董多组	独董少组	"四大"审计组	非"四大"审计组
Treat×Post	−0.002 （−0.386）	0.004 （0.981）	−0.009 （−1.179）	−0.001 （−0.674）
DIFF/Empirical P-value	0.061 （0.475）		0.008 （0.424）	
样本数	2078	6636	720	13390
R^2	0.066	0.030	0.055	0.036

4.4.6　主要结论

本节以 2010—2017 年我国 A 股上市公司数据为样本，研究了以"陆港通"为代表的全面资本市场开放事件对公司投资效率的影响，弥补了已有研究或只关注于部分资本市场开放事件，或只关注于宏观市场反应的不足的问题。研究表明："陆港通"所代表的互联互通机制对非效率投资的负向影响，既抑制了企业的过度投资又缓解了企业的投资不足。这一抑制作用在原本信息质量较低、受监管较弱的样本中更为显著。这一结果说明"陆港通"的实施强化了对参与上市公司的监督效应，该政策的效果较好，具有良好的推广价值。研究结论支持了资本市场开放的有效性，为紧随其后的"沪伦通"开通及资本市场的更大程度开放提供了理论层面的可行性支持。

本节以"陆港通"为实证样本，探讨资本市场开放对企业投资效率的影响，具体而言，从如下三个方面丰富了现有研究：一是从企业投资这一具体的行为入手，检验了资本市场开放对于实体经济可能造成的影响，从理论上拓展了资本市场开放的经济后果研究框架。二是利用资本市场开放这一外生事件，进一步检验了外资股东持股与企业投资决策之间的关系，这既是对现有外资持股研究的自然延伸，还能够有效克服现有研究存在的设计缺陷。三是检验了"陆港通"对非效率投资的抑制效果在不同信息质量、监督程度下的差异。已有研究非常关注资本市场开放等外部事件对上市公司治理结构和信息披露的改善，本研究则从反向视角探讨原有的公司特征如何反过来影响外部冲击事件的实施效果。这有助于我们重新审视一个经典的博弈问题：外来品会同化还是被同化。本节的研究结果支持"陆港通"对原有的监督机制起到了加强作用，有助于我国资本市场的监督机制与国际接轨，从而更好地保护投资者的利益。

4.5　战略性新兴产业经济效率的测度与比较研究

党的十九大报告强调，要集中力量建立增速稳健、结构优化、竞争力强的现代化产业体系，努力提高经济效率，增强我国经济的质量优势。战略性新兴产业为国民经济的发展提供了重要的动力，在我国构建高质量发展的现代化经济体系过程中起到了强大的支撑作用。战略性新兴产业对"重大技术突破"的要求，使其各个部门都越来越重视科技创新的发展。科技创新能力在产业发展中的地位逐渐提高，科研基础条件的改善促进了战略性新兴产业从创新技术向创新成果转化。战略性新兴产业的健康发展及其发展成效直接关系到我国能否顺利转变经济增长方式，实现产业结构优化升级，构建起高质量发展的现代化经济体系，也关系到我国能否在全球化进程中掌握积极的主动权，能否构建起"双循环"发展的新发展格局。

TOPSIS（Technique for Order Preference by Similarity to an Ideal Solution，以下简称 TOPSIS）法是黄哲伦和尹（C. L. Hwang & K. Yoon，1981）于 1981 年首次提出，TOPSIS 法是根据有限个评价对象与理想化目标的接近程度进行排序的方法，是对现有的对象进行相对优劣的评价。TOPSIS 法是一种逼近于理想解的排序法，该方法只要求各效用函数具有单调递增（或递减）性。本节采用熵权 TOPSIS 方法，建立我国战略性新兴产业经济效率综合评价指标体系，以 2018 年我国 49 个战略性新兴产业为样本进行实证分析，对我国战略性新兴产业的经济效率水平进行分类比较。

4.5.1　研究综述与问题的提出

赫希曼（Hirschman，1966）最早提出战略性产业概念，他将战略性产业视为主导产业，并将处在投入－产出关系中权重最大的经济部门称为战略部门，即主导产业部门。克鲁格曼（Krugman，1986）将战略性产业的研究引入国际贸易保护政策领域，并提出了识别战略性部门的两项标准。近年来学者们还探讨了新兴产业的形成及特征，埃里克切克和瓦茨（Erickcek & Watts，2007）认为新兴产业相当于结构升级。在专门针对战略性新兴产业经济效率的研究中，国内外学者主要围绕经济效率影响因素、效率评价方法和动态监测等方面展开。有些学者还对新兴产业发展的影响因素进行了实证检验，埃琳娜等（Elena et al.，2006）运用 SFA 方法利用金融数据库进行数据分析，对不同金融结构的欧洲银行业经济效率进行了监测研究。埃里克（Eric，2007）运用随机前沿分析方法研究发现，在经济增长中，研发经费的经济效率对经济体各项指标具有正向或负向的作用。夏尔马和托马斯（Sharma & Thomas，2008）运用 DEA 方法对国际 R&D 经济效率进行了测度，并验证了专利数量、R&D 人员全时当量等指标对 R&D 使用效率的作用。国内相关的研究逐步增多：李强（2010）利用 DEA 方法对深交所中小上市公司的经济效率进行了研究。姚洋和章奇（2001）对中国工业企业的技术效率进行了研究；齐峰和项本武（2015）、程贵孙等（2013）利用 DEA 方法分别对中国战略性新兴产业的创新效率、中国民营战略性新兴产业的生产效率进行了研究。李柏洲等（2019）利用 DEA 方法、闫俊周和齐念念（2019）利用 ISM 方法，分别对战略性新兴产业的层级机构进行分析，从供给侧改革的角度讨论了战略性新兴产业绩效的复杂性。

综上所述，在影响因素方面，已有研究表明产业规模、技术创新、研发投入、财务绩效、生态、企业文化等对经济效率有重要影响；在效率评价方法方面，大体分为非参数评价和参数评价两大类：非参数评价以数据包络法（DEA）为代表，参数评价以随机前沿分析（SFA）为代表。

本节借鉴前人研究的有益成果，对战略性新兴产业经济效率评价研究课题进行三个方面的拓展：第一，构建战略性新兴产业经济效率评价指标体系，对战略性新兴产业的影响因素进行深入探讨。第二，对战略性新兴产业经济效率进行投入产出优化分析，利用 TOPSIS 法对中国战略性新兴产业经济效率评价指标进行权重计算。第三，为弥补现有研究样本多以高新技术企业、上市公司替代战略性新兴产业的不足，本节在研究样本的选择上，选取 2018 年我国战略性新兴产业中的 49 个细分产业作为样本。

4.5.2 研究方法

1. 熵值法

熵值法（entropy method）从物理学中"熵"的概念出发，基于"差异驱动"原理，依据某同一指标的观测值之间的差异程度计算该指标的权重大小，进行赋权。在信息论中，熵是对不确定性的一种度量。信息量越大，不确定性就越小，熵也就越小；信息量越小，不确定性越大，熵也越大。根据熵的特性，通过计算熵值来判断一个事件的随机性及无序程度，用熵值来判断某个指标的离散程度，指标的离散程度越大，该指标对综合评价的影响越大。原始数据矩阵为：

$$A = \begin{bmatrix} x_{11} & \cdots & x_{1m} \\ \vdots & \vdots & \vdots \\ x_{n1} & \cdots & x_{nm} \end{bmatrix}_{n \times m} = (x_{ij})_{n \times m}$$

$\{x_{ij}\}$ 由 n 个被评价对象的数据构成，被评价对象在各个维度上的取值不一，其原理具体为：在某个指标上，如果 n 个被评价对象数据的差异程度极小，则表明该指标对整个评价指标体系作用不大，算出其权重系数较小；反之，如果 n 个被评价对象数据差异程度极大，表明该指标对整个评价指标体系作用很大，算出其权重系数较大。

设 $x_{ij}(i=1, 2, \cdots, n; j=1, 2, \cdots, m)$ 为第 i 个被评价对象中的第 j 个指标的观测值。熵值法确定指标权重大小的步骤如下：

（1）求得第 i 个被评价对象在第 j 个评价指标上的指标值比值：

$$p_{ij} = x_{ij} / \sum_{i=1}^{n} x_{ij} \tag{4-15}$$

（2）求得第 j 个评价指标的熵值：

$$e_j = -\frac{1}{\ln n}\sum_{i=1}^{n}p_{ij}\ln(p_{ij}),0 \leqslant e_j \leqslant 1 \qquad (4-16)$$

（3）计算 x_j 的差异性系数。由公式（4-16）可知，对于给定的 j，x_{ij} 的差异越小，e_j 就越大。差异系数 $g_j = 1 - e_j$，g_j 的数值越大，该指标在指标体系中的权重就越大，反之权重则越小。

（4）确定权重系数：

$$w_j = g_j \Big/ \sum_{j=1}^{m}g_j, j = 1,2,\cdots,m \qquad (4-17)$$

其中，w_j 为各指标最终的权重系数，其和为 1。

2. TOPSIS 评价模型

在评价模型中选取两个点：一个正的理想点和一个负的理想点，利用欧式距离法计算某个被评价对象离选定的两点的距离，参考贴近度对所有被评价对象进行排序，从中选择较优的部分进行分析。

本节首先采用熵值法对所有的指标确定其权重系数，然后采用 TOPSIS 法对被评价对象进行综合评价，熵权 TOPSIS 法的步骤如下。

（1）对指标体系进行无量纲化处理，即指标的标准化处理——异质指标同质化。由于各项指标的计量单位并不统一，因此在用它们计算综合指标前，先要对它们进行标准化处理，即把指标的绝对值转化为相对值，从而解决各项不同质指标值的同质化问题。由于正向指标和负向指标数值代表的含义不同（正向指标数值越高越好，负向指标数值越低越好），因此，对于高低指标我们用不同的算法进行数据标准化处理。其具体方法如下：在指标体系中，区分正指标和逆指标，计算公式如下：

正指标：

$$x_{ij}^* = \frac{x_{ij}-m_j}{M_j-m_j}, i=1,2,\cdots,n; j=1,2,\cdots,m \qquad (4-18)$$

逆指标：

$$x_{ij}^* = \frac{M_j-x_{ij}}{M_j-m_j}, i=1,2,\cdots,n; j=1,2,\cdots,m \qquad (4-19)$$

其中，$m_j = \min(x_{1j}, x_{2j}, \cdots, x_{nj})$，$M_j = \max(x_{1j}, x_{2j}, \cdots, x_{nj})$，由此求得无量纲化数据 $\{x_{ij}^*\}$。

（2）对无量纲化数据进行加权。设 y_{ij} 是第 i 个参评对象第 j 个指标无量纲化之后的加权值，w_j 为熵值法的第 j 个指标熵权值，则：

$$y_{ij} = x_{ij}^* \cdot w_j \qquad (4-20)$$

（3）确定被评价对象的两个理想点。设 y_j^+ 是第 j 个指标的最大值，y_j^-

是第 j 个指标值的最小值，$j=1$，2，$\cdots$，m，则：

$$y_j^+ = \max_{1 \leqslant i \leqslant n}(y_{ij}) \tag{4-21}$$

$$y_j^- = \min_{1 \leqslant i \leqslant n}(y_{ij}) \tag{4-22}$$

由公式（4-21）和公式（4-22）得到 TOPSIS 法的正理想点 $y^+=(y_1^+,$ y_2^+，$\cdots$，$y_m^+)$ 和负理想点 $y^-=(y_1^-$，y_2^-，$\cdots$，$y_m^-)$。

（4）求被评价对象与两个理想点之间的距离。设 d_i^+ 是第 i 个被评价对象与 y_j^+ 的欧式距离，d_i^- 是第 i 个被评价对象与 y_j^- 的欧式距离，则：

$$d_i^+ = \sqrt{\sum_{j=1}^{m}(y_j^+ - y_{ij})} \tag{4-23}$$

$$d_i^- = \sqrt{\sum_{j=1}^{m}(y_j^- - y_{ij})} \tag{4-24}$$

（5）求得模型的相对贴近度并按顺序排名。设 c_i 为第 i 个被评价对象指标值与两个理想点的相对贴近度，则：

$$c_i = d_i^- / (d_i^- + d_i^+), i=1,2,\cdots,n \tag{4-25}$$

本节计算的相对贴近度 c_i 即每个战略性新兴产业的经济效率值，最后对 $c_i(i=1$，2，$\cdots$，$n)$ 按大小进行排序，c_i 越大，表明第 i 个被评价对象与负理想点的距离越大，则第 i 个被评价对象越好，具体到本节就是第 i 个战略性新兴产业的经济效率越高。

3. 评价指标选取

借鉴其他学者测度经济效率时采用的指标，并结合本节的研究目标，依据完备性、可获得性、可比性、动态性、定性定量相结合等原则，选取相关指标，构建指标体系（见表 4-23）衡量各战略性新兴产业的经济效率，即经济效率监测指标体系。

表 4-23　经济效率综合评价指标体系

指标属性	指标名称	变量	变量定义
投入	平均用工人数	X_1	该产业的平均用工人数，使用劳动力的规模
	企业单位数	X_2	该产业的企业数量，产业总体规模
	主营业务成本	X_3	该产业的主营业务成本
	总负债	X_4	该产业的总负债
	管理费用	X_5	该产业的管理费用
	财务费用	X_6	该产业的财务费用
	销售费用	X_7	该产业的销售费用
	固定资产	X_8	该产业的固定资产
	流动资产	X_9	该产业的流动资产

指标属性	指标名称	变量	变量定义
产出	主营业务收入	X_{10}	该产业的主营业务收入
	营业利润	X_{11}	该产业的营业利润
	工业销售产值	X_{12}	该产业的工业销售产值
	所有者权益	X_{13}	该产业的所有者权益

数据来源于 1986—2019 年《中国工业统计年鉴》和《中国机械工业年鉴》。

4.5.3 战略性新兴产业经济效率测算与分析

1. 战略性新兴产业发展指标体系权重解析

经过计算得到战略性新兴产业发展指标体系权重，如表 4-24 所示。

表 4-24 战略性新兴产业发展指标体系权重

	X_1	X_2	X_3	X_4	X_5	X_6	X_7
e_j	0.9898	0.9896	0.9867	0.9893	0.9891	0.9884	0.9921
g_j	0.0102	0.0104	0.0133	0.0107	0.0109	0.0116	0.0079
w_j	0.0649	0.0662	0.0846	0.0681	0.0693	0.0738	0.0503
	X_8	X_9	X_{10}	X_{11}	X_{12}	X_{13}	
e_j	0.9797	0.9819	0.9894	0.9926	0.9863	0.9879	
g_j	0.0203	0.0181	0.0106	0.0074	0.0137	0.0121	
w_j	0.1291	0.1151	0.0674	0.0471	0.0872	0.0770	

在经济效率监测指标体系的 3 个指标中，X_8 是指战略性新兴产业的固定资产，其所占的权重最大，为 0.1291。固定资产是经济效率监测指标体系最重要的指标，是投入部分的指标，表明战略性新兴产业在生产投入时期，资产的投入是至关重要的，资产投入比重大的战略性新兴产业，其经济效率会高，反之亦然。

X_{11} 是指战略性新兴产业的营业利润，其权重最小，为 0.0471，衡量的是某个战略性新兴产业的营业产生的利润能力。营业利润是战略性新兴产业的产出部分，理论上如果一个战略性新兴产业的营业利润值越高，该产业的经济效率越高；反之，经济效率越低。从整体上来看，指标体系的权重介于 0.0471～0.1291，权重排前 3 位的指标分别是：X_8 固定资产、X_9 流动资产、X_{12} 工业销售值，其中 2 个为投入指标，1 个为产出指标；排在后 3 位的指标分别是：X_1 平均用工数、X_7 销售费用、X_{11} 营业利润，其中 2 个为投入指标，1 个为产出指标。由此可见，运用熵值法所度量的权重是科学的、符合客观规律的。

2. 战略性新兴产业经济效率评价

电车制造产业是战略性新兴产业综合得分最高的一个产业，电车制造产业是跨类别的产业，既属于新能源汽车产业，又属于高端装备制造业，各省份都在着力布局。

根据表 4-25 的结果计算可知，战略性新兴产业经济效率的平均值为0.832，其中，有 33 个产业高于平均值，另外 16 个产业低于平均值。由此可见，我国各战略性新兴产业的经济效率之间存在着差异并且极不平衡。

整体上看，电车制造产业是排第 1 位的，低速载货汽车制造、有色金属铸造、雷达及配套设备制造、挂车制造、钟表与计时仪器制造等产业分列其后。经济效率综合评价排在后 6 位的产业分别为电子元件制造、基础化学原料制造、电子器件制造、通信设备制造、汽车零部件制造、汽车整车制造，综合评价整体上是符合客观实际的。按照 c 值的大小，本节将 49 个战略性新兴产业分为以下四类。

第一类：$c_i \geq 0.98$，包括电车制造、低速载货汽车制造、有色金属铸造、雷达及配套设备制造、挂车制造、钟表与计时仪器制造 6 个行业，其经济效率属于领先水平，经济效率处于极大超出平均水平的阶段，我国属于该类别的战略性新兴产业有新能源汽车产业、新材料产业、高端装备制造业。这 6 个战略性新兴产业对固定资产投资、科技人才投入、技术引进的转化效率较高，经济生产投入大，产出多，投入要素与产出之间呈现指数型增长关系，产业和科研院所的合作成熟，形成了产学研用的机制，对经济的反馈是长效的、促进的。

第二类：$0.90 \leq c_i < 0.98$，包括中药饮品加工制造、兽用药品制造、印刷专用设备制造、废弃资源和废旧材料回收加工等 22 个战略性新兴产业。投入要素与产出要素成正比，投入要素初期呈现规模效应，后期经济产出十分平稳，其经济效率处于高水平阶段。

第三类：$0.60 \leq c_i < 0.90$，包括通用仪器仪表制造、特种陶瓷制品制造、化学药品原料药制造等 15 个战略性新兴产业，属于经济效率平均水平阶段。这些战略性新兴产业中，有的产业要素投入少，经济效率在战略性新兴产业中的地位不是很重要，导致经济效率水平一般。经济产出和引进技术转化为生产力是这部分战略性新兴产业的瓶颈，导致其经济产出与其经济投入不相匹配。

第四类：$c_i < 0.60$，包括电子元件制造、基础化学原料制造、电子器件制造、通信设备制造、汽车零部件制造、汽车整车制造 6 个战略性新兴产业，属于低水平经济效率。主要是由战略性新兴产业的固定资产投入少、研发资金不足、创新环境缺失和科技人才流失等原因导致的。

表 4-25　战略性新兴产业经济效率评价表

产业	综合值	排序	产业	综合值	排序
电车制造	0.9962	1	涂料油墨颜料及类似产品	0.9148	26
低速载货汽车制造	0.9953	2	环境污染防治专用设备制造	0.9144	27
有色金属铸造	0.9951	3	玻璃制品制造	0.9066	28
雷达及配套设备制造	0.9861	4	通用仪器仪表制造	0.8983	29
挂车制造	0.9856	5	特种陶瓷制品制造	0.8644	30
钟表与计时仪器制造	0.9815	6	化学药品原料药制造	0.8625	31
中药饮品加工制造	0.9798	7	航天器设备制造	0.8625	32
兽用药品制造	0.9796	8	视听设备制造	0.8349	33
印刷专用设备制造	0.9783	9	风能发电机装备制造	0.8309	34
废弃资源和废旧材料回收加工	0.9696	10	光纤、光缆制造	0.7887	35
专用仪器仪表制造	0.9654	11	中成药生产制造	0.7707	36
稀有稀土金属冶炼	0.9651	12	冶金专用设备制造	0.6862	37
光学仪器制造	0.9646	13	化学药品制剂制造	0.6825	38
电子和电工机械专用设备制造	0.9643	14	专用化学用品制造	0.6775	39
耐火材料制品制造	0.9569	15	计算机制造	0.6747	40
广播电视设备制造	0.9547	16	有机肥料及微生物肥料制造	0.6657	41
改装汽车制造	0.9525	17	有色金属压延加工	0.6633	42
玻璃纤维和玻璃纤维增强塑料制品制造	0.9518	18	合成材料制造	0.6443	43
生物化学农药及微生物农药制造	0.9467	19	电子元件制造	0.5715	44
金属加工机械制造	0.9466	20	基础化学原料制造	0.4947	45
光学玻璃制造	0.9457	21	电子器件制造	0.4744	46
生物医疗仪器设备及器械制造	0.9363	22	通信设备制造	0.4127	47
有色金属合金制造	0.9361	23	汽车零部件制造	0.3213	48
石墨及非金属制品制造	0.9212	24	汽车整车制造	0.2651	49
生物药品制造	0.9185	25			

从实证结果可以看出，电车制造与汽车零部件制造、汽车整车制造的发展存在极大差距，电车制造作为智能制造时代的先驱，发展迅速，但是其配套产业发展滞后，汽车零部件产业在2010—2018年工业增加值上升了10%，汽车整车制造产业工业增加值上升了5%，发展略显滞后。

表 4 - 26　战略性新兴产业经济效率格局

战略性新兴产业	产业数量	产业类型	产业数量
新一代信息技术产业	1	平均水平	1
高端装备制造产业	15	领先水平	3
		高水平	5
		平均水平	4
		低水平	3
新材料产业	13	领先水平	1
		高水平	8
		平均水平	4
生物产业	11	高水平	5
		平均水平	5
		低水平	1
新能源汽车产业	5	领先水平	2
		高水平	1
		低水平	2
新能源产业	1	平均水平	1
节能环保产业	2	高水平	2
数字创意产业	1	高水平	1

　　表 4 - 26 给出了战略性新兴产业各层次经济效率水平的产业数量。高端装备制造产业的经济效率平均为 0.842，有 50％以上的战略性新兴产业经济效率高出平均水平。制造业作为立国之本、兴国之器、强国之基，是国民经济的主体，其经济效率代表着整个制造业的发展质量，从实证结果来看，高端装备制造产业在逐步实现高质量发展的目标，这正是战略性新兴产业发展的重要目的之一。

　　新一代信息技术产业、新能源产业的经济效率处于平均水平；节能环保产业、数字创意产业的平均经济效率分别为 0.941、0.912，其处于高水平；新材料产业、生物产业的平均经济效率分别为 0.892、0.791，二者处于平均水平；新能源汽车产业的平均经济效率最低，是战略性新兴产业中差异最大的产业，其中，电车制造、低速载货汽车制造经济效率分别为 0.992、0.991，处于行业领先水平，汽车零部件制造、汽车整车制造分别为 0.321、0.261，处于行业低水平。差异产生的主要原因是新能源汽车依赖政府补贴，规模化生产的新能源汽车技术尚未成熟，新能源汽车市场波动极大、市场认同度较低。可以说，新能源汽车产业是战略性新兴产业中风险最大的产业。

4.5.4　结论及对策建议

1. 结论

本节运用熵权 TOPSIS 方法对战略性新兴产业经济效率的评价指标体系进行了指标权重测度，然后利用理想值法对战略性新兴产业目录中的 49 个产业进行了排名分析，得出如下结论：第一，新能源汽车产业的经济效率整体平均最低；高端装备制造产业、新材料产业、生物产业、新一代信息技术产业、新能源产业的经济效率处于平均水平；节能环保产业、数字创意产业的经济效率处于高水平。第二，新能源汽车产业是战略性新兴产业中风险最大的产业，新能源汽车上下游产业链经济效率悬殊，电车制造产业经济效率最高，但是相配套的汽车零部件制造产业、汽车整车制造产业经济效率最低。第三，高端装备制造产业经济效率较高，较好地实现了制造业高质量发展的目标，较好地匹配了"中国制造 2025"的发展愿景。第四，战略性新兴产业的投入较大，尤其是销售费用过高，需要进行成本优化。

2. 提升战略性新兴产业经济效率的对策

根据战略性新兴产业经济效率的测算结果及行业比较分析，为提升其经济效率，推动战略性新兴产业实现高质量、高效率发展和建设现代化经济体系，针对性地提出以下对策建议。

（1）加大政府扶持强度和管理力度

战略性新兴产业的高技术性、知识性、高附加价值等特点，都决定了其必然存在技术创新风险大、研发投入成本高、正外部性等问题，因此，政府在加大对战略性新兴产业扶持的同时，也应逐步完善合理有效的政府补贴管理体系，不断加大管理力度，使政府补助发挥应有的促进作用，着力加强技术创新、技术引进，加快建设创新型国家。首先，坚持实施精准的产业扶持政策，根据地区差异、政策导向、资源优势等，有针对性地选择重点发展产业，制定合理的政府扶持政策。其次，应加强政府补贴信息的监督与管理机制，制定公开透明的信息披露制度，同时加强对战略性新兴产业政府补贴相关信息的披露和监督，提升政府补贴资金的使用效率和资源配置效率，发挥政府扶持对于战略性新兴产业发展的正向促进作用。

（2）增强专利保护及科技创新意识

创新是驱动经济发展的第一动力，对于战略性新兴产业而言，其产业特点决定了技术创新能力、产品研发、工艺改进等对于其经济效率的提升有着至关重要的作用。因此，首先，应加强专利申请和专利保护政策的支持力度，增强知识产权保护意识，鼓励自主创新和再创新相结合，激发创新活力，突破制约生物医药、新材料、新能源等产业发展的核心技术限制。其次，建立科技创新发展平台、协同发展平台等，发挥技术创新的引领作用，增加创新活力，加强信息互通、资源共享和成果的转化及应用，增加现代科技的高附加值，提升生产设备、劳动力和厂房等资源的利用效率等。最后，建立健全反映战略性新兴产业技术创新发展状况的统计指标和制度，以及相关的技术创新评价、评估、激励机制等，完善战略性新兴产业的技术创新发展体系建设。

（3）提升人力资本存量和质量

"人才资源是第一生产力"，人力资本是凝结在人身上的最具有经济价值的知识、经验、能力等的总和，是一个企业发展的根本所在。战略性新兴产业的知识技术含量高、发展潜力大、带动作用强等特性决定了其人力资本投入的重要性，特别是员工的综合素质和专业技术水平对企业的技术效率、技术进步率等都有十分重要的影响。因此，我国战略性新兴产业应强化产业人才支撑战略，深化新兴产业的专业人才发展体制机制改革，完善人才激励机制，不断激发其创新活力和创造潜能。此外还要培养和吸引优秀的一线工人、中层管理人员等，建立合理的具有新兴产业发展特色的工人等级晋升制度体系，以及完善的管理体系，培育新时代的优秀劳动者，提高人力资本的存量和质量并重。

（4）鼓励企业发展规模经济

如果战略性新兴上市公司企业的规模过小，可能会导致过度竞争，造成资源浪费，降低企业的创新动力和效率；过度的兼并、联合，扩大企业规模或者增加市场占有率，也会造成资源的不合理配置、企业的管理水平低下、管理体系不健全等，无法形成规模经济。因此，应充分考虑战略性新兴企业和整体产业的发展现状。一方面，选择一批具有竞争力的龙头企业、重点企业培育大型企业集团，或者通过合理的兼并、收购、联合扩大企业的发展规模，促进其形成规模经济。另一方面，结合战略性新兴产业的上下游，鼓励形成产业链发展和集聚发展优势，不仅可以合理配置人才、技术、固定资产等资源，还能够提升战略性新兴产业的规模效率、技术效率。

（5）提高产业资源配置能力

战略性新兴产业的资源配置效率、管理水平、生产要素的利用效率等因素会在不同程度上影响经济效率的发挥。故而，必须坚持供给侧改革和深化经济体制改革。首先，消除制度性障碍，如关税和非关税壁垒等，推动政府的制度创新，提高公共服务能力和服务水平，并通过市场竞争来提高企业合理配置资源的能力。其次，优化产业发展结构，促进产业升级，全面推进三网融合发展，进一步放开基础信息技术、物联网、大数据的共享平台，深化战略性新兴产业的体制改革和结构优化，推动产业集群发展、协同发展、共享发展。最后，建立相关的评价指标对资源利用情况、资源配置能力进行评价，完善产业资源管理机制体制，明确战略性新兴产业资源配置存在的问题，进而优化企业、产业的资源配置，促进其产业结构的优化升级和产业发展效率的提高。

第5章　贸易效率与贸易潜力研究

在开放经济条件下，对外贸易是服务于工业化和国民经济发展的重要手段，其经济效益的高低直接影响其服务作用的发挥程度。经济效益是对外贸易活动追求的目的，只有取得高水平的经济效益才能保证对外贸易最大限度地促进国民经济发展。通常来说，贸易效率和贸易潜力是衡量一国对外贸易经济效益或者开放经济效率的重要指标。随着中国经济发展进入新常态，经济增长下行压力增大，作为国际贸易活动中的重要主体，中国更应注重其对外贸易活动中的效率及潜力问题。

在国际贸易领域中，引力模型是测算贸易效率和贸易潜力最常用的方法，被广泛应用于测算贸易潜力、鉴别贸易集团的效果、分析贸易模式以及估计贸易壁垒的边界成本等领域，并较好地解释了现实中观察到的一些经济现象（盛斌和廖明中，2004）。在劳奇（Rauch，1999）看来，引力模型甚至已经成为解释国际贸易模式标准的，也许是唯一有效的模型。尽管如此，由于传统引力模型是设立在无摩擦贸易与冰山成本的原假设之上，因而在实证分析中，未能考虑到人为非效率因素对贸易产生的影响，这导致贸易潜力的估计存在误差[阿姆斯特朗（Armstrong），2007]。基于该背景，随机前沿方法被引入引力模型中，在保证潜力估计准确性的同时，用贸易非效率项吸收那些限制或促进贸易的主观因素，不仅解决了贸易阻力问题，还能精确地测算贸易阻力。

从目前的研究进展来看，已有学者开始注意到随机前沿引力模型在研究双边贸易效率和双边贸易潜力问题上的优越性，并对中国对外贸易的效率和潜力进行了分析。从国别视角来看：张燕和高志刚（2015）研究发现，中国对澳洲双边贸易效率明显高于出口效率，中对澳的出口潜力远大于中澳双边贸易潜力。谢文心（2017）认为中蒙两国经济结构具有典型的互补性特征，双方经贸发展不仅带动了蒙古国经济，同时还促进了中国产业升级。林玲等（2018）基于随机前沿引力模型，以中美两国贸易效率和潜力为重点，深入分析了中美两国贸易关系。从区域视角来看：贺书锋等（2013）分析发现中国对环北极航道国家间的出口效率高于进出口效率，北极航道开通使中国对航道受益国家的出口和进出口潜力产生显著促进作用。刘海云和聂飞（2015）研究表明，中国对金砖国家的出口高度依赖于供需方经济规模，外部冲击可能导致对中国出口产品需求疲软。屠年松和李彦（2016）指出，中国应从自贸区建设、海上丝绸之路建设和区域经济一体化三个方面着手，进一步提高中国与东盟国家双边贸易效率并释放贸易潜力。方英和马芮（2018）基于随机前沿引力模型，考察了中国对"一带一路"沿线国家文化贸易潜力及影响因素，研究指出除传统引力模型中的自然因素外，关税、自由贸易协定安排、进口清关时间等人为因素也是影响中国文化产品出口效率的重要因素，中国对"一带一路"沿线国家文化产品的出口具有显著的区域特征。此外，也有学者从中国地方经济发展的角度分析中国对外贸易的效率与潜力情况。李豫新和杨萍（2015）研究表明，新疆对周边国家农产品出口潜力大小呈国别差异，关税壁垒、贸易便利化水平及政体民主环境阻碍了新疆农产品出口贸易。

以往研究为我们对中国贸易效率、贸易潜力及拓展贸易潜力进行动态演进分析提供了很好的借鉴。基于此，本章以中国与主要贸易伙伴为研究样本，在综合分析双边贸易现状和贸易竞争性与互补性基础上，采用随机前沿引力模型，对中国贸易效率与贸易潜力情况进行实证分析，在测算中国贸易效率、贸易潜力及拓展贸易潜力的基础上，尝试对中国贸易效率、贸易潜力及拓展贸易潜力进行动态演进分析，期望通过较为严密的实证研究，为中国扩大对外开放和实现中国对外贸易升级提供依据与参考。

5.1 中国与拉美国家贸易效率及贸易潜力研究

近年来，随着中国与拉美国家[①]经济迅速发展及各方面综合实力的显著提升，中拉双边在政治、经济等各领域的交流合作关系日益紧密。一方面，中拉双边经贸关系的良好发展对中拉双方的经济发展均产生有利的推动作用，研究中拉双边的贸易效率，针对当前中拉双边贸易存在的问题提出具体的提高双边贸易效率的对策建议，对于巩固中拉双边经贸关系，深化双方合作交流具有积极作用。另一方面，在逆全球化的大背景下，国际上中美贸易摩擦也在愈演愈烈，在变化莫测的国际政治舞台上，未来阶段的国际贸易形势将会更加严峻。在此背景下，加强中拉双边的贸易联系，进一步发掘拉美国家的贸易潜力，开

---

① 由于拉美国家数量众多，所以本节主要研究与中国贸易频繁的几个国家，如哥伦比亚、巴西、墨西哥、智利、秘鲁、哥伦比亚、阿根廷、安提瓜和巴布达、巴哈马、伯利兹、厄瓜多尔、委内瑞拉和乌拉圭。

拓国际市场尤为重要。因此，在对中拉双边贸易现状进行分析的基础上，计算、分析中拉贸易互补性指数、结合度指数以及强度指数，结果表明中国—拉美贸易合作紧密；运用综合指数法和经改进的随机前沿引力模型相结合的方法，测算中国—拉美综合指数及中国—拉美贸易效率，估算中国—拉美贸易潜力；深入剖析影响中拉双边贸易效率的影响因素，对中拉双边在贸易过程中存在的具体问题提出有针对性的对策建议，对于中国对外经济与贸易的平稳发展具有理论和现实意义。

5.1.1　文献综述与问题的提出

1. 对贸易效率的研究

尼尔森（2000）测算贸易效率的首要任务是确定贸易潜力的大小。在关于贸易潜力测算这一问题上，国内外大部分学者均采用贸易引力模型以及随机前沿模型。传统的引力模型秉持的观点是，贸易规模的决定因素主要是贸易伙伴双边经济规模以及经济体间的物理距离。贸易引力模型来源于著名的万有引力定律，在此之后经济学家丁伯根（Tinbergen，1962）和波约宁（Poyhonen，1963）首次将引力模型引入国际贸易理论之中，其研究结果显示，贸易伙伴国双边的贸易量与其经济规模成正比，与经济体间的物理距离成反比。福克斯和沃尔拉贝（Fuchs & Wohlrabe，2005）同样借助引力模型先后利用横截面数据以及面板数据进行实证分析，研究表明，新加入的成员国对于欧盟标准框架的协同给传统成员国带来的是更进一步的贸易潜力。巴诺（Bano，2010）借助于面板数据、贸易潜力指数进行研究，结果表明经济一体化这一因素对东盟国家和新西兰等国家和地区的贸易行为具有显著的正面影响。而对于时间序列模型的分析，阿姆斯特朗（2007）提出了用短时间内无法改变的客观因素作为测算贸易潜力的变量，将人为可变的因素作为分析贸易现象的变量。布汉米（Boughanmi，2008）认为，海湾国家之间的贸易规模近年来并没有发生明显的变化，造成这一现象的原因是该组织成立初的十年间就已经实现了最大的贸易潜力。考尔和兰达（Kaur & Nanda，2010）运用 1981－2005 年的面板数据，对印度和南亚区域合作联盟国（South Asian Association for regional co-operation，以下简称 SAARC）贸易双边出口潜力进行量化分析，结果表明印度与尼泊尔、不丹等国家存在较大的贸易潜力，由于印度与这些国家共享同一个边界，故这些国家可以凭借先天优越的地理条件，消除贸易壁垒带来的不利影响，扩大与 SAARC 国家的出口。汗等（Khan et al.，2013）在分析 1990－2010 年面板数据的基础上，对巴基斯坦与其主要贸易伙伴国之间的双边贸易流量进行了估计，传统变量如 GDP、地理距离的影响十分显著，且与预期方向一致，但文化相似度与贸易流量之间呈现出显著的负相关关系，说明巴基斯坦与土耳其、日本之间存在尚未开发的贸易潜力。罗佩托（Roperto，2014）对菲律宾货物贸易的出口潜力、技术效率和国家集团的影响因素进行研究，结果表明，进口来源国的居民收入水平及市场规模对菲律宾出口贸易量存在显著正向影响。

国内学者邢小军等（2011）通过对 DEA 模型的运用，对农产品的贸易效率问题进行了实证研究，发现中国农产品的贸易效率存在偏低的问题，究其原因是中国农产品的流通能力相对较弱；航空、农产品附加值较低、初级教育水平低等因素是导致农产品国际贸易效率低下的关键原因。张文琪（2015）选取了包括拉美和中国主要贸易伙伴国共计 50 个国家的贸易数据，测算出拉美七国以及拉美整体的贸易潜力指数，显示从总出口或者工业制成品出口角度来看，中国与拉美国家的出口贸易仍然存在一定的发展空间。张燕（2015）选取 2008－2013 年的面板数据，运用改进的随机前沿引力模型，对中澳双边贸易效率进行了估计，从贸易通道、制度安排及经贸合作领域三个层面提出了具体的针对中澳双边贸易的对策建议。陈创练等（2016）整理了来自全球 85 个国家和地区 1995－2012 年的贸易多样化、集中化以及互补指数，运用随机前沿方法（SFA）对各国的贸易效率和贸易潜力进行分解和测算，结果显示，世界范围内各国的贸易效率不断提高，非 OECD 国家或地区的贸易效率相对较高，贸易潜力也呈现出逐年上升的态势，OECD 成员国的贸易潜力增幅比非 OECD 成员国要大。此外，贸易多样化程度与贸易效率抑或贸易潜力之间均呈现出反方向关系，而贸易集中化程度则呈现出正相关关系。值得注意的是，贸易多样化、集中化以及互补指数对要素投入所产生的贡献却并不显著。徐锦波（2017）通过对 2010－2014 年的数据进行实证分析，得出非效率因素是制约贸易效率的影响因素的结论；中国与"一带一路"各国间的贸易效率呈现出两极分化的态势，提高中国与"一带一路"沿线国家之间的贸易效率，不仅需要促进双边企业对贸易相关方市场更深入的了解，还需要完善"一带一路"沿线的运输通道以及重要的基础设施建设，深化与周边国家各领域合作，有效减少贸易壁垒。曹安等（2018）对中国与"一带一路"沿线国家的农产品出口贸易效率及潜力进行测算，从开展自贸区谈判、采取多元化战略、完善丝路大通道三个方面提出促进中国农产品出口的对策建议。结果显示人均 GDP、人口数量对中国农产品出口具有正向影响，地理距离具有负向影响；政治稳定性指数、贸易及相关基础设施质量指数是阻碍中国农产品出口的因素；清关效率、贸易自由度指数和是否签订自贸协定是扩大中国农产品出口贸易的主要因素，中国与"一带一路"沿线国家之间存在着不同的贸易潜力。

2. 对贸易效率影响因素的研究

传统上，通常用经济、人口、距离等普通变量来对贸易情况进行解释。国外学者康和弗拉蒂纳尼（Kang & Fratinani，2006）认为一般的引力模型在对贸易进行解释的过程中，没有涉及管理成本、基础设施以及投入利用率等相对来说比较难以衡量的因素，这样就导致最终的估计结果存在一定程度的偏误。贝洛克（Belloc，2006）认为，一直以来，现实贸易额与理论贸易额之间的关系始终没有被完全解释，说明对于贸易效率影响因素的传统研究在某种程度上存在着不完整性；制度因素直接或间接地作用于生产效率和贸易成本进而对一国的竞争力产生影响，最终衍生出比较优势。随着进一步的深入探索，研究范围的不断扩大，研究者开始关注更多的影响因素。关于现实与理论之间存在的距离的解释，由对于客观因素的分析转变为对政府支出、基础设施建设等人为可调节的具有主观性因素的分析，甚至包括贸易双边的文化交流、双边在政治上存在的距离等指标。例如，吴（2003）将贸易影响的各种因素分为要素投入和环境因素两大类，环境因素即为随机前沿分析中所涉及的贸易非效率因素。德赖斯代尔等（Drysdale et al.，2000）搜集整理了 57 国的截面数据，对其进行实证分析，同时测算出了各个国家的贸易效率，认为关税的下调以及经济自由度的提升均可以促进贸易效率的提高。安德森和马库耶（Anderson & Marcouiller，2000）通过简单的线性回归，探究政府决策程序的透明度和合同实施过程中的公平性对贸易造成的影响，结果表明，不完善的制度以及关税均对贸易发展造成显著的阻碍作用，如果不将制度因素加以考虑势必会使引力模型的估计存在误差。林德斯等（Linders et al.，2004）通过对全球治理指标的分析来衡量一国的制度完善程度，发现制度的完善程度与贸易的发展呈正相关，通常情况下，大部分国家都倾向于选择制度背景相似的国家进行贸易。阿姆斯特朗（2007）提出用短时间内无法改变的客观因素作为测算贸易潜力的变量，将人为可变的因素作为分析贸易现象的变量。汗等（2013）通过对 1990—2010 年的面板数据进行分析，进而估计巴基斯坦与其主要贸易伙伴的双边贸易流量；对于传统引力模型的常规变量，如 GDP、距离等都显著，文化相似度则与贸易流量呈现出负相关关系；巴基斯坦与土耳其、日本、伊朗、印度和马来西亚的贸易潜力有很大的发掘空间。

国内学者李广众等（2004）首次在引力模型中加入汇率这一解释变量，研究汇率的错位及汇率波动对贸易造成的影响，发现汇率错位对于贸易出口产生严重的负面作用，汇率变化对于不同产业或者不同国家都会有不同的影响。孙霄娜和宋逢明（2008）发现汇率的波动对不同国家的贸易产生的影响存在差异。张宝友（2009）发现物流发展得越快，贸易增长越快，两者呈现出明显的正向关系。鲁晓东和赵奇伟（2010）参照康和弗拉蒂纳尼的做法，研究中国1990—2006年贸易影响因素发现贸易潜力的测算与贸易影响因素具有紧密联系。谢孟军和王立勇（2013）对国家的经济制度与中国外贸发展二者存在的关系进行验证，发现中国更加倾向于选择经济自由指数高的国家进行贸易合作。万伦来和高翔（2014）探究了文化、制度和经济体间的物理距离与中国对外贸易之间的关系，结果显示这三种因素均对贸易合作产生阻碍作用，其中文化的影响程度最重。宋一淼等（2015）通过文化评价指标这一变量来分析文化差异与中国外贸之间的关系，发现文化差异对贸易产生负向影响，但不同层面的差异对贸易产生的影响也不同。谭秀杰和周茂荣（2015）通过对海上丝绸之路典型国家的研究发现，商签自由贸易协定、关税下调以及物流设施的完善对于缩小理论与现实贸易额之间的差距有显著的影响。

3. 研究评价与问题的提出

从上述研究可知，现有文献研究中国与拉美国家贸易效率的成果不多，并且研究贸易潜力时大多采用引力模型或者随机前沿模型，主要针对某个具体国家对其出口对象的贸易潜力进行研究，或者是针对某一地区内各国相互之间的贸易潜力，研究领域相当广泛，甚至包括服务出口贸易以及农产品的出口贸易。这些文献为研究双边贸易效率起到了重要作用，为研究贸易效率提供了详细的研究方法和思路。本节运用便于测算的随机前沿分析方法模型，测算中国与拉美国家的贸易效率和贸易潜力，并且对影响中拉双边贸易效率的影响因素进行深入分析。本节数据来自联合国商品贸易统计数据库（以下简称 UN Comtrade 数据库）。

5.1.2　中国与拉美国家贸易现状分析

1. 贸易规模分析

中拉贸易发展迅速，贸易规模日益扩大。

从图5-1中可以看出，中拉进出口贸易在2005—2018年期间整体上都是逐年增长，2018年进出口总额甚至突破3000亿美元。2005年和2008年至2010年中国出口额都略小于中国进口额，2011年到2017年中国出口额大于进口额，2018年中国进口额大于出口额，并且进出口差距达到123亿美元。

2. 贸易结构分析

（1）国别结构

关于中国与拉美地区各个国家的具体贸易情况的研究分为三个方面：中国进口国别结构、中国出口国别结构、中国进出口总额国别结构。

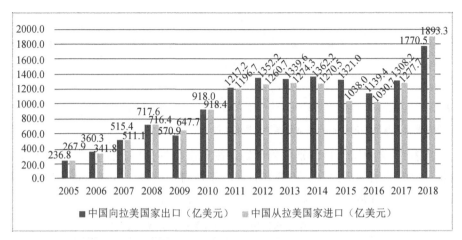

图5-1　2005—2018年中国与拉美国家进出口贸易总额

数据来源：根据 UN Comtrade 数据库整理而得。

从表5-1进口国别结构分析可知，中国从拉美各个国家进口的情况差异巨大。按照贸易进口总额来进行排序，2018年巴西、智利和秘鲁为我国从拉美15个国家进口额的前三位，占比分别为49.45％、17.31％、9.75％；巴西、智利、秘鲁和墨西哥是中国从拉美国家进口的主要地区。

表5-1　中国进口国别结构（单位：万美元、%）

国家	2018		2017		2016		2015		2014	
	金额	比重	金额	比重	金额	比重	金额	比重	金额	比重
巴西	7714173	49.45	5885715.5	46.67	4585504.7	45.17	4408935.8	43.42	5165322.5	41.49
安提瓜和巴布达	4.5	0.00	0.8	0.00	3.7	0.00	0.6	0.00	3.8	0.00
阿根廷	351806.1	2.26	475422.7	3.77	511809.6	5.04	571747.6	5.63	524694.4	4.21
巴哈马	1287.7	0.01	2100.9	0.02	5160.3	0.05	2436.5	0.02	18.0	0.00
伯利兹	25.6	0.00	41.3	0.00	93.5	0.00	178.6	0.00	727.2	0.01
玻利维亚	33152.6	0.21	35457.7	0.28	32608.9	0.32	44382.5	0.44	49256.6	0.40
智利	2699981	17.31	2117553.2	16.79	1860496.4	18.33	1843896.2	18.16	2098587.6	16.85
哥伦比亚	590231.2	3.78	388543.9	3.08	254463	2.51	354514.1	3.49	759889	6.10
哥斯达黎加	77635.1	0.50	79162.1	0.63	69741.3	0.69	82596	0.81	418626.9	3.36
厄瓜多尔	198954.1	1.28	112773.8	0.89	93992.2	0.93	123844.9	1.22	106451.2	0.85
萨尔瓦多	16470.3	0.11	11637.1	0.09	4583.1	0.05	5376	0.05	1047.2	0.01
墨西哥	1405430	9.01	1180324	9.36	1032473.6	10.17	1002751.7	9.87	1117341.8	8.97

国家	2018		2017		2016		2015		2014	
	金额	比重	金额	比重	金额	比重	金额	比重	金额	比重
秘鲁	1521311	9.75	1336737.4	10.60	949080.8	9.35	794992	7.83	814087.2	6.54
乌拉圭	255870.5	1.64	265021.7	2.10	194810.1	1.92	241054	2.37	262909.4	2.11
委内瑞拉	733402.9	4.70	721992.2	5.72	556281.9	5.48	677771.4	6.67	1132005.4	9.09

数据来源：根据 UN Comtrade 数据库计算整理而得。

从表 5-2 中国出口国别结构可知，按照出口额排序，2018 年拉美国家排名前三位的分别为墨西哥、巴西和智利。墨西哥、巴西、智利、哥伦比亚、阿根廷和秘鲁一直是中国在拉美国家主要的贸易出口国。

表 5-2 中国出口国别结构（单位：万美元、%）

国家	2018		2017		2016		2015		2014	
	金额	比重	金额	比重	金额	比重	金额	比重	金额	比重
巴西	3373154	25.94	2895053.8	25.62	2197615.3	21.42	2741222.5	24.53	3489013.4	29.88
安提瓜和巴布达	5480.3	0.04	4487	0.04	13343.1	0.13	5307	0.05	17236.3	0.15
阿根廷	841845.3	6.47	906721.1	8.02	720083.8	7.02	880510.6	7.88	767982.9	6.58
巴哈马	47401.9	0.36	27849.3	0.25	35949.4	0.35	158537.2	1.42	74287.3	0.64
伯利兹	9259	0.07	8724.7	0.08	8996.7	0.09	7849.7	0.07	9586.1	0.08
玻利维亚	83602.8	0.64	72917.3	0.65	609870	5.95	56884.6	0.51	70594.1	0.60
智利	1591633	12.24	1440984.9	12.75	1280283.4	12.48	1329032.3	11.89	1301750.1	11.15
哥伦比亚	874028.2	6.72	743975	6.58	675237.3	6.58	758079.2	6.78	804333.4	6.89
哥斯达黎加	166426.5	1.28	149508.3	1.32	149467.6	1.46	133067.1	1.19	110953.8	0.95
厄瓜多尔	371993.5	2.86	296320.1	2.62	225710.3	2.20	289141.6	2.59	324513.9	2.78
萨尔瓦多	92928	0.71	77255.2	0.68	77199.8	0.75	72668.5	0.65	60189.3	0.52
墨西哥	4412945	33.94	3590539	31.77	3235665.2	31.54	3379175.5	30.24	3225538.6	27.62
秘鲁	810165	6.23	695886.5	6.16	598977.7	5.84	635497.4	5.69	610084.1	5.22
乌拉圭	207125.6	1.59	215152.4	1.90	177273.1	1.73	196056.5	1.75	245849	2.11
委内瑞拉	114653.9	0.88	174640.1	1.55	251891.3	2.46	531577.2	4.76	565742.1	4.84

数据来源：根据 UN Comtrade 数据库计算整理而得。

从表 5-3 中国进出口总额国别结构可知，巴西、墨西哥、智利、秘鲁对中国的进出口总额在拉美国家排前四位，2018 年占中国与拉美 15 国进出口总额比重分别为 38.76%、20.34%、15% 和 8.15%。说明在拉美国家，巴西、墨西哥、智利和秘鲁是中国主要的贸易伙伴国，并且在中拉贸易中，拉美各国差距较大，中国可向其他市场开拓。

表 5-3　中国进出口国别结构（单位：万美元、%）

国家	2018		2017		2016		2015		2014	
	金额	比重	金额	比重	金额	比重	金额	比重	金额	比重
巴西	11087327	38.76	8780769.3	36.72	6783120	33.24	7150158.3	33.52	8654335.9	35.87
安提瓜和巴布达	5484.8	0.02	4487.8	0.02	13346.8	0.07	5307.6	0.02	17240.1	0.07
阿根廷	1193651	4.17	1382143.8	5.78	1231893.4	6.04	1452258.2	6.81	1292677.3	5.36
巴哈马	48689.6	0.17	29950.2	0.13	41109.7	0.20	160973.7	0.75	74306.1	0.31
伯利兹	9284.6	0.03	8766	0.04	9090.2	0.04	8028.3	0.04	10313.3	0.04
玻利维亚	116755.4	0.41	108375	0.45	642478.9	3.15	101267.1	0.47	119850.7	0.50
智利	4291615	15.00	3558538.1	14.88	3140779.8	15.39	3172928.5	14.88	3400337.7	14.09
哥伦比亚	1464259	5.12	1132518.9	4.74	929700.3	4.56	1112593.2	5.22	1564222.4	6.48
哥斯达黎加	244061.6	0.85	228670.4	0.96	219208.9	1.07	215663.1	1.01	529580.7	2.19
厄瓜多尔	570947.6	2.00	409093.9	1.71	319702.5	1.57	412986.5	1.94	430965.1	1.79
萨尔瓦多	109398.3	0.38	88892.3	0.37	81782.9	0.40	78044.5	0.37	61236.5	0.25
墨西哥	5818375	20.34	4770863	19.95	4268138.8	20.91	4381927.2	20.54	4342880.4	18.00
秘鲁	2331476	8.15	2032623.9	8.50	1548058.5	7.59	1430489.4	6.71	1424172	5.90
乌拉圭	462996.1	1.62	480174.1	2.01	372083.2	1.82	437110.5	2.05	508758.4	2.11
委内瑞拉	848056.8	2.96	896632.7	3.75	808173.2	3.96	1209348.6	5.67	1697747.5	7.04

数据来源：根据 UN Comtrade 数据库计算整理而得。

（2）产品结构

中国和拉美国家各自都具有较强的比较优势，比如机电产品是中国出口到拉美国家的主力产品，占拉美国家进口产品的大部分，说明我国生产的机电产品在拉美市场上拥有比较优势，其次还有化工产品和运输设备；而我国主要进口拉美国家的初级产品、矿产品、动植物产品，拉美国家具有丰富的自然资源，所以各种原料是拉美国家出口的主要类别。这是我国在现阶段经济发展中所需要的。

5.1.3　基于综合指数的中国与拉美国家的贸易关系测算

1. 中拉贸易互补性指数

贸易互补性指数（Trade Complementarity Index，以下简称 TCI 指数）是用来衡量贸易主体之间产品的互补程度，比如 A 国家出口的产品为 a，B 国家需要进口的产品为 a，A、B 国家之间的互补性就大，随之贸易关系就密切，反之亦然。通过计算 TCI 的值，可以较为直观地得到国家之间的贸易关系，根据 TCI 值的大小可以得知不同国家之间的贸易关系密切程度以及互补性大小。TCI 的计算公式如下所示：

第 k 类贸易产品的互补性指数计算公式如下：

$$TCI_{ij}^k = RCA_{xi}^k \times RCA_{mj}^k \qquad (5-1)$$

$$RCA_{xi}^k = (EX_i^k / EX_i) / (EX_w^k / EX_w) \qquad (5-2)$$

$$RCA_{mj}^k = (IM_j^k / IM_j) / (EX_w^k / EX_w) \qquad (5-3)$$

上述公式中，RCA_{xi}^k 表示国家 i 在 k 类产品上的出口比较优势，RCA_{mj}^k 表示国家 j 在 k 类产品上的进口比较优势，TCI_{ij}^k 表示 k 类产品在国家 i 出口与国家 j 进口上的贸易互补性指数。

RCA_{xi}^k、RCA_{mj}^k 分别表示在 k 产业上，用出口反映的 i 国的现行比较优势和用进口来反映的 j 国的比较劣势，EX_i^k、EX_w^k 分别代表在 k 类产品中，i 国以及全世界的出口数额，EX_i、EX_w 分别代表 i 国的所有产品出口数额和全世界所有的出口数额，IM_j^k、IM_j 表示 j 国在 k 类产品上的进口额、j 国所有产品进口总额。

2. 中拉贸易互补性分析

国际贸易标准分类法也叫作 SITC 分类法，根据加工程度和用途将产品分为初级产品和工业制成品。

初级产品包括：类别 0 食品和活禽；类别 1 饮料和烟草；类别 2 非食用原料（燃料除外）；类别 3 矿物燃料，润滑剂和原料；类别 4 动物和植物油，油脂和蜡。

工业制成品包括：类别 5 化学成品及有关产品；类别 6 按原料分类的制成品；类别 7 机械和运输设备；类别 8 杂项制品。

表 5-4 2018 年中国与拉美主要贸易国家的贸易互补指数

类别	SITC0	SITC1	SITC2	SITC3	SITC4	SITC5	SITC6	SITC7	SITC8
中—巴	0.43	0.02	0.04	0.01	0.02	1.11	2.17	1.30	2.40
中—墨	0.15	0.01	0.06	0.02	0.00	0.30	0.60	0.59	1.23
中—阿	0.06	0.00	0.03	0.01	0.00	1.80	0.74	1.30	1.73
中—哥	0.09	0.02	0.08	0.01	0.01	0.80	2.01	0.84	1.10
中—智	0.07	0.00	0.02	0.00	1.10	0.63	2.40	0.66	3.99
中—秘	0.04	0.22	0.20	0.00	0.01	0.72	2.54	0.80	1.80

数据来源：根据 UN Comtrade 数据库计算整理而得。

根据贸易互补指数的计算公式得到表 5-4，通过得知中国与拉美六国在工业制成品上的贸易关系更加紧密，互补性更强。

2. 中拉贸易结合度指数

（1）贸易结合度指数的内涵及计算公式

贸易结合度指数（Degree of Trade Combination，以下简称 TCD）是通过计算得到数值，表现出不同国家之间的贸易密切程度。数值越大说明国家之间的贸易关系越密切。贸易结合度的具体表达式如下：

$$TCD_{ij} = (EX_{ij}/EX_i)/(IM_j/IM_w) \tag{5-4}$$

该公式中，TCD_{ij} 代表国家 i 与国家 j 之间的贸易结合度，EX_{ij} 表示国家 i 对国家 j 的出口额，EX_i 表示国家 i 的出口总额，IM_j 表示国家 j 的进口总额，IM_w 表示世界进口总额。TCD_{ij} 越大表明国家 i 与国家 j 的贸易联系越紧密，反之亦然。

（2）中拉贸易结合度分析

本节利用式（5-4）计算出 2016－2018 年中国与拉美六个国家的贸易结合度，来表明中拉贸易联系情况。计算整理得表 5-5。

表 5-5　中国与拉美主要贸易国家的贸易结合度指数

	中－巴	中－墨	中－阿	中－哥	中－智	中－秘
2016	1.28	1.35	1.13	1.45	1.76	1.71
2017	1.41	1.37	1.10	1.47	1.74	1.73
2018	1.53	1.44	1.47	1.64	1.78	1.86
	巴－中	墨－中	阿－中	哥－中	智－中	秘－中
2016	1.89	0.14	0.76	0.36	2.81	2.33
2017	2.08	0.16	0.71	0.50	2.60	2.52
2018	2.49	0.15	0.64	0.90	3.02	2.57

数据来源：根据商务部数据计算整理而得。

由表 5-5 可知在 2016－2018 年间，中国与拉美几个主要贸易国家的贸易结合度指数值均大于 1 并且指数逐年上涨，这说明中国与拉美主要贸易国家的贸易联系紧密并向更紧密方向发展。

3. 中拉贸易强度指数

（1）贸易强度指数的内涵及计算公式

贸易强度指数（Trade Intensity Index，以下简称 TII）用来衡量贸易主体之间的贸易关系的强弱，贸易强度还可以分为进口贸易强度和出口贸易强度。贸易强度指数的数值越大，贸易强度越强。该指数的计算公式如下所示：

$$TII_x = (EX_{ij}/EX_i)/[IM_j/(IM_w - IM_i)] \qquad (5-5)$$

$$TII_m = (IM_{ij}/IM_i)/[EX_j/(EX_w - EX_i)] \qquad (5-6)$$

在公式（5-5）、公式（5-6）中，TII_x、TII_m分别表示出口贸易强度与进口贸易强度，EX_{ij}、EX_i、EX_j分别表示i国对j国的出口额、i国的出口总额、j国的出口总额，同理IM_{ij}、IM_i、IM_j分别表示i国对j国的进口额、i国的进口总额、j国的进口总额，IM_w和EX_w分别表示世界进口贸易总额和出口贸易总额。

（2）中拉贸易强度分析

根据上文中的公式（5-5）、公式（5-6），通过联合国商品贸易数据库查出拉美六个国家从2016年到2018年的数据，从而计算出贸易强度指数，计算结果详见表5-6。

表5-6　中国与拉美主要贸易国家的贸易强度指数

中国出口贸易强度	中—巴	中—墨	中—阿	中—哥	中—智	中—秘
2016	1.15	1.22	1.02	1.30	1.58	1.54
2017	1.26	1.23	0.98	1.32	1.56	1.55
2018	1.37	1.28	1.32	1.47	1.59	1.66
中国进口贸易强度	中—巴	中—墨	中—阿	中—哥	中—智	中—秘
2016	1.60	0.12	0.64	0.31	2.38	1.97
2017	1.77	0.13	0.60	0.43	2.21	2.14
2018	2.13	0.13	0.54	0.77	2.58	2.20

数据来源：根据 UN Comtrade 数据库计算整理而得。

从表5-6可知，除2017年中国与阿根廷的出口贸易强度略小于1之外，2016—2018年中国与拉美主要贸易国家的出口贸易强度指数均大于1，说明中国与拉美国家之间的出口贸易关系强，2016—2018年中国的出口贸易强度指数逐年增长，说明中国与拉美国家的出口贸易关系在日益增强；而中国与拉美主要贸易国家的进口贸易强度指数只有中国与智利、巴西、秘鲁的大于1，中国与阿根廷、墨西哥、哥伦比亚的进口贸易强度指数均小于1，说明中国与哥伦比亚、墨西哥、阿根廷的贸易沟通有待加强，但是总体而言，中国与拉美主要贸易国的进口贸易强度指数逐年上升，贸易关系日益增强。

4. 中拉贸易密切度综合指数构建及结果分析

（1）中拉贸易密切度综合指数构建

将上文中所提出的三个指数的特点相结合，建立一个综合性的指数，能够全面地反映出贸易关系。

①原始数据的搜集与整合，选用2016—2018年，中国与拉美六个国家之

间的贸易数据。评价体系中包含 $n(n=3)$ 项指标，每个指标中包含 $m(m=6)$ 个样本数据，形成 $m \times n$ 阶初始矩阵：

$$X = (x_{ij})_{m \times n} = \begin{pmatrix} x_{11} & \cdots & x_{1n} \\ \vdots & \ddots & \vdots \\ x_{m1} & \cdots & x_{mn} \end{pmatrix}$$

其中 x_{ij} 代表第 j 项贸易指标中的第 i 个观测值，$1 \leqslant i \leqslant m$，$1 \leqslant j \leqslant n$。

②计算第 j 项指标下第 i 个数据所占该指标的比重。

③运用加权平均数，算出三个指标的综合权重 W_j。

结果如表 5 - 7 所示：

表 5 - 7　综合权重

	贸易互补性	贸易结合度	贸易强度
中国出口拉美国家	0.12	0.25	0.24
中国进口拉美国家	0.11	0.40	0.34

数据来源：根据 UN Comtrade 数据库计算整理而得。

④以中国进出口两个角度构建贸易密切度综合指标，对上文的三个贸易指标进行加权求和，得到贸易密切度综合指数：

$$P = \sum_{j=1}^{m} W_j \times X_{ij} \tag{5-7}$$

（2）结果分析

根据式（5 - 7）计算得到贸易密切度综合指数的结果见表 5 - 8。

表 5 - 8　2018 年中国与拉美主要贸易国家密切度综合指数

	中—巴	中—墨	中—阿	中—哥	中—智	中—秘
出口	0.82	0.71	0.76	0.83	0.95	0.95
进口	1.82	0.24	0.52	0.69	2.2	1.86

数据来源：根据 UN Comtrade 数据库计算整理而得。

中国与拉美国家出口贸易的贸易密切度综合指数起伏不大，都在 0.8～0.95 之间，说明中国与拉美国家之间的出口贸易关系相差不大。中国与拉美国家的进口贸易起伏较大，说明拉美国家是中国工业制造品的主要出口地，与拉美几个主要贸易国的贸易关系都较为紧密，中国与拉美各国之间的进口贸易存在较大的差距。

5.1.4　中国与拉美国家的贸易效率与贸易潜力实证研究

1. 随机前沿引力模型及其优化

（1）随机前沿引力模型

随机前沿方法可以反映出技术本身和技术效率。它将随机扰动项分为随机

误差项 v 和非效率项 u 这两个相互独立的部分。

在本质上随机前沿引力模型与生产函数相似，所以我们可以用随机前沿的方法计算、分析和研究贸易主体间的贸易效率，通过贸易效率又可以计算存在的贸易潜力。

采用面板数据，随机前沿引力模型设定如下：

$$T_{ijt} = f(X_{ijt}, \beta) \exp(v_{ijt} - u_{ijt}) \tag{5-8}$$

在式（5-8）中，T_{ijt} 表示 t 时期 i 国对 j 国的出口贸易额，X_{ijt} 代表模型的变量，如贸易主体的经济规模、人口以及开放度等，β 代表待估参数向量，v_{ijt} 代表随机误差，u_{ijt} 代表贸易非效率项。

两边取对数之后得到方程如下：

$$\ln T_{ijt} = \ln f(X_{ijt}, \beta) + v_{ijt} - u_{ijt} \tag{5-9}$$

贸易潜力是理想状态下两国贸易中所能实现的最大贸易总额。贸易潜力表示如下：

$$T_{ijt} = f(X_{ijt}, \beta) \exp(v_{ijt}) \tag{5-10}$$

非效率模型：

$$u_{ijt} = u(Z_{ijt}, \alpha) + \varepsilon_{ijt} \tag{5-11}$$

Z_{ijt} 表示影响非效率项的各种因素，α 为待估系数。

（2）优化后的随机前沿引力模型

将影响贸易的非效率因素 u 放在模型中进行回归，即代入整理式（5-9）和式（5-10），得到式（5-12）表达如下：

$$\ln T_{ijt} = \ln f(X_{ijt}, \beta) + v_{ijt} - [u(Z_{ijt}, \alpha) + \varepsilon_{ijt}] \tag{5-12}$$

本节通过选用优化后的随机前沿引力模型，对中国与拉美主要贸易国家的贸易潜力进行计算。选用是否加入 WTO、经济规模（GDP）、两国距离（Dist）作为模型的变量。

将上述变量代入公式（5-12）中。模型设定如下所示：

$$\ln TIM_{ijt} = \beta_0 + \beta_1 \ln GDP_{it} + \beta_2 \ln GDP_{jt} + \beta_3 \ln Dist_{ij} + \beta_4 \ln OPEN_{jt} + v_{ijt} - \varepsilon_{ijt}$$
$$\tag{5-13}$$

$$\ln TEX_{ijt} = \beta_0 + \beta_1 \ln GDP_{it} + \beta_2 \ln GDP_{jt} + \beta_3 \ln Dist_{ij} + \beta_4 \ln OPEN_{jt} + v_{ijt} - \varepsilon_{ijt}$$
$$\tag{5-14}$$

其中，i 表示中国，j 表示拉美国家，t 代表时期。TIM_{ijt} 与 TEX_{ijt} 分别代表 t 时期中国与 j 国的进口总额和出口总额，GDP_{it} 与 GDP_{jt} 分别代表 t 时期中国与 j 国的 GDP，反映一国经济规模对进出口贸易的影响；$Dist_{ij}$ 表示中国与 j 国之间的距离，反映地理距离因素的影响；$OPEN_{jt}$ 代表 j 国在 t 时期的贸易开放度，贸易开放度是国家 i 从国家 j 进口的贸易总额与在 t 时期国家 i 的

GDP 的比值。v_{ijt} 以及 ε_{ijt} 分别是随机扰动项和残差项。

2. 随机前沿引力模型的检验

在本节对随机前沿引力模型进行两个方面的检验，只有两个方面的检验都通过之后才能保证模型的有效性。第一步先检验贸易非效率项 u 的存在，检验出 u 存在之后，进行第二步，检验 u 是否有时变性。检验计算公式如下：

$$LR = -2[\ln(H_0) - \ln(H_1)] \tag{5-15}$$

根据式（5-15）计算出 LR 的值，将计算出来的 LR 值与临界值进行比较，若 LR 大于临界值，则拒绝原假设；若 LR 小于临界值，则接受原假设。

（1）贸易非效率的存在性检验

贸易非效率项 u 的存在性检验其实是检验随机前沿引力模型是否适用。若非效率项不存在，即 $u_{ijt}=0$，就用 OLS 方法进行回归；若非效率项是存在的，即 $u_{ijt}\neq0$，那么就要用随机前沿方法估计模型。该检验的原假设为：$\gamma=\mu=\eta=0$，备择假设 H_1 即为 H_0 的对立面。若检验接受 H_0，则选用普通的 OLS 回归；若拒绝 H_0，则说明贸易非效率项 u 是存在的，可以用随机前沿引力模型进行研究。其中：

$$\gamma = \sigma_u^2 / (\sigma_u^2 + \sigma_v^2) \tag{5-16}$$

（2）贸易非效率的时变性检验

在确定贸易非效率 u 存在之后，开始检验贸易非效率 u 的时变性，设原假设 H_0 为：$\eta=0$，备择假设 H_1 为：$\eta\neq0$。若接受原假设 H_0，则说明贸易非效率项 u 是非时变的；若拒绝原假设 H_0，说明贸易非效率项 u 具有时变性。

运用 Frontier4.1 软件，对模型进行贸易非效率项 u 的时变性检验，检验结果见表 5-9。

表 5-9 随机前沿引力模型检验结果

	原假设	LR 统计量	自由度	1%临界值	结论
进口模型	无非效率不变	74.3	2	8.27	拒绝
出口模型	无非效率不变	88.2	2	8.27	拒绝

注：LR 统计量服从卡方分布

根据表 5-9 可以得出：在进出口模型中，都拒绝了原假设 H_0，贸易非效率项 u 存在。检验贸易非效率项的时变性，检验结果拒绝原假设 H_0，贸易非效率项具有时变性，因此在中拉贸易研究中可以用时变随机前沿引力模型进行估计。

（3）进出口模型的估计

对中拉进出口贸易随机前沿引力模型进行估计，结果如表 5-10 所示。

表 5 - 10   随机前沿引力模型估计结果

自变量	进口模型	出口模型
	变量系数	变量系数
常数项	-0.46010	-0.11168
$\ln GDP_{it}$	0.42100	0.49899
$\ln Dist_{ij}$	-0.13735	-0.91037
$\ln GDP_{jt}$	0.31137	0.10631
$\ln OPEN_{jt}$	0.10550	0.74718
σ^2	0.27908	0.36506
γ	0.98872	0.62506
μ	0.10865	0.95538
η	0.13314	0.33583
最大似然值	-15.69677	-26.45821
LR 统计量	74.30690	88.20467

由表 5 - 10 可知:

①在出口模型中,γ 值小于 1% 显著不为零,实际贸易值没有达到最大贸易额,其中非效率因素是主要原因。在进口模型中也是因为非效率造成了实际贸易值没有实现最大值。所以需要控制非效率因素,增大贸易额。

②两个模型的 μ 值在 1% 水平上显著为正,说明非效率项是存在的。

③在进口模型中估计出 η 为 0.13314,说明进口贸易效率以 13.314% 的速度递增;在出口模型中估计出 η 为 0.33583,说明出口贸易效率以 33.583% 的速度递增。

④$\ln Dist_{ij}$ 在进口、出口模型中的变量系数均为负,说明距离与贸易效率成反比,距离增长,增加运输成本,会减少贸易。

⑤在两个模型中,拉美国家的开放度的弹性系数均大于 0,说明开放程度越高就越促进两国之间的贸易交易。

3. 中拉贸易效率分析

通过计算整理得到中国的进口效率以及出口效率(见表 5 - 11)。从表 5 - 11 中可得,2016—2018 年,中国与拉美的十二个国家的进口效率、出口效率都呈上升趋势,这说明中国与拉美国家的进出口贸易关系日益密切。这是由于中国与拉美国家贸易发展迅速,进出口贸易政策的有效性以及各个国家开放程度的不断提高,使得中国与拉美国家的经济贸易不断发展。

整体而言,出口效率大于进口效率,说明中国与拉美国家的进口贸易额还有很大的提高空间。根据数据分析可知,中拉之间的进口、出口贸易效率总体上还处于较低水平,意味着中国与拉美地区的进口、出口贸易额还有较大的增长空间。

表 5 - 11   中国与拉美主要贸易国家的进出口效率表

	出口			进口		
	2016 年	2017 年	2018 年	2016 年	2017 年	2018 年
阿根廷	0.289	0.291	0.292	0.045	0.045	0.045
玻利维亚	0.183	0.184	0.185	0.082	0.082	0.083
巴西	0.392	0.393	0.394	0.255	0.255	0.256
智利	0.498	0.499	0.500	0.360	0.360	0.361
哥伦比亚	0.362	0.363	0.365	0.172	0.173	0.173
哥斯达黎加	0.244	0.245	0.246	0.538	0.539	0.539
厄瓜多尔	0.330	0.331	0.332	0.233	0.233	0.234
危地马拉	0.278	0.279	0.281	0.111	0.111	0.112
墨西哥	0.567	0.568	0.569	0.092	0.092	0.092
巴拿马	0.846	0.846	0.847	0.019	0.020	0.020
秘鲁	0.395	0.397	0.398	0.660	0.660	0.661
乌拉圭	0.427	0.429	0.430	0.551	0.551	0.552

数据来源：根据 UN Comtrade 数据库计算整理所得。

4. 中拉贸易潜力测算

根据中国与拉美的主要贸易国家的进出口效率，可以计算出中拉的贸易潜力、中拉的贸易拓展空间。

表 5 - 12   中拉进口、贸易潜力及拓展空间计算结果（单位：十亿美元）

	2016			2017			2018		
进口	贸易效率	贸易潜力	拓展空间	贸易效率	贸易潜力	拓展空间	贸易效率	贸易潜力	拓展空间
阿根廷	0.045	114.71	2141%	0.045	106.12	2132%	0.045	78.18	2123%
玻利维亚	0.082	3.98	1120%	0.082	4.31	1116%	0.083	3.99	1112%
巴西	0.255	180.01	293%	0.255	230.64	292%	0.256	303.41	291%
智利	0.360	51.68	178%	0.360	58.75	177%	0.361	74.06	177%
哥伦比亚	0.172	14.76	480%	0.173	22.48	478%	0.173	33.98	477%
哥斯达黎加	0.538	1.30	86%	0.539	1.47	86%	0.539	1.44	85%
厄瓜多尔	0.233	4.04	330%	0.233	4.84	329%	0.234	8.51	328%
危地马拉	0.111	0.901	801%	0.111	0.96	798%	0.112	0.78	796%
墨西哥	0.092	112.36	988%	0.092	128.04	985%	0.092	151.49	981%
巴拿马	0.019	1.94	5043%	0.020	3.17	5016%	0.020	4.16	4989%
秘鲁	0.660	14.38	52%	0.660	20.25	51%	0.661	22.58	51%
乌拉圭	0.551	3.54	82%	0.551	4.81	81%	0.552	4.63	81%

数据来源：根据 UN Comtrade 数据库计算整理所得。

表 5 - 13　中拉出口、贸易潜力及拓展空间计算结果（单位：十亿美元）

出口	2016			2017			2018		
	贸易效率	贸易潜力	拓展空间	贸易效率	贸易潜力	拓展空间	贸易效率	贸易潜力	拓展空间
阿根廷	0.289	24.89	246%	0.291	31.20	244%	0.292	28.85	243%
玻利维亚	0.183	3.34	447%	0.184	3.97	444%	0.185	4.53	441%
巴西	0.392	56.14	155%	0.393	73.72	155%	0.394	85.46	154%
智利	0.498	25.74	101%	0.499	28.89	100%	0.500	31.75	100%
哥伦比亚	0.362	18.65	176%	0.363	20.47	175%	0.365	23.91	174%
哥斯达黎加	0.244	6.14	311%	0.245	6.11	309%	0.246	6.77	307%
厄瓜多尔	0.330	6.85	203%	0.331	8.95	202%	0.332	11.19	201%
危地马拉	0.278	6.67	259%	0.279	7.01	258%	0.281	8.31	256%
墨西哥	0.567	57.13	77%	0.568	633.36	76%	0.569	77.39	76%
巴拿马	0.846	7.50	18%	0.846	7.83	18%	0.847	8.20	18%
秘鲁	0.395	15.16	153%	0.397	17.55	152%	0.398	20.28	151%
乌拉圭	0.427	4.15	134%	0.429	5.02	133%	0.430	4.80	133%

数据来源：根据 UN Comtrade 数据库计算整理所得。

2016—2018 年，中拉进出口的贸易效率逐年增长，但是中拉整体贸易效率较低，实际贸易值与最优贸易值之间的距离较大，说明中国与拉美国家的贸易潜力巨大。贸易的非效率因素造成实际贸易值与最优贸易值的差距变小。

中国与拉美各国之间的贸易潜力、贸易效率差别也较大，说明中拉往来不均衡。中拉进出口贸易潜力在 2016—2018 年整体呈上升趋势，说明中国在拉美地区还存在较大的市场，在中拉进出口贸易潜力中巴西、墨西哥、阿根廷和秘鲁的贸易潜力较大，对于贸易潜力较大的国家，要加大贸易促进政策，扩大贸易规模，加强与这些国家的贸易关系。

5.1.5　结论及政策建议

1. 结论

中国与拉美国家经济互补性强，相互依赖，中拉已经成为密不可分的合作伙伴。2019 年前三季度，中拉贸易额同比增长 1.9%。中拉之间也存在许多问题，如中国与拉美各国的贸易差异比较大，贸易发展十分不平衡，其中智利、墨西哥、秘鲁、巴西与中国贸易交易频繁，贸易额大，与其他拉美国家之间的贸易关系不够紧密，中国应该出台各项贸易政策，积极向其他拉美国家开拓市场。

中国与拉美地区之间的贸易基本上是基于比较优势开展的，中国与拉美主要贸易国的产品进出口结构差异较小。机电产品是中国出口拉美地区的主力产品，矿产品以及其他原料是中国自拉美国家进口的主力产品。由此可得，中国与拉美地区在工业制成品中贸易互补性较强，初级产品的贸易互补性低。

2016—2018 年中拉贸易结合度指数均大于 1 并且逐年上升，表明中国与拉美地区的贸易联系密切且日益紧密。拉美地区与中国的出口贸易关系很强，但是中拉进口贸易联系有待增强。

中拉整体的贸易效率较低，并且从整体而言出口效率大于进口效率，说明中国与拉美国家的进出口潜力还有很大的提升空间，特别是进口潜力还有很大的提高空间。但是不同国家之间的贸易效率、贸易潜力差别也较大，说明中国与拉美国家的进出口贸易并不均衡。

2. 政策建议

（1）政府出台贸易政策，扶持外贸企业，扩大拉美市场

中拉贸易还存在较大的发展空间，可以针对拉美国家出台相关政策，对专门出口拉美地区的外贸企业出台优惠政策并对出口产品给予一定的补助，帮助中国产品更好地出口，充分发挥我国工业制造方面的优势，扩大更多拉美市场份额。

（2）扩大对拉美地区的对外投资，提高通信基础设施水平

中国与拉美国家之间距离远，运输成本高，并且有些拉美地区经济落后，基础设施差，贸易往来不方便，阻碍进出口贸易发展，我国可以扩大对拉美地区的投资，承包拉美地区的基础设施建设，加快拉美地区通信基础设施的建设，打通中拉贸易交流通道，节约交易成本。

（3）优化中拉贸易中进出口商品结构

虽然近年来，中拉贸易发展迅速，但是不可避免的贸易摩擦也频频发生，优化进出口商品结构势在必行。虽然中拉贸易是优势互补的，但是从长远发展来看，中拉贸易结构亟须拓展和优化。

（4）建立中拉贸易组织，促进合作

中拉之间存在语言、距离、文化等天然差距，这些都是中拉不可改变的贸易阻力。一个共同的贸易合作组织可以减少自然阻力的隔阂，并且双方贸易可以享受合作组织的保护及优惠，从而促进国家间的贸易合作。

5.2 中国与智利双边货物贸易互补性、竞争性及贸易潜力的研究

智利是一个新兴市场国家，保持了较高的经济和社会发展水平，也是拉丁美洲最为开放的国家之一。智利还是中国在拉美地区的重要经济合作伙伴，自

1970 年建交后，中智两国的经贸活动日益频繁。中智两国于 2005 年 11 月 18 日签订了自由贸易协定，此后两国双边货物贸易额保持着飞速增长。但由于 2008 年全球经济危机以及拉美地区贸易保护主义的影响，两国双边货物贸易增速减缓。2017 年 11 月 11 日，中国与智利签订中智双边自由贸易协定升级议定书，并倡议与智利共建"一带一路"，两国进入到更深层次的双边货物贸易合作。

2003—2018 年，中国与智利两国的双边货物贸易额保持飞速增长。中智双边货物贸易额在 2018 年达到 426.043 亿美元，其中中国向智利的出口商品总额达到 158.736 亿美元，中国从智利进口商品总额达到 267.307 亿美元。在这样的经济背景下，研究中国与智利双边货物贸易的互补性、竞争性及贸易潜力具有非常重要的实践意义。

5.2.1 文献综述与问题的提出

中智经贸关系是我国学者关心的热点问题。对智利的研究主要集中于社会养老保险制度、自由贸易区的建设以及中—智双边经贸合作三个方面。樊幸丹（2011）对中智自由贸易区协定的内容做了介绍，并分析了中智自贸区成立的效用及对我国企业的影响。吴向阳（2012）研究了中国—智利自由贸易区的经贸合作现状，并分析了存在的问题，为中—智自贸区的发展提出了一些建议。李晨等（2012）运用引力模型，分析了中国、智利建立自由贸易区后对中国外贸的影响，认为双方应该进一步发展铜矿类资源型产品和农林业产品的经贸合作。郭德琳（2007）分析了智利的政策环境、经济发展状态、市场开放度以及投资环境，认为应该把智利作为平台进一步加强同拉美的经贸合作关系。张勇（2012）从经济增长转型的视角分析了智利的经济结构和政策取向，认为智利的外向型发展战略呈现出新的趋势，为中—智深化双边经贸合作提供了战略机遇。上述研究仅仅从大层面上分析了中国与智利的整体经济发展、双边贸易以及自贸区的建设情况，并没有对中—智的双边贸易结构进行定量分析，中—智双边贸易的现状到底如何？双边贸易竞争性与互补性如何？将来双边贸易潜力有多大？这些问题以往的研究都尚未讨论过，所以针对这一缺位，本节研究了中—智双边贸易结构并测算其潜力，对促进双边经贸合作健康、良性地发展具有重大的现实意义。

本节根据中智 2003—2018 年年度经济数据和世界进出口商品数据，从中—智双边货物贸易规模、增长速度和中智进出口商品结构来描述中国与智利双边货物贸易发展现状，运用相关指数来计算并分析中智双边货物贸易互补性和竞争性。再运用引力模型实证分析中智双边货物贸易流量，并对中智双边货物贸易潜力进行估算。最后根据研究成果和实证分析得出结论，并提出相应的对策建议。

5.2.2 中国与智利双边货物贸易发展现状

1. 中国与智利双边货物贸易规模

（1）中智双边货物贸易规模和增长速度

结合图 5-2 和图 5-3 可知，中国与智利双边货物贸易规模较大。中智双边货物贸易额在 2018 年为 426.04 亿美元。其中，中国向智利出口额为 158.74 亿美元，中国从智利进口额为 267.31 亿美元。

2003-2018 年间，中智双边货物贸易额平均增长率为 19.72%，保持着较高速增长。在 2007 年达到了 66.15% 的增长率；2008 年的经济危机对中智双边货物贸易产生了一定影响；2009-2011 年又保持飞速增长；2012-2016 年由于拉美地区与中国的贸易摩擦加剧，中智双边货物贸易受到极大影响，增速缓慢，并且在 2015 年和 2016 年出现了负增长；2017—2018 年中智双边货物贸易额增长率出现了回升趋势，分别为 13.29%、19.72%。总的来说，中智双边货物贸易额增长率出现了一定的波动，并且在 2015、2016 年达到负增长，但仍旧保持着良性的发展态势。

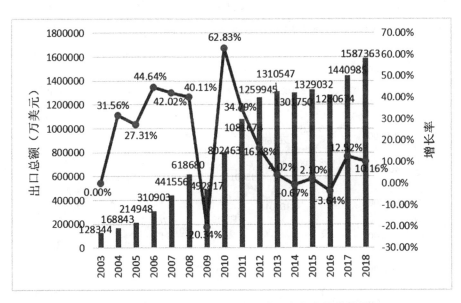

图 5-2　2003—2018 年中国向智利出口货物贸易增长情况

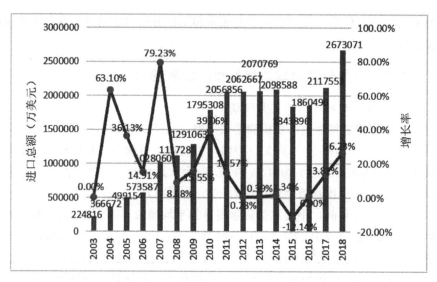

图 5 - 3　2003—2018 年中国从智利进口货物贸易增长情况

数据来源：根据历年《中国统计年鉴》数据计算整理所得。

（2）中智双边货物贸易的贸易差额

从图 5 - 4 可以看到，2003—2018 年中国与智利的双边货物贸易始终处于贸易逆差状态。在 2018 年贸易逆差额达到了 108.57 亿美元，比 2017 年提高了 60.47％，达到 16 年来的最高。具体见图 5 - 4。

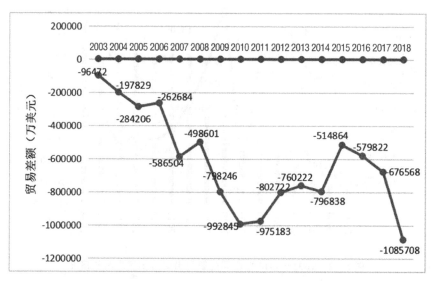

图 5 - 4　2003—2018 年中国—智利双边货物贸易差额

数据来源：根据历年《中国统计年鉴》数据计算整理所得。

2. 中国与智利进出口商品结构分析

（1）中国对智利出口商品结构分析

由表 5-14 可以看到，2003-2018 年杂项制成品在中国对智利出口商品的占比最小份额为 28.59%，平均值为 34.33%，机械以及运输设备占比最小份额为 29.60%，平均值为 36.88%，所以这两类商品是中国对智利出口商品的主体。在 2018 年，这两类商品出口总额占中国对智利出口总额的 67.34%。化学品及相关产品的占比平均值为 12.05%，在中国对智利出口商品中占有不小的份额。

表 5-14　中国对智利出口商品结构（单位：万美元、%）

年份	食物和动物		化学品及相关产品		制成品		机械以及运输设备		杂项制成品		其他	
	金额	比重	金额	比重	金额	比重	金额	比重	金额	比重	金额	比重
2003	492	0.38	17031	13.27	11559	9.01	38393	29.91	58741	45.77	2129	1.66
2004	581	0.34	24516	14.52	14606	8.65	49971	29.60	76539	45.33	2630	1.56
2005	811	0.38	30085	14.00	20706	9.63	70913	32.99	88267	41.06	4166	1.94
2006	1262	0.41	37767	12.15	35093	11.29	106885	34.38	118927	38.25	10958	3.52
2007	2911	0.66	56176	12.67	50004	11.28	165288	37.29	152504	34.41	16339	3.69
2008	4628	0.75	77029	12.45	73185	11.83	231641	37.44	192789	31.16	39408	6.37
2009	4246	0.86	56989	11.56	52926	10.74	200912	40.77	167732	34.03	10043	2.04
2010	7127	0.89	86283	10.75	91576	11.41	308251	38.41	258993	32.27	50263	6.26
2011	12672	1.17	118363	10.94	127395	11.78	427998	39.57	349583	32.32	45664	4.22
2012	10490	0.83	147207	11.68	159101	12.63	488448	38.76	392010	31.11	62842	4.99
2013	11639	0.89	144139	11.00	157748	12.04	520223	39.70	415926	31.74	60873	4.64
2014	14151	1.09	154387	11.86	158127	12.15	478031	36.72	411176	31.59	85878	6.60
2015	16157	1.22	166233	12.51	172388	12.97	514143	38.76	393948	29.64	66164	4.98
2016	19177	1.50	143231	11.19	170111	13.29	496281	38.76	390345	30.49	61138	4.78
2017	20813	1.44	150633	10.45	180255	12.51	552355	38.33	454687	31.55	82242	5.71
2018	21443	1.35	187590	11.79	206251	12.96	616795	38.75	455107	28.59	104448	6.56

数据来源：根据 UN Comtrade 数据库中—智双边货物贸易数据整理计算所得。

中国对智利出口商品的主体结构基本不变，但由图 5-5 和图 5-6 可以看出机械以及运输设备这类技术密集型产品的出口规模正在逐步扩大，制成品的规模大幅减少。

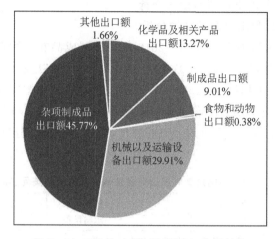

图 5 - 5　2003 年中国对智利出口商品结构

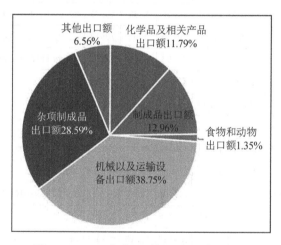

图 5 - 6　2018 年中国对智利出口商品结构

（2）智利对中国出口商品结构分析

制成品和非食用原材料是智利对中国出口商品的主体，食物和动物占有较小的份额。由表 5 - 15 可以看到 2003—2018 年智利对中国出口商品中，制成品占比最小份额为 40.62％，平均值为 52.37％；非食用原材料占比最小份额为 34.20％，平均值为 43.59％；食物和动物占比最小份额为 0.96％，但平均值达到了 3.99％。从 2003 年到 2018 年，智利对中国的出口商品主体结构基本不变，自 2014 年起制成品所占比重逐年减少，由 2014 年的占比 52.84％减少到 2018 年的占比 40.93％，而非食用原材料占比逐年增加，由 2014 年的占比 41.75％增加到 2018 年的占比 50.06％，食物和动物出口额增幅较大。

表 5-15　智利对中国出口商品结构（单位：万美元、%）

年份	制成品		食物和动物		非食用原材料		其他	
	金额	比重	金额	比重	金额	比重	金额	比重
2003	129437	57.57	5431	2.42	89911	39.99	37	0.02
2004	205926	56.16	7017	1.91	153583	41.89	147	0.04
2005	222811	44.64	9160	1.84	266994	53.49	188	0.04
2006	233012	40.62	9682	1.69	330639	57.64	254	0.04
2007	572268	55.67	9846	0.96	445611	43.35	311	0.03
2008	582621	52.15	17295	1.55	516487	46.23	871	0.08
2009	798441	62.42	26363	2.06	453699	35.47	550	0.04
2010	1123290	62.63	34663	1.93	635006	35.41	560	0.03
2011	1291816	62.78	61438	2.99	703788	34.20	788	0.04
2012	1248212	60.50	78701	3.81	735528	35.65	722	0.03
2013	1055678	50.98	85797	4.14	928186	44.82	1107	0.05
2014	1108902	52.84	112328	5.35	876077	41.75	1280	0.06
2015	909193	49.31	138634	7.52	795054	43.12	1016	0.06
2016	843438	45.33	175136	9.41	840736	45.19	1186	0.06
2017	918288	43.37	154858	7.31	1042729	49.24	1679	0.08
2018	1105033	40.93	241537	8.95	1351633	50.06	1779	0.07

数据来源：根据 UN Comtrade 数据库中一智双边货物贸易数据整理计算所得。

5.2.3　中国与智利双边货物贸易互补性和竞争性分析

1. 中国与智利出口商品的互补性分析

（1）中国与智利出口商品的显示性比较优势指数计算及分析

显示性比较优势指数（Revealed Comparative Advantage Index，以下简称 RCA 指数）是衡量一国产品或产业在国际市场竞争力最具说服力的指标。若 $RCA > 2.5$，表示该产品的国际竞争力极强；若 $1.25 < RCA \leqslant 2.5$，表示该产品的国际竞争力较强；若 $0.8 < RCA \leqslant 1.25$，表示该产品的国际竞争力较弱；若 $RCA \leqslant 0.8$，表示该产品国际竞争力极弱。其计算公式为：

$$RCA = (X_i^n / X_i) / (X_w^n / X_w) \tag{5-17}$$

在式（5-17）中，X_i^n 表示 i 国的第 n 种商品的出口额，X_i 表示 i 国所有商品的出口总额，X_w^n 表示世界第 n 种商品的出口额，X_w 表示世界总出口额。

表 5-16 为商品分类表，表 5-17 和表 5-18 为根据式（5-17）计算所得的中国和智利出口商品 RCA 指数。从表 5-17 可以看到中国出口商品在国际市场上最具竞争力的是第 9 类商品，该商品在 2003—2018 年的平均 RCA 指数为 2.25，且 2003—2012 年始终在平均值以上，自 2013 年开始逐年下降，但降幅较小；具有一定的国际竞争力的是第 8 类商品，它的 RCA 指数平均值为 1.36，大于 1.25；第 7 类商品的国际竞争力较弱；其余七类在国际市场上均处于竞争弱势，它们的 RCA 指数平均值都低于 0.8。

表 5-16   商品分类表

编码	商品类型
第 1 类	食物和动物
第 2 类	饮料和烟草
第 3 类	除去燃料外的非食用原材料
第 4 类	矿物燃料
第 5 类	润滑剂以及有关原材料以及植物油和油脂
第 6 类	化学品
第 7 类	按原材料分类的制成品
第 8 类	机械以及运输设备
第 9 类	杂项制成品
第 10 类	其他

表 5-17   2003—2018 年中国出口商品的 RCA 指数

年份	1 类	2 类	3 类	4 类	5 类	6 类	7 类	8 类	9 类	10 类
2003	0.77	0.35	0.67	0.26	0.25	0.66	0.88	1.14	2.58	0.15
2004	0.60	0.32	0.68	0.22	0.22	0.59	0.84	1.32	2.28	0.13
2005	0.61	0.28	0.70	0.19	0.25	0.64	0.93	1.25	2.43	0.16
2006	0.58	0.28	0.76	0.13	0.25	0.63	0.95	1.29	2.50	0.16
2007	0.53	0.21	0.77	0.13	0.23	0.64	0.92	1.32	2.42	0.10
2008	0.45	0.20	0.77	0.14	0.21	0.70	1.00	1.40	2.34	0.08
2009	0.46	0.22	0.45	0.13	0.21	0.59	0.96	1.43	2.25	0.08
2010	0.48	0.22	0.52	0.11	0.21	0.65	0.96	1.45	2.31	0.08
2011	0.50	0.21	0.57	0.10	0.22	0.75	1.04	1.48	2.34	0.11
2012	0.47	0.21	0.60	0.09	0.22	0.68	1.10	1.47	2.25	0.09
2013	0.45	0.21	0.60	0.09	0.23	0.67	1.12	1.48	2.24	0.10

年份	1类	2类	3类	4类	5类	6类	7类	8类	9类	10类
2014	0.43	0.21	0.79	0.09	0.24	0.69	1.12	1.39	2.17	0.10
2015	0.43	0.22	0.60	0.12	0.25	0.66	1.11	1.30	1.98	0.07
2016	0.46	0.26	0.54	0.14	0.24	0.67	1.09	1.30	2.00	0.11
2017	0.45	0.24	0.48	0.15	0.25	0.72	1.09	1.33	1.99	0.12
2018	0.45	0.25	0.50	0.16	0.27	0.75	1.12	1.34	1.90	0.12

数据来源：根据 UN Comtrade 数据库中一智双边货物贸易数据整理计算所得。

从表 5-18 可以看出智利最具有比较优势的商品是第 3 类商品，该商品的 RCA 指数平均值为 3.78，具有极强的国际竞争优势，并且该产品的 RCA 指数始终处于较高的水平，2018 年的数值为 4.32；第 1 类和第 7 类商品也具有很强的国际竞争优势，它们在 16 年里的平均 RCA 指数分别为 3.27、3.20，均大于 2.5；第 2 类和第 10 类商品 RCA 指数在 16 年里的平均 RCA 指数分别为 2.38、1.26，具有较强的国际竞争优势；第 4、5、6、8、9 类商品在国际市场上均处于竞争弱势，它们的 RCA 指数均小于 0.8。

表 5-18　2003—2018 年智利出口商品的 RCA 指数

年份	1类	2类	3类	4类	5类	6类	7类	8类	9类	10类
2003	4.38	3.06	3.41	0.30	0.33	0.76	2.88	0.09	0.52	1.09
2004	3.38	2.45	3.74	0.20	0.24	0.56	2.96	0.08	0.35	0.95
2005	3.34	2.25	4.69	0.23	0.24	0.62	3.03	0.07	0.36	0.96
2006	2.80	1.76	4.52	0.18	0.18	0.54	3.35	0.07	0.29	1.37
2007	2.69	1.95	4.52	0.14	0.17	0.44	3.28	0.07	0.29	1.01
2008	3.27	2.29	3.35	0.14	0.23	0.62	3.50	0.09	0.36	1.37
2009	2.88	2.24	3.83	0.11	0.19	0.42	3.59	0.09	0.38	1.18
2010	2.64	2.22	3.61	0.06	0.17	0.46	3.83	0.08	0.34	1.15
2011	2.84	2.09	3.17	0.06	0.20	0.52	3.74	0.08	0.35	1.31
2012	2.96	2.29	3.31	0.06	0.24	0.61	3.54	0.09	0.37	1.38
2013	3.23	2.49	3.33	0.06	0.30	0.56	3.29	0.10	0.38	1.39
2014	3.45	2.44	3.61	0.06	0.31	0.54	3.11	0.10	0.35	1.39
2015	3.59	2.73	3.58	0.07	0.33	0.56	2.96	0.08	0.31	1.45
2016	3.73	2.69	3.53	0.09	0.28	0.61	2.81	0.09	0.32	1.26
2017	3.48	2.64	3.95	0.09	0.27	0.59	2.78	0.07	0.31	1.30
2018	3.70	2.52	4.32	0.08	0.32	0.62	2.60	0.06	0.34	1.57

数据来源：根据 UN Comtrade 数据库中一智双边货物贸易数据整理计算所得。

综上所述，中国出口商品中具有较强国际竞争优势的是制成品和机械以及运输设备，大多是劳动密集型产业；智利在国际市场上具有极强竞争优势的出口商品是原材料，是资源密集型产业。所以，可以认为中智双边货物贸易具有较强的互补性。

（2）中国与智利出口商品的贸易互补性指数计算及分析

贸易互补性指数（TCI）是用来衡量一个国家某种商品的出口和另一个国家的进口的吻合程度的指标。贸易互补性指数越大，出口国的出口商品与进口国的进口商品之间的吻合度越大，两国间的贸易互补性越强。本节采用于津平（2003）对产业贸易互补指数的定义，计算公式如下：

$$TCI_{ij}^n = RCA_{xi}^n \times RCA_{mj}^n = \left(\frac{X_i^n}{X_i} \Big/ \frac{X_x^n}{X_w}\right) \times \left(\frac{M_j^n}{M_j} \Big/ \frac{X_w^n}{X_w}\right) \qquad (5-18)$$

在式（5-18）中，TCI_{ij}^n 代表 i 国和 j 国在第 n 种商品上的贸易互补指数，RCA_{xi}^n 代表 i 国在第 n 种商品上的比较优势，RCA_{mj}^n 代表 j 国在第 n 种商品上的比较劣势，X_i^n 表示 i 国的第 n 种商品的出口额，X_i 表示 i 国所有商品的出口额，X_w 表示世界出口总额，M_j^n 表示 j 国的第 n 种商品的进口额，M_j 表示 j 国所有商品的进口总额。而综合贸易互补指数的计算公式如下：

$$TCI_{ij} = \sum_n C_{ij}^n \times \frac{X_w^n}{X_w} = \sum_n RCA_{xi}^n \times RCA_{mj}^n \times \frac{X_w^n}{X_w} \qquad (5-19)$$

表 5-19、表 5-20 是根据公式（5-18）计算所得。由表 5-19 可以看到，只有第 7 类、第 8 类和第 9 类商品与智利的进口商品互补性较高，其余各类商品的贸易互补性指数均小于 0.8。由上文可知，按原材料分类的杂项制成品和机械以及运输设备是中国出口商品中具有较强国际竞争力的商品。中国对智利出口商品的主体是杂项制成品和机械以及运输设备。所以，可以认为中国出口商品与智利进口商品的互补性较强。

表 5-19　2003—2018 年中国出口商品的产业贸易互补性指数

年份	1类	2类	3类	4类	5类	6类	7类	8类	9类	10类
2003	0.74	0.18	0.37	0.52	0.43	0.67	0.97	0.97	3.23	0.01
2004	0.47	0.14	0.43	0.41	0.35	0.53	0.83	1.23	2.71	0.01
2005	0.48	0.13	0.56	0.33	0.37	0.55	0.91	1.14	2.74	0.01
2006	0.35	0.08	0.36	0.15	0.26	0.35	0.57	0.77	2.06	1.66
2007	0.49	0.09	0.54	0.26	0.33	0.53	0.78	1.14	2.91	0.01
2008	0.40	0.08	0.55	0.23	0.30	0.64	0.85	1.22	2.70	0.00
2009	0.39	0.10	0.19	0.22	0.31	0.47	0.93	1.35	2.79	0.01
2010	0.44	0.12	0.31	0.16	0.31	0.50	0.94	1.44	2.98	0.01

续表

年份	1类	2类	3类	4类	5类	6类	7类	8类	9类	10类
2011	0.45	0.11	0.27	0.13	0.31	0.62	0.95	1.50	3.10	0.01
2012	0.42	0.11	0.24	0.12	0.33	0.57	1.04	1.55	2.98	0.01
2013	0.43	0.13	0.21	0.11	0.37	0.57	1.07	1.58	3.05	0.01
2014	0.42	0.15	0.32	0.13	0.40	0.60	1.10	1.36	3.14	0.01
2015	0.46	0.17	0.22	0.16	0.42	0.64	1.20	1.26	2.82	0.00
2016	0.50	0.20	0.17	0.20	0.38	0.60	1.11	1.29	2.95	0.01
2017	0.52	0.19	0.16	0.22	0.40	0.65	1.06	1.27	3.13	0.01
2018	0.52	0.19	0.20	0.23	0.44	0.68	1.10	1.27	2.89	0.01

数据来源：根据 UN Comtrade 数据库中—智双边货物贸易数据整理计算所得。

从表 5-20 可以看到在智利的出口商品中，第 3 类除去燃料外的非食用原材料的贸易互补性指数最高，2003—2018 年的平均值达到了 5.90，且近年来有上升的趋势，表明智利在这类商品上具有极强的出口竞争力，与中国在这类商品的贸易上具有很强的贸易互补性。第 7 类按原材料分类的制成品的贸易互补性指数平均值为 3.23，表明智利与中国在此类商品贸易上也具有很强的互补性，但是自 2010 年起，该项指标呈下降趋势。第 1 类食物和动物和第 10 类其他的贸易互补性指数平均值分别为 1.12、1.29，表明智利与中国在此类商品上具有较强的互补性。其余各类出口商品的贸易互补性指数均小于 1，表明中国与智利在这些商品上的互补性较弱。由上文可知，智利对中国出口商品的主体是制成品和非食用原材料。所以，可以认为智利出口商品与中国进口商品具有很强的互补性。

表 5-20　2003—2018 年智利出口商品的产业贸易互补性指数

年份	1类	2类	3类	4类	5类	6类	7类	8类	9类	10类
2003	1.15	0.34	5.93	0.22	0.23	0.79	3.19	0.11	0.29	0.60
2004	0.97	0.23	5.50	0.15	0.17	0.53	2.87	0.10	0.16	0.49
2005	0.89	0.28	7.62	0.18	0.14	0.63	3.12	0.09	0.19	0.61
2006	0.70	0.25	6.32	0.14	0.12	0.51	3.39	0.08	0.15	0.81
2007	0.63	0.30	6.72	0.12	0.14	0.41	3.40	0.09	0.15	0.54
2008	0.74	0.41	5.43	0.13	0.20	0.55	3.49	0.11	0.22	0.90
2009	0.68	0.39	6.81	0.10	0.14	0.32	4.07	0.10	0.22	0.68
2010	0.70	0.39	5.72	0.05	0.11	0.36	4.26	0.09	0.20	1.03
2011	0.83	0.44	4.76	0.06	0.13	0.43	3.96	0.09	0.21	2.03

续表

年份	1类	2类	3类	4类	5类	6类	7类	8类	9类	10类
2012	1.03	0.55	4.19	0.06	0.17	0.48	3.60	0.10	0.23	2.83
2013	1.20	0.57	4.25	0.06	0.18	0.45	3.16	0.11	0.23	3.32
2014	1.37	0.64	5.22	0.06	0.18	0.42	2.93	0.11	0.21	2.61
2015	1.74	0.91	6.50	0.09	0.21	0.43	2.73	0.09	0.19	0.96
2016	1.81	1.00	6.09	0.11	0.18	0.46	2.61	0.09	0.20	0.87
2017	1.64	0.91	6.58	0.11	0.18	0.49	2.61	0.08	0.20	0.93
2018	1.89	0.93	6.80	0.11	0.25	0.50	2.29	0.07	0.20	1.37

数据来源：根据 UN Comtrade 数据库中一智双边货物贸易数据整理计算所得。

图 5－7 是根据式（5－19）计算出的中国和智利综合贸易互补性指数时序图。由图可知，中－智两国的综合贸易互补性指数大致在 1.00 左右浮动，仅在 2006 年锐减为 0.69。由此可以看出中－智两国具有较强的贸易互补性，且十分稳定。

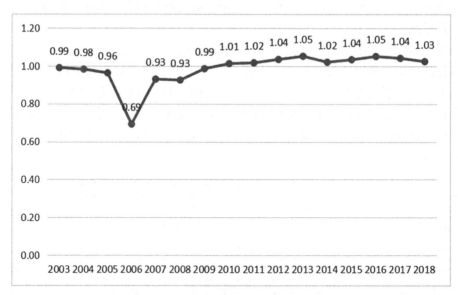

图 5－7　2013－2018 年中国、智利综合贸易互补性指数时序图

数据来源：根据 UN Comtrade 数据库中一智双边货物贸易数据整理计算所得

2. 中国与智利出口商品的竞争性分析

（1）中国与智利贸易结合度指数的计算及分析

贸易结合度指数（TCD）指的是一国对其贸易伙伴国的出口占该国出口

总额的比重，与贸易伙伴国的进口占世界总进口额的比重，该指数反映了两国在经贸方面的联系程度。贸易强度指数大于 1，表明两国的经贸联系相对紧密；贸易强度指数小于 1，表明两国的经贸联系相对松散。其计算公式为：

$$TCD_{ij} = (X_{ij}/X_i)/(M_j/M_w) \tag{5-20}$$

其中 TCD_{ij} 代表两国的贸易结合度，X 表示出口，M 表示进口，i、j、w 分别表示 i 国、j 国和世界。表 5-21 为根据式（5-20）计算得到的中国与智利的贸易结合度指数。由表 5-21 可知，在 2003—2018 年，除 2005 年与 2006 年外，中智贸易结合度指数都大于 1；而智中贸易结合度指数都大于 1，且平均值为 2.51。所以，可以认为 2003—2018 年的 16 年中，中国与智利之间的经贸联系一直较为紧密。

表 5-21　2003—2018 年中国与智利的贸易结合度指数

年份	2003	2004	2005	2006	2007	2008	2009	2010
中智	1.17	1.07	0.90	0.66	1.06	1.11	1.18	1.31
年份	2011	2012	2013	2014	2015	2016	2017	2018
中智	1.38	1.61	1.39	1.42	1.52	1.62	1.71	1.64
年份	2003	2004	2005	2006	2007	2008	2009	2010
智中	1.93	1.84	1.89	1.45	2.18	2.46	2.84	2.74
年份	2011	2012	2013	2014	2015	2016	2017	2018
智中	2.62	3.04	2.57	2.65	2.86	3.05	2.92	3.19

数据来源：根据 UN Comtrade 数据库中—智双边货物贸易数据整理计算所得。

（2）中国与智利出口相似度指数的计算及分析

出口相似度指数（Export Similarity Index，以下简称 ESI）是用来衡量两个国家在第三方市场或者世界市场出口商品的相似度的指标。出口相似度指数的范围为 0~100，ESI 越大说明两国出口商品的结构越相似，竞争程度越大。计算公式如下：

$$ESI_{ij} = \left\{ \sum_n \left[\left(\frac{X_{iw}^n/X_{iw} + X_{jw}^n/X_{jw}}{2} \right) \cdot \left(1 - \left| \frac{(X_{iw}^n/X_{iw}) - (X_{jw}^n/X_{jw})}{(X_{iw}^n/X_{iw}) + (X_{jw}^n/X_{jw})} \right| \right) \right] \right\} \cdot 100 \tag{5-21}$$

其中 ESI_{ij} 代表 i 国与 j 国出口到世界市场的产品相似度指数。n 代表出口商品的种类，w 代表世界市场，X 代表商品出口额。图 5-8 是根据式（5-21）计算所得。

从图 5-8 可以看到，在 2003—2018 年间，中、智两国出口相似度指数在 30 上下浮动，表明中国和智利向国际市场出口商品结构的相似度为 30% 左右，两国出口商品竞争较小。

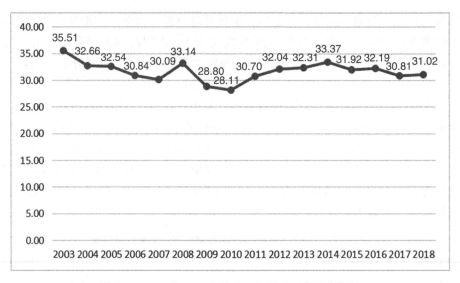

图 5 - 8   2013－2018 年中国、智利出口相似度指数

数据来源：根据 UN Comtrade 数据库中一智双边货物贸易数据整理计算所得

5.2.4   中国与智利双边货物贸易潜力分析

1. 构建引力模型

（1）引力模型的构建及变量描述

本节以莱曼（Lineman，1966）贸易引力模型为基础，引入两国的人均 GDP 和两国之间的距离的相关变量、两国是否都是 APEC 成员和两国是否接壤的虚拟变量，利用这些变量所构建出的双边货物贸易流量估计方程如下：

$$\ln T_{ijt} = \beta_0 + \beta_1 Y_{it} + \beta_2 Y_{jt} + \beta_3 APEC + \beta_4 \ln Dist_{ij} + \beta_5 Adj_{ij} + \mu_{ij} \quad (5-22)$$

其中 $\ln T_{ijt}$ 代表第 t 期 i 国和 j 国的双边货物贸易额的对数，Y_{it} 代表 i 国在 t 期的人均 GDP，Y_{jt} 代表 j 国在 t 期的人均 GDP，$APEC$ 为虚拟变量，若两国都为 APEC 成员，则取 1，否则取 0，$\ln Dist_{ij}$ 代表 i 国与 j 国之间的距离，本节使用两首都间的地理距离，Adj_{ij} 也是虚拟变量，若两国接壤则取 1，否则取 0，β_0、β_1、β_2、β_3、β_4、β_5 均为回归系数，μ_{ij} 为随机误差项。

（2）引力模型的数据说明

由于中国与智利同为新兴市场国家，所以选择中国和 27 个 2003－2018 年新兴市场国家的贸易量作为回归样本。这些国家分别是：保加利亚、阿根廷、巴西、智利、埃及、匈牙利、印度尼西亚、印度、哥伦比亚、捷克、韩国、马来西亚、墨西哥、摩洛哥、秘鲁、菲律宾、波兰、俄罗斯、南非、泰国、土耳其、以色列、约旦、斯里兰卡、委内瑞拉、巴基斯坦、罗马尼亚。这些国家都具有劳动成本低廉、自然资源丰富的特点，经济结构较相似，经济发展速度很快，所以这些样本能够较好地估算中国与智利的双边货物贸易潜力。

我们选用线性的回归模型，使用的数据结构为非平衡面板数据。表 5-22 为引力模型中变量的预期符号、资料来源和基本统计信息。

表 5-22　变量预期符号、资料来源及基本统计信息

变量名称	预期符号	资料来源	均值	标准差	观测数
$\ln T_{ijt}$		UN COMTRADE 数据库	23.20	1.39	432
Y_{it}	正	世界银行 WDI 数据库	5154.63	2769.12	428
Y_{jt}	正	世界银行 WDI 数据库	8487.10	7241.80	428
APEC	正	亚太经合组织网站	0.33	0.47	432
$\ln Dist_{ij}$	负	CEPII 数据库	8.89	0.67	432
Adj_{ij}	正	CEPII 数据库	0.11	0.31	432

注：表中的人均 GDP 有一部分缺失，由于委内瑞拉 2015—2018 年的人均 GDP 未收录到世界银行 WDI 数据库中，因此数据结构为非平衡面板数据，人均 GDP 的单位为美元（现价美元）。

2. 基于引力模型的中智双边货物贸易流量的实证分析

根据式（5-22），运用计量经济学软件 Eviews10.0，对 2003—2018 年的非平衡面板数据进行回归，结果如表 5-23。可以发现引力模型中的主要解释变量都具有统计显著性。中国与贸易国的人均 GDP、两国是否都为 APEC 成员、两国间距离、两国是否接壤的符号均与预期符号一致，并且都具有统计显著性。根据固定效应模型的回归结果，可以了解到我国的人均 GDP 每增加 1 美元，双边货物贸易额将会增加 0.0178%；贸易国的人均 GDP 每增加 1 美元，双边货物贸易额将会增加 0.00607%。

表 5-23　中国与新兴市场国家双边货物贸易引力模型

双边货物贸易额的对数	(1) 混合普通最小二乘法	(2) 固定效应	(3) 随机效应
i 国在 t 期的人均 GDP	0.000189*	0.000178*	0.000179*
j 国在 t 期的人均 GDP	0.0000405*	0.0000607*	0.000059*
APEC	1.54*		1.5469*
距离的对数	−0.259340**		−0.223740**
Adj_{ij}	1.01*		1.12*
调整 R^2	0.6056	0.9474	0.7784
样本数量	428	428	428
回归组数		27	27
F 统计量或 χ^2 统计量	0.0000	0.0000	0.0000

注：模型中的被解释变量为双边货物贸易额的对数，*、**、*** 分别表示在 1%、5%、10% 的显著水平上回归系数显著。

3. 中智双边货物贸易潜力的估算

根据引力模型得到被解释变量的预测值，把它当作两国双边货物贸易额在理想状态下的理论值，再用双边货物贸易额的实际值除以理论值，得到双边货物贸易潜力。根据刘青峰、姜书竹（2002）对贸易潜力的分类，认为若该比值小于0.8，说明双边货物贸易具有较大的潜力，两国的双边货物贸易具有较大的提升空间；如果该比值处于0.8～1.2之间，说明两国的贸易潜力还没有得到完全充分的发挥，还具有一定的扩大双边经贸关系的空间；如果比值大于1.2，说明两国现有的贸易潜力在目前已经得到了充分的利用，需要发展和培养新的要素来刺激双边货物贸易增长。

运用固定效应模型得到预测值，再计算出中智双边货物贸易额的理论值，对2003－2018年的中智双边货物贸易潜力进行估算，结果如表5-24所示。从中可以看到，中智双边货物贸易潜力在2003－2010年处于上升趋势，并且在2010年达到1.8422，表明中智两国在此时期的贸易潜力增长很快，中智之间的经贸关系愈加紧密，尤以2007年增长最快，这也是在中智自由贸易区正式建立后的第二年，说明中－智自由贸易区的建立对两国双边货物贸易具有极大的促进作用。但是在2011－2018年，中智双边货物贸易潜力呈下降趋势，并且在2018年降至0.9953，意味着中智两国的双边货物贸易滞后于两国人均GDP的增长，表明中智两国的双边货物贸易潜力还没有得到充分的发挥，还有较大的提升空间。

表5-24　2003－2018年中国与智利双边货物贸易潜力

年份	2003	2004	2005	2006	2007	2008	2009	2010
贸易潜力	0.7294	0.9756	1.1438	1.1895	1.6712	1.6922	1.6731	1.8422
年份	2011	2012	2013	2014	2015	2016	2017	2018
贸易潜力	1.6487	1.4757	1.2789	1.2409	1.1562	1.1234	1.0428	0.9953

资料来源：根据回归结果整理所得。

5.2.5　结论与对策建议

1. 实证分析结论

一是中智两国双边货物贸易规模大，双边货物贸易额增速平稳，虽在2015、2016年出现负增长，但总的来说保持着良性的发展态势。在2003－2018年的16年中，中国一直处于贸易逆差，且差额越来越大。中国对智利的出口商品的主体是制成品和机械以及运输设备，中国对智利出口商品的主体结构基本不变，近年来机械以及运输设备在出口商品中的份额逐渐增大，制成品所占份额大幅减小。智利对中国的出口商品以制成品和非食用原材料为主，在 2003—2018 年的 16 年中，智利对中国出口商品的主体结构基本不变，非食用原材料在智利对中国出口商品中的份额逐渐增大。

二是中国与智利在商品贸易上具有较大的差异性，竞争性较弱，贸易互补性较强。通过对比中智两国各类出口商品的 RCA 指数，可以看到中国在国际市场上具有较强优势的出口商品是制成品和机械以及运输设备，大多是劳动密集型产业；智利在国际市场上具有极强竞争优势的出口商品是原材料，是资源密集型产业，所以，可以认为中智双边货物贸易具有较强的互补性。通过计算中智综合贸易互补性指数，发现中智综合贸易互补性指数仅在 2006 年锐减为 0.69，其余 15 年均在 1.00 上下浮动，表明两国具有较强的贸易互补性。通过计算两国的贸易结合度指数，发现除了 2005、2006 年中国对于智利的贸易结合度指数低于 1，其他的无论是中国对于智利，还是智利对于中国的贸易结合度指数都大于 1，表明中国与智利之间的经贸联系一直较为紧密。通过计算中国、智利出口相似度指数，发现中、智两国出口相似度指数在 30 上下浮动，这表明中国和智利向国际市场出口商品中只有 30％ 左右是相类似的，两国出口商品竞争较小。

三是中国与智利的双边货物贸易受到两国人均 GDP、是否都为 APEC 成员和国家地理位置等因素的显著影响，这些因素对其存在不同程度的影响。

四是中国与智利之间的双边货物贸易潜力属于"贸易开拓型"，两国的双边货物贸易潜力还没有得到充分发挥，还有一定的提升空间。

2. 对策建议

根据上述实际情况，为了进一步促进中智双边货物贸易的发展，本书提出以下几条建议。

（1）优化中智进出口商品结构

继续扩大对智利机械以及运输设备的出口，增加制成品的附加值，优化我国对智利出口商品的结构，同时扩大我国对智利食物及动物类商品的进口，优化我国从智利进口商品的结构。我国对智利出口商品的主体为制成品和机械以及运输设备，近年来制成品所占份额逐年减少，很大一部分原因是我国出口制成品为劳动力密集型产品，在国际市场上具有较低的竞争力，所以我国需要在技术升级、产品创新上下功夫，以此来增强我国出口商品的国际市场竞争力，减小中国对智利贸易的逆差。

（2）增加对智利农林业和渔业的对外投资

政府应当引导和鼓励国内企业对智利农林业和渔业的投资。智利是一个自然资源丰富的国家，我国对智利的进口产品中矿砂、各类金属及其制成品占有可观的份额，智利的林业和渔业资源也十分丰富，我国应当增加对智利农业和渔业资源的进口和利用，开发出新的贸易增长点。

(3) 积极推进中国与智利周边国家建立自由贸易区的进程

实证分析显示，进行双边货物贸易的两国是否都为 APEC 成员对两国的双边货物贸易流量具有明显的正相关性。中—智自由贸易区自 2006 年正式建立，并于 2017 年完成自由贸易协定升级，随着时间的累积，自由贸易区对双边货物贸易的促进效应会逐渐减弱，而推进中国与智利周边国家建立自由贸易区的进程，能够优化自由贸易区的区域分布格局，更好地发挥中—智自由贸易区对中智双边货物贸易的促进作用。

5.3 中国对欧盟高新技术产品出口的 贸易效率与潜力研究

高新技术产业在世界经济结构中占有重要的位置。近年来我国高新技术产品出口增长迅速，在我国出口贸易增长中的贡献越来越大，对我国外贸竞争的影响也越来越明显。但是目前我国高新技术产品出口仍然受到一定的限制，受限的主要原因包括：一是我国高新技术产品的附加值不高，缺乏核心技术支持。二是对美国、欧洲等发达国家和地区依附性较高，自主创新能力较弱。三是出口贸易的外部环境恶化：世界经济复苏动力不足，外需低迷的态势难有根本好转，各国对经济前景的担忧导致其外部市场需求减少，使我国高新技术产品出口的增长受到一定的限制；"知识产权争端"和"技术性贸易壁垒"的双重压力也严重阻碍了我国高新技术产品出口。作为我国高新技术产品出口重要市场的美国、日本、欧洲均建立了严格的知识产权保护制度，使我国高新技术产品出口压力倍增。所以为了提高高新技术产品出口的贸易效率，中国必须积极开发与美、日、欧盟的贸易效率和潜力。

创新是引领发展的第一动力。中国想在全球经济中占据更高的地位，就必须通过创新，加大高新技术产品的出口力度，而欧盟作为中国重要的贸易伙伴，是中国高新技术产品出口所必须大力开拓的国外市场之一。为了提高中国经济的核心竞争力，中国需要抓紧与欧盟进行投资和贸易协定谈判，同时充分发挥"一带一路"倡议的作用，大力挖掘欧盟市场效率与潜力。本节测算了中国对欧盟出口高新技术产品的贸易效率与贸易潜力，分析了影响中国对欧盟出口高新技术产品的因素，并对如何提高双方贸易效率，促进中国—欧盟贸易发展提出了合理性建议。

5.3.1　文献综述与问题的提出

已有文献对我国高新技术产品出口的研究主要基于以下三方面展开：一是研究我国高新技术产品出口的现状及特点。郭峰濂和盛水源（2006）通过数据分析发现我国高新技术产品出口增长速度快，但是高新技术产品出口中加工贸易出口所占比重较大。贺骁和廖维琳（2004）运用经济计量方法对我国高新技术产品的出口数据进行分析，发现高新技术产品出口在我国出口贸易中占有重要位置。吴宏（2009）通过实证研究发现，我国高新技术产业内贸易总体上呈不断上升的态势，但产业间贸易特征仍然存在差异。二是分析影响我国高新技术产品出口的因素。储昭昉（2011）基于钻石模型进行研究发现，R&D 投入、外商投资和贸易开放度对我国高新技术产品出口有显著正向影响。张燕平（2014）对我国高新技术产品贸易特征及竞争力进行分析，发现影响我国高新技术产品出口贸易的主要原因包括：高新技术产品出口区域发展不平衡，高新技术产品出口附加值低，高新技术产品创新效率低。包群和张雅楠（2010）基于我国 30 个省、区、市的面板数据分析发现，区域金融发展水平是影响我国高新技术产品出口的重要原因。三是对如何提高我国高新技术产品出口的国际竞争力进行研究。姚战琪（2002）分析了中国高新技术产品出口的整体竞争力与出口贸易的发展进程，提出促进中国对外贸易结构的转型升级有利于提高中国高新技术产品出口的国际竞争力。蔡旺春等（2018）对高新技术行业的分组数据进行实证检验，研究表明要提高我国高新技术产品出口竞争力，政府应该实施差异化的高新技术产业 R&D 补贴方式。

应用随机前沿模型分析贸易效率与贸易潜力的研究文献很多，主要包括宏观和行业层面。从宏观层面来看，屠年松和李彦（2016）运用随机前沿引力模型测算出中国与东盟国家双边贸易效率与潜力，并对影响双边贸易效率的因素进行分析，最后为提高中国东盟双边贸易效率提出对策。李村璞等（2018）以东南亚九个国家为样本，运用随机前沿引力模型和贸易非效率模型测量了中国对东南亚国家的出口贸易潜力并分析了影响出口贸易的各种因素。高志刚和梁江艳（2019）选取 2008—2015 年中国与中亚、西亚和南亚 22 个国家的贸易面板数据，运用随机前沿引力模型估计总贸易效率和潜力以及出口贸易效率和潜力，分析影响贸易效率和潜力的主要因素。研究表明，中国与中亚、西亚、南亚国家的非效率因素呈递减趋势，总贸易效率和出口贸易效率呈递增的变化趋势；中国与中亚、西亚和南亚三个区域的贸易发展较不均衡；最具有进口潜力和提升空间的是中亚地区，最具有出口潜力和提升空间的是南亚地区；经济规模与人口总量与贸易水平呈正相关关系，与贸易伙伴国首都之间的直线距离和共同边界对贸易水平呈现显著的负影响。从行业层面来看，章家清和林莉（2015）利用扩展的引力模型分析了在中国东盟自由贸易区（China-ASEAN Free Trade Area，以下简称 CAFTA）框架下中国与东盟双边水产品贸易效应，并对促进双边贸易产业升级提出建议。张欣等（2019）利用随机前沿引力模型测算中国与东盟国家间文化产品出口潜力，研究影响中国对东盟文化产品出口的因素。朱婷（2019）对中国东盟农产品贸易结构进行分析并提出改善双方农产品贸易结构的有效方法。

通过对现有相关文献进行梳理发现，关于中国对欧盟出口贸易的研究众多并涉及农产品、文化产品、金融服务等多个领域，但对高新技术产品出口贸易的研究较少。随着"一带一路"倡议的提出，中国与欧盟的贸易发展得到进一步推进，高新技术产业作为中国经济发展的重要支柱之一必须得到高度重视。中国高新技术产品出口欧盟的贸易潜力有多大？哪些因素影响着中国对欧盟国家出口高新技术产品的贸易效率？应该如何提高出口贸易效率，促进中国高新技术产品出口？基于上述问题，研究中国对欧盟出口高新技术产品的贸易效率与潜力具有重要的现实意义。

5.3.2 中国对欧盟高新技术产品出口贸易现状及影响因素分析

1. 中国高新技术产品对欧盟出口贸易发展历程

（1）中欧高新技术产品对欧盟出口局势严峻

自 2000 年以来，中国与欧盟之间的高新技术产品贸易经历了近十年的高速增长。2008 年的世界金融危机使中国与欧盟之间的高新技术产品进出口增幅开始呈现出下降的趋势，并且断崖式下跌，从 2007 年的 78.6% 极速下跌至 2008 年的 15.1%，下跌幅度达到 63.5% 左右，这对于中欧之间的高新技术产品贸易来说是一个巨大的打击。2009 年中国与欧盟之间的高新技术产品进出口贸易首次进入负增长阶段。2010 年全球经济缓慢复苏，中欧高新技术产品进出口贸易再次迎来光明的发展前景。但 2011 年的"欧债"危机使得刚刚复苏的中欧高新技术产品贸易再次遭受打击，出口增幅显著缩减。2012 年"欧债"危机的持续升级，更是雪上加霜。

（2）中国对欧盟高新技术产品出口市场的复苏

随着全球经济的持续复苏，加之中国将创新发展摆在更为重要的位置，中欧之间的高新技术产品进出口贸易再次得到增长。2015 年，欧盟从中国（占欧盟以外进口产品总量的 34%）、美国（26%）和瑞士（6%）进口了最多的高科技产品，中国占据了三分之一的总量。2017 年和 2018 年，中国是欧盟进口高新技术产品的第一大国，所占比重均在 34% 上下波动，贸易额逐年不断上涨，从 2015 年的 1196.36 亿美元上涨至 2017 年的 1305.12 亿美元。

总的来说，中国与欧盟的高新技术产品的进出口贸易呈波动上升趋势，有着光明的发展前景。尤其是在经济全球化成为不可阻挡的时代潮流的当下，各国都争先恐后地发展自身的技术，提高科学技术水平，中国与欧盟的高新产品贸易只会在曲折的道路中不断前进。

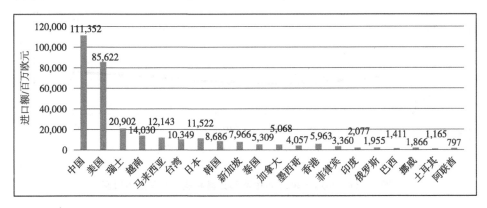

图 5-9 2015 年欧盟高新技术产品进口图

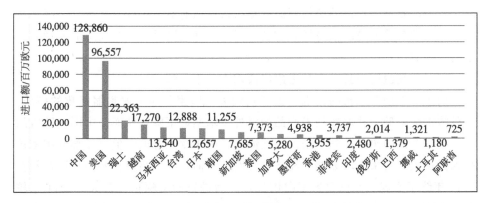

图 5-10 2018 年欧盟高新技术产品进口图

2. 中国对欧盟高新技术产品出口贸易的特点

（1）双边高新技术产品贸易额呈现较大波动

以欧盟从中国进口的前十大类产品中所包含的高新技术产品为例，中国出口欧盟的总额从 2014 年的 1966 亿美元、2015 年的 2074 亿美元、2016 年的 2081 亿美元、2017 年的 2330 亿美元，再到 2018 年的 2603 亿美元，一直不断攀升，增幅的波动较大，从 2015 年的 5.49%，2016 年的 0.34%，2017 年的 11.97%，到 2018 年的 11.72%，幅度波动达到了 10% 左右。中国从欧盟进口的部分高新技术产品总值从 2014 年的 1042 亿美元，在 2015 年下跌至 897 亿美元，2016 年爬升至 913 亿美元，较之 2015 年增长了 1.78%，2017 年跃升至 1099 亿美元，增长幅度达到 20.37%，成功从此前的低谷中恢复了过来。2018 年继续上升，达到 1225 亿美元的贸易额。

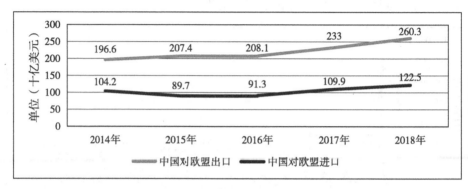

图 5-11　2014—2018 年中欧部分高新技术产品进出口图

可以看出，中欧高新技术产品进出口贸易出现了较大波动，尤其是中国从欧盟进口高新技术产品的贸易额波动更大，有跌有涨。中国对欧盟出口高新技术产品的贸易趋势总的来说虽有波动，但其波动主要是增长幅度上的波动，而非进口额有增有减。

（2）对欧盟高新技术产品进出口波动方向不一致

由于"欧债"危机的出现，受影响较大的国家普遍采取紧缩财政的措施，对外需求的降低导致高新技术产品的对外需求明显下降，从而使中国对欧盟的高新技术产品的出口受到冲击。与此同时，由于欧元急剧贬值以及部分国家选择通过加大出口来挽救萎靡的经济，在欧盟方向，我国高新技术产品进口额在 2010 年终于实现了两位数的正向增长，随后进口的增幅再次扩大，2011 年较 2010 年提高了近 4 个百分点，与同期欧盟进口高新技术产品的趋势呈现出反向波动的态势。2010 年到 2012 年的三年中，我国对欧盟中部分国家，如荷兰、法国、德国等国家的出口增幅持续下降，对于其中部分国家的进口增幅呈现先升后降的趋势。

由于中欧高层往来频繁，中国对欧盟的高新技术产品出口呈不断上升的趋势，但由于欧洲经济复苏缓慢等原因，中国对欧盟的高新技术产品出口贸易额在 2015 年和 2016 年两年增长缓慢。同时，由于人民币对欧元被动升值的原因，欧盟在进口中国的高新技术产品方面，在 2015 年大量减少了进口额，减少了 13.92%，2016 年虽然有所增加但还是不到近几年的平均水平。使得在这个时间段，中欧之间的高新技术产品进出口波动方向再次呈现出反向波动的情形。

随着欧洲经济的逐渐回暖及中欧之间各种贸易协议的达成，中欧高新技术产品贸易额也随之不断上涨。中国对欧盟出口的增长率自 2017 年开始便保持在 12％左右，意味着中国对欧盟出口高新技术产品处于快速增长阶段。而自2017 年开始，中国从欧盟进口的高新技术产品的贸易额也是在不断增长，甚至增长率更要高于中国对欧盟的出口。

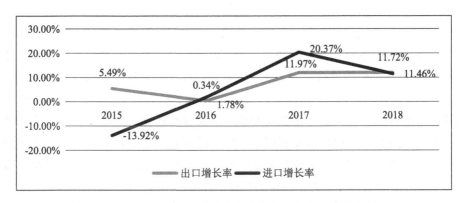

图 5‑12　2015—2018 年中欧高新技术产品进出口增长率变化图

（3）欧盟市场在我国高新技术产品出口占比中呈下降趋势

根据中国海关等相关部门的统计，2003 年至 2011 年，欧盟市场一直是我国高新技术产品的重要市场，占比长期高于 20％。但是受到 2012 年"欧债"危机升级的不利影响，欧盟市场占比到了 13 年来历史最低点，而我国出口亚洲和北美洲的贸易额则较 2011 年分别提高了 14.4％和 9.9％。我国在亚洲市场和北美洲市场的发展，也相应地降低了欧盟市场的重要性，降低了欧盟市场在中国全部海外市场中的比重。

经过近六年的经济回暖，中欧之间的高新技术产品贸易额基本处于上升的状态，并且中国已经蝉联欧盟最大的高新技术产品进口国，占据欧盟外市场的份额从 2017 年的 20％上升至 2018 年的 34％左右。但是总额的上升并不能阻止欧盟在中国的高新技术产品出口占比中的比重不断下降，因为总额的上升率要低于中国该项贸易出口总额的增长率。

中国对欧盟的高新技术产品出口额自 2015 年至 2017 年增长了 9.1％左右，中国全部高新技术产品出口额自 2015 年至 2017 年增长了 11％左右，比欧盟市场的增速快了两个百分点。

随着"一带一路"倡议的实施，中国对"一带一路"沿线国家的投资和贸易往来更加密切，自然会占据一部分欧盟的比重，而且欧盟对外资的审查日益严苛，使得中国高新技术产品进入欧盟市场难度增大。同时英国的脱欧事件，使得中国企业对欧盟进行出口贸易时更加慎重。

3. 中国对欧盟高新技术产品出口贸易的影响因素

（1）欧盟技术性贸易壁垒

随着经济全球化程度逐步加深，国际贸易日趋频繁，已经成了一个国家不可或缺的一部分。出于保护本国产业及企业的发展的需要，各国都采取了一定程度的贸易保护措施。

欧盟曾经被认为是全世界范围内设置技术性贸易壁垒最严重的地区。欧盟从技术标准、信息技术壁垒、环保壁垒、道德壁垒、技术专利壁垒等方面，对我国高新技术产品的出口造成影响。合格评定程序要求我国高新技术产品企业获得 CNE 认证标志、CE 认证标志或者 ISO9000 标志其中一种。而包装和标签要求、环保壁垒等又在一定程度上增加了我国高新技术产品的成本，使我国的价格优势被打压。而技术专利壁垒，则在根本上限制了我国高新技术产品的研发速度，也在一定程度上抑制了我国高新技术产品的高度，但也促使着我国企业提高产品研发水平，起到"倒逼"技术进步的作用。

（2）欧盟新贸易战略

欧盟新贸易战略是欧委会于 2015 年公布的一项贸易战略。该战略充分体现了高度的政治化，并且强调经济外交手段、挂钩策略等的运用，这个战略的制定和实施将对中欧双方的经贸关系产生深远的影响。

该贸易战略中涉华内容有下列几个方面：①推动中欧投资协定谈判，推进我国的"一带一路"建设与"欧洲投资计划"成功对接。②推进《中欧地理标识协定》谈判。③关于中欧自贸区的建立问题。欧盟方认为还未到与中国商议签订自贸区协定的时候，中国还需要更加深入和充分的经济改革，同时也是为了给欧盟企业创造一个更加公平、更加有利的竞争环境。④鼓励并支持中国在当今的多边贸易体系中发挥出更大的作用。这四个方面，无疑使得中欧两国之间的经贸往来前景更加光明。

（3）中东欧贸易便利化

中东欧贸易便利化是促进中国高新技术产品出口欧盟的一大有力举措。大力开展基础设施建设等对中国与中东欧地区的贸易存在显著影响。

中东欧地区是我国商品进入欧盟市场的重要中转点之一。加强中国与中东欧贸易的便利化，无疑是对我国高新技术产品进入欧盟市场的一大助力。同时，减少中东欧非关税贸易壁垒的设置有利于我国开拓中东欧地区的市场，打通与欧盟的市场链。

中东欧贸易便利化一方面有利于我国高新技术产品能有多个出口市场，另一方面降低了中国高新技术产品出口欧盟市场的部分运输成本，对我国高新技术产品对欧盟的出口贸易有不小的促进作用。

（4）"欧债"危机

不同的产品在不同时期受到欧盟与中国之间的经济关系影响、欧盟的技术性贸易壁垒的限制、欧债危机的冲击程度都是不同的。

以欧盟从中国进口的前十大宗产品中的高新技术产品为例，电气、电子设备以及光学、照片、技术、医疗等仪器增幅都呈现上升趋势。尤其是有机化学产品，在 2016 年时首次成为中国出口欧盟的前十大宗商品之一，这是一个质的飞越。

在中国进口欧盟高新技术产品方面，2015－2016 年，位居前十的部分高新技术产品普遍呈下跌趋势，尤其是核反应堆、锅炉、机器以及飞机、宇宙飞船及其部件类产品，均下降了 10％以上。

总的来说，电力电气设备是 2014－2018 年中国对欧盟高新技术产品出口的首要产品。以 2018 年的数据为例，欧盟与中国的货物贸易中，欧盟的总进口额为 4650 亿美元，而电气、电力设备一项就达到了 1365 亿美元，占总进口额的 29.4％，比排名第二的核反应堆多出了 378 亿美元。

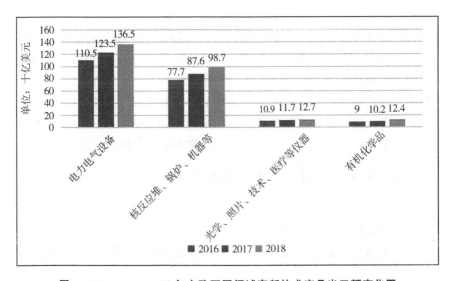

图 5－13　2016－2018 年中欧不同领域高新技术产品出口额变化图

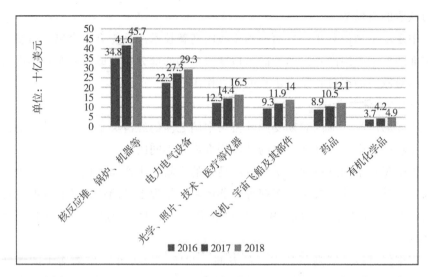

图 5‑14　2016—2018 年中欧不同领域高新技术产品进口额变化图

在中国与欧盟的高新技术产品的进出口贸易中，不同的危机对不同的产品有着不同的影响，有些是促进因素，有些是抑制因素。

（5）其他影响因素

由于中国高新技术产业仍处于发展阶段，急需大量的资本来进行建设，外商的直接投资为中国高新技术产业的发展提供了资金支持，也在一定程度上优化了我国高新技术产品的出口贸易结构。

我国的教育水平也是一大影响因素。人才的竞争是综合国力竞争的缩影。要想在高新技术产品上有所突破和超越，要加强自身的创新能力，以提高教育水平来提高我国的人才水平，从而促进我国高新技术产品的研发，只有质量过硬、独树一帜的高新技术产品才能在欧盟市场占据强有力的竞争地位。

政治上的互信合作会带动经贸上的往来，中欧在政治层面达成高度一致，建立良好的关系，对我国高新技术产品出口欧盟能有更好的促进作用。

5.3.3　基于随机前沿引力模型的贸易效率与潜力分析

1. 随机前沿引力模型的构建

（1）随机前沿引力模型概述

本节根据随机前沿引力模型，采用面板数据来构建实际贸易额函数。公式如下：

$$T_{ijt} = f(x_{ijt}, \beta) \exp(v_{ijt} - u_{ijt}), \quad u_{ijt} \geqslant 0 \qquad (5-23)$$

其中，T_{ijt} 是 t 时期 i 国对 j 国的实际贸易额；x_{ijt} 是影响贸易额的因素；β

是参数向量；v_{ijt} 表示影响贸易的随机影响因素，并服从均值为 0 的正态分布；u_{ijt} 是贸易非效率项，即限制或者促进贸易的因素，并且与 v_{ijt} 相互独立，同时服从半正态分布或者截尾正态分布，u_{ijt} 非负意味着从整体来看贸易阻力的占比较大。

对公式（5-23）取对数后得到：

$$\ln T_{ijt} = \ln f(x_{ijt}, \beta) + v_{ijt} - u_{ijt}, u_{ijt} \geqslant 0 \qquad (5-24)$$

贸易潜力表示为：

$$T_{ijt}^* = f(x_{ijt}, \beta) \exp(v_{ijt}) \qquad (5-25)$$

T_{ijt}^* 代表贸易潜力，表示 t 时期 i 国对 j 国可能的最大贸易额，此时没有贸易摩擦的存在，意味着贸易非效率的影响为零。

贸易效率表示为：

$$TE_{ijt} = T_{ijt} / T_{ijt}^* = \exp(-u_{ijt}) \qquad (5-26)$$

TE_{ijt} 代表贸易效率，即实际贸易额与最大值贸易额之间的比值。通过贸易效率值分析双方是否存在贸易非效率项：若 u_{ijt} 的值为零，说明两国间不存在贸易非效率项，无贸易摩擦，此时 TE_{ijt} 的值为 1，即贸易额达到最大值；若 u_{ijt} 的值大于零，说明两国间存在贸易非效率项，有贸易摩擦，此时 TE_{ijt} 的值介于 0 和 1 之间，即贸易额会小于最大值。

（2）时变随机前沿模型

随机前沿假定 u 不随时间的推移而变化，将其称为时不变模型。但是，学者们研究发现当经历足够长的时间之后，这种假定存在局限性。由于贸易非效率项会随着时间的变化而变化，因此，有学者在模型中引入时间变化因素，构建时变随机前沿引力模型，其方程为：

$$u_{ijt} = \{\exp[-\eta(t-T)]\} u_{ij} \qquad (5-27)$$

其中，$\exp[-\eta(t-T)] \geqslant 0$，$u_{ijt}$ 服从截尾正态分布，η 是待估计的参数。若 $\eta > 0$，u 随着时间递减，即贸易效率呈提高趋势；若 $\eta < 0$，u 随时间递增，即贸易效率呈降低趋势；若 $\eta = 0$，则时变模型会转化成时不变模型。

（3）贸易非效率模型

贸易非效率模型是将不可预测的人为因素纳入引力模型以此更准确地估计贸易阻力。巴蒂斯和科埃利（1995）提出了一阶段估计的方法（以下简称 BC95 模型），可以更加有效地估计贸易非效率的影响因素。BC95 模型如下：

$$u_{ijt} = \alpha' z_{ijt} + \varepsilon_{ijt} \qquad (5-28)$$

其中，z_{ijt} 是影响贸易效率的因素；α 是待估计的参数；ε_{ijt} 是随机扰动项。将贸易效率项及其影响因素同时在随机前沿引力模型中回归，将公式（5-28）直接代入到公式（5-26），得：

$$\ln T_{ijt} = \ln f(x_{ijt}, \beta) + v_{ijt} - (\alpha' z_{ijt} + \varepsilon_{ijt}) \qquad (5-29)$$

其中，$\alpha' z_{ijt} + \varepsilon_{ijt}$ 服从均值为 $\alpha' z_{ijt}$ 的截尾正态分布，并且与 v_{ijt} 相互独立，式（5-29）采用随机前沿方法进行回归，得出贸易效率项的估计值及其影响因素的数量关系，此时贸易非效率项呈现波动性，因而更符合实际情况。

2. 具体模型的设定

（1）时变和时不变随机前沿引力模型的设定

首先构建时变随机前沿引力模型，并通过该模型来测算中国高新技术产品出口欧盟的贸易潜力，该方程为：

$$\ln EXP_{ijt} = \beta_0 + \beta_1 \ln GDP_{it} + \beta_2 \ln GDP_{jt} + \beta_3 \ln POP_{it} + \beta_4 \ln POP_{jt}$$
$$+ \beta_5 \ln DIST_{ij} + \beta_6 BOD_{ij} + v_{ijt} - u_{ijt} \qquad (5-30)$$

式（5-30）中，被解释变量 EXP_{ijt} 代表 t 时期 i 国对 j 国的出口额。解释变量包含以下几种：

① GDP_{it} 代表 t 时期出口 i 的 GDP，GDP_{jt} 代表 t 时期进口国 j 的 GDP，这两个变量可以反映贸易双方的经济规模，预期符号为正。

② POP_{it} 代表 t 时期出口国 i 的人口总数，POP_{jt} 代表 t 时期进口国 j 的人口总数，这两个变量可以反映贸易双方的市场发展状况以及市场的大小程度，预期符号为正。

③ $DIST_{ij}$ 代表贸易双方的距离，可以反映贸易的成本，预期符号为负。

④ BOD_{ij} 代表贸易双方的共同边界，如果存在则取 1，若不存在则取 0。

为了检验该边界以及回归方程形式是否适用随机前沿引力模型，在进行回归实证分析前，将采用 Frontier4.1 作为分析工具，并采用似然比检验来确定是否可以纳入，即是否适用。

（2）贸易非效率模型的设定

为了测算中国高新技术产品的贸易非效率的影响因素，本节将通过一步法来建立贸易非效率模型。该方程为：

$$u_{ijt} = \alpha_0 + \alpha_1 FTA_{ijt} + \alpha_2 SHP_{jt} + \alpha_3 MON_{jt} + \alpha_4 TRA_{jt}$$
$$+ \alpha_5 GOV_{jt} + \alpha_6 REG_{jt} + \varepsilon_{ijt} \qquad (5-31)$$

在回归方程（5-31）中，解释变量包含以下几种：

① FTA_{ijt} 代表自由贸易协定，如果双方签订协定则取 1，若没有签订则取 0，预期符号为负。

② SHP_{jt} 代表班轮运输相关指数，反映贸易双方与全球航运的结合程度，预期符号为负。

③ MON_{jt} 代表货币自由度，反映的是进口国的物价水平以及政府对价格的管控力度，评分越高代表其物价稳定性越高、政府对价格的管控力度越低，预

期符号为负。

④TRA_{jt}代表贸易自由度，反映的是贸易双方的贸易开放度，预期符号为负。

⑤GOV_{jt}代表政府运作效率，反映的是公共服务的质量、政府的公信力等，预期符号为负。

⑥REG_{jt}代表政府监管质量，反映的是政府在促进企业发展方面的政策法律等的监管和执行作用，预期符号为正。

3. 数据来源

本节以欧盟以及英国、荷兰、德国、法国、意大利、西班牙、波兰、芬兰、爱尔兰、比利时、瑞典、希腊、葡萄牙、立陶宛作为样本，时间跨度为 2010－2016 年。因为此时英国还没脱欧，所以欧盟是按照 EU-28 作为样本的。

中国高新技术产品对欧盟的出口额数据来自欧盟统计局；中国和欧盟的国内生产总值以及国家人口总量数据来自世界银行数据库，其中为避免双方的GDP 由于汇率的变动而变动，均以现价美元计算；地理距离由距离计算器测算，按照中国的首都北京和欧盟等组织和国家的首都的直线距离进行计算。

自由贸易协定数据来自中国自由贸易区服务网，由于中国并未与本节所选取的对象国家签订自由贸易协定，所以在计算时默认其不存在自由贸易协定；班轮运输相关指数来自世界银行数据库，由于部分欧盟国家不存在班轮运输相关指数，所以在处理该数据时，将有相关指数的国家指数相加之后除以国家数量，以平均数代表欧盟的班轮运输相关指数；货币自由度和贸易自由度均来自全球遗产基金会，由于不存在整个欧盟的货币自由度和贸易自由度，本节同样用平均数来代表欧盟的货币自由度和贸易自由度；政府执行效率和政府监管质量数据来自全球治理指标（Worldwide Governance Indicators，以下简称 WGI）。

由于欧盟部分国家数据缺失严重，无法查询到 2017 年和 2018 年的欧盟部分国家与中国的高新技术产品贸易额，所以本节以 2010－2016 年的数据为基础来建模分析。

4. 实证结果及分析

（1）时变和时不变随机前沿引力模型结果

为保证本节所使用的随机前沿引力模型的适用性，首先通过似然比对其进行检验，其中涉及贸易非效率项 u_{ijt}。第一次检验是否存在 u_{ijt}；第二次检验 u_{ijt}是否随着时间变化而变化。由于欧盟国家与中国均不接壤，所以边界变量均为零，所以在此不考虑是否引入边界变量问题。

检验的方法是分别在零假设 $H_0: \gamma = \mu = \eta = 0$ 和零假设 $H_0: \eta = 0$ 的条件下，根据是否有约束模型，将 LR 统计量的数值与混合卡方分布的 1% 临界值进行比较。

表 5-25   2010-2016 年随机前沿引力模型适用性检验

原假设	H_0	H_1	LR	自由度	1%临界值	检验结论
不存在贸易非效率	−107.89	−55.56	104.66	3	11.34	拒绝
贸易非效率不变	−55.56	−55.03	1.06	2	9.21	接受

数据来源：根据计量结果整理得到，$LR=2[\ln(H_1)-\ln(H_0)]$，自由度为约束检验两个数。

由表 5-25 可知，在不存在贸易非效率的假设检验中，LR 统计量值大于临界值，所以拒绝原假设，应选用随机前沿方法。同时，在贸易非效率不变化假设检验中，LR 统计量值小于临界值，拒绝了该假设，这意味着更适宜采用时不变引力模型。

当适用性检验完成之后，新的函数形式就变成：

$$\ln EXP_{ijt}=\beta_0+\beta_1\ln GDP_{it}+\beta_2\ln GDP_{jt}+\beta_3\ln POP_{it}+\beta_4\ln POP_{jt}$$
$$+\beta_5\ln DIST_{ij}+v_{ijt}-u_{ijt} \qquad (5-32)$$

本节用 2010-2016 年中国和样本国之间的高新技术产品贸易进行随机前沿引力模型回归，结果如表 5-26 所示。由表 5-26 的计量结果可知：

表 5-26   2010-2016 年随机前沿引力模型计量结果

估计方法	时不变模型		时变模型	
变量	系数	标准误	系数	标准误
常数项	−56.666449***	0.99890711	−56.670603***	0.99892955
GDP_{it}	−0.42538322***	0.14336998	−0.42183539***	0.14861252
GDP_{jt}	0.99023616***	0.11174747	1.0347798***	0.14462080
POP_{it}	4.1441677***	0.17928160	4.1630400***	0.23184177
POP_{jt}	0.064846274	0.12244178	0.02555509	0.14156361
$DIST_{ij}$	−0.91169539***	0.32025784	−0.87623721***	0.40108947
σ^2	0.81701396***	0.17792813	0.78169206***	0.15680002
γ	0.90147016***	0.01864429	0.90620189***	0.01377613
μ	−1.7164075**	0.692068	−0.17164075***	0.60631332
η			0.0091791875	0.021889039
Log Likelihood	−55.561100		−55.031100	
LR	104.666610		105.726540	

数据来源：根据计量结果整理得到，＊＊、＊＊＊分别代表5%和1%水平上显著。

①时不变模型（TIVM）以及时变模型（TVM）中的解释变量大致上是一致的，本节可以借此确定该随机引力模型的稳定性。中国和欧盟等国际组织以及国家的 GDP 在1%水平上显著，但中国作为出口国为负，欧盟和英国等

进口地为正，这与本节一开始的预期有所出入，表明欧盟等进口国的经济规模越大、需求结构越好越有利于中国高新技术产品的出口，而中国经济规模的逐渐增大对出口贸易起到限制作用，这可能是由于国内市场的逐渐开发，使出口遭到一定程度上的限制。同时中国人口总量在 1% 水平上显著，且与进口国的系数均为正，表明该因素对于中国出口贸易起着积极影响。地理距离的系数为负，说明地理距离是中国对欧盟国家的高新技术产品的出口贸易的不利因素，符合预期。

②在时变模型中，η 的系数为正，这表明 u 将会随着时间而减小，说明中国对欧盟国家的出口贸易效率呈现上升趋势，反映出在经济全球化的当下，在欧盟和中国加强经济往来合作的情况下，贸易保护和出口管制等有碍于国际贸易发展的因素均有所遏制。

③在时变和时不变两个模型中，随机扰动项的数值分别是 0.901 和 0.906，均接近于 1。这表明双方之间的贸易效率还有充分的上升空间，实际的贸易额尚未达到理论上的贸易可达到的最大值水平。

（2）贸易非效率模型计量结果

对贸易非效率模型进行估计之后，结果如表 5-27 所示。

表 5-27　2010—2016 年贸易非效率模型计量结果

随机前沿函数（SFF）			贸易非效率函数（TIM）		
变量	系数	标准误	变量	系数	标准误
常数项	−57.235805***	0.86271894	常数项	−4.4720074	4.1782961
GDP_{it}	−0.56152487***	0.27779968	SHP_{jt}	−0.009667844***	0.002675549
GDP_{jt}	0.30832931	0.2069816	MON_{jt}	−0.014289535	0.020172653
POP_{it}	3.7868585***	0.27049828	TRA_{jt}	0.091192585	0.057162376
POP_{jt}	0.72094678***	0.21855981	GOV_{jt}	0.10498643	0.25608281
$DIST_{ij}$	−1.2412818***	0.41446745	REG_{jt}	−1.3845107***	0.31097906
			σ^2	0.31810056***	0.044619032
			γ	3.36579E−06	3.86452E−05
Log Likelihood	−88.837		LR	38.114	

数据来源：根据计量结果整理得到，＊＊＊代表 1% 水平上显著。

由表 5-27 的贸易非效率模型计量结果可知：

①SHP_{jt} 在 1% 的水平上显著，且系数为负，说明各国与全球的航运网络连通程度较高，中国与欧盟各国的海运连通程度较高。大宗的国际货物贸易以海运为主要运输方式，高程度的海运连通促进了中国与欧盟各国的贸易往来。

②MON_{jt}和TRA_{jt}的t值都较小，并不显著，说明模型中各国的物价水平以及设置贸易壁垒等相关贸易政策对我国高新技术产品在这些地区的出口贸易并无显著影响。

③REG_{jt}在1%水平上显著，但系数为负，表明虽然研究涉及的政府对于有关企业发展的法律法规执行力度较大，但是并没有对我国的高新技术产品出口贸易起到阻碍作用。

综上所述，通过检验，在提出了边界变量之后，确定了新的模型方程式并回归后发现时变模型和时不变模型的计量结果大致上相同，但是检验结果表明采用时不变引力模型更为恰当。模型中的主要核心变量，如GDP、POP等与出口总额呈正相关趋势，而$DIST$则呈负相关态势，与预期大致相等。贸易非效率模型对非效率项的情况进行了进一步的分析，结果表明SHP_{jt}和REG_{jt}是促进出口贸易的影响因素，MON_{jt}和TRA_{jt}并不显著，与本节的预期有所出入。政府运作效率对出口贸易起到了阻碍作用，也与预期不同。

（3）贸易效率分析

本节以随机前沿引力模型为基础，分析中国的高新技术产品对欧盟的出口效率。运用了Frontier4.1计量软件，获得了中国对欧盟等15个经济体及国家的出口效率值，时间跨度为2010年到2016年，具体的出口效率值如表5-28所示。

表5-28　2010—2016年中国对欧盟等15个经济体及国家的出口效率值

	2010	2011	2012	2013	2014	2015	2016
欧盟	0.65	0.66	0.68	0.7	0.63	0.65	0.67
英国	1	1	1	1	1	1	1
荷兰	1	1	1	1	1	1	1
德国	1	1	1	1	1	1	1
法国	0.87	0.79	0.78	0.82	0.64	0.69	0.69
意大利	0.53	0.47	0.51	0.53	0.4	0.45	0.45
西班牙	0.87	0.79	0.69	0.68	0.51	0.55	0.81
波兰	0.43	0.44	0.49	0.56	0.54	0.53	0.53
芬兰	1	1	1	1	1	1	1
爱尔兰	0.84	0.8	0.78	0.89	1	1	1
比利时	1	1	1	1	0.84	1	1
瑞典	1	1	1	1	1	1	1
希腊	0.44	0.39	0.42	0.49	0.32	0.37	0.25
葡萄牙	0.33	0.33	0.44	0.42	0.36	0.49	0.43
立陶宛	0.32	0.32	0.47	0.49	0.47	0.54	0.48

数据来源：根据回归结果整理得到。

从表 5-28 可以看出，中国对英国、荷兰、德国、芬兰、爱尔兰、比利时、瑞典的高新技术产品出口效率非常高，而波兰、希腊、葡萄牙、立陶宛等国家的出口潜力则还可以进一步挖掘。再从整个欧盟的出口效率来看，介于 0.60～0.70 之间，有较大的出口潜力等待进一步挖掘。

根据上述回归模型，本节可以得到一个理论状态下的潜在贸易额，对中国和欧盟国家高新技术产品出口潜力的估算，可以通过实际贸易额与理论贸易额的比值来测度。公式如下：

$$TI = \frac{\ln T_{jt}}{\ln T'_{jt}} \qquad (5-33)$$

其中，TI 表示第 t 期两方之间的贸易潜力指数，T_{jt} 表示第 t 期两国实际贸易额，T'_{jt} 表示第 t 期通过式（5-32）估算的理论贸易额。结果如表 5-29 所示。

表 5-29　2010—2016 年中国对欧盟等 15 个经济体及国家的贸易潜力值

	2010	2011	2012	2013	2014	2015	2016
欧盟	0.98	0.98	0.99	0.99	0.98	0.98	0.98
英国	1.00	1.00	1.00	1.00	1.00	1.00	1.00
荷兰	1.00	1.00	1.00	1.00	1.00	1.00	1.00
德国	1.00	1.00	1.00	1.00	1.00	1.00	1.00
法国	0.99	0.99	0.99	0.99	0.98	0.98	0.98
意大利	0.97	0.97	0.97	0.97	0.96	0.97	0.97
西班牙	0.99	0.99	0.98	0.98	0.97	0.97	0.99
波兰	0.96	0.96	0.97	0.97	0.97	0.97	0.97
芬兰	1.00	1.00	1.00	1.00	1.00	1.00	1.00
爱尔兰	0.99	0.99	0.99	0.99	1.00	1.00	1.00
比利时	1.00	1.00	1.00	1.00	0.99	1.00	1.00
瑞典	1.00	1.00	1.00	1.00	1.00	1.00	1.00
希腊	0.96	0.96	0.96	0.97	0.95	0.95	0.94
葡萄牙	0.95	0.95	0.96	0.96	0.95	0.97	0.96
立陶宛	0.94	0.94	0.96	0.96	0.97	0.97	0.96

数据来源：根据回归结果整理得到。

对于贸易潜力的分类，本节借鉴刘青峰和姜书竹（2002）的分类标准来进行判断（见表 5-30）。如表 5-29 所示，欧盟属于潜力开拓型，意味着贸易潜力虽然尚未充分挖掘，但是其挖掘空间有限。欧盟中的部分国家，例如英国、荷兰、德国、芬兰、爱尔兰、比利时、瑞典，其潜力挖掘程度已经较深，所以，需要与欧盟中高新技术产品贸易不够密切的国家加强交流合作，充分挖掘高新技术产品贸易潜力。

表 5 - 30　贸易潜力分类标准

贸易潜力类型	取值范围	含义
潜力再造型	TI≥1.2	贸易过度，发展培育其他促进贸易发展的因素
潜力开拓型	0.8＜TI＜1.2	贸易潜力尚未充分挖掘，但挖掘空间有限
潜力巨大型	TI≤0.8	贸易不足，贸易潜力空间较大

数据来源：刘青峰和姜书竹（2002）。

5.3.4　结论与对策建议

1. 结论

通过对中国高新技术产品出口欧盟的贸易现状、特征以及影响因素的分析，对欧盟及其部分国家的贸易效率与贸易潜力的测算分析，本节可得出以下结论。

①中国高新技术产品对于欧盟出口的产品种类以电力、电器设备为主，存在较为显著的优势，而在航天技术等附加值较高、技术含量较高的产品中处于比较劣势的地位。

②中国与欧盟中较为发达国家间的贸易潜力已经被挖掘到了一定深度，很难再有新的大幅度的进展，如英国、荷兰、比利时、瑞典等国。

③基于时不变模型，得出了主要的核心变量，如 GDP、POP 等与出口总额呈现正相关关系，$DIST$ 与出口总额呈现负相关关系。通过贸易非效率模型的分析，可以看出 SHP_{it} 和 REG_{it} 是促进出口贸易的影响因素，MON_{it} 和 TRA_{it} 并不明显，而政府运作效率对出口贸易起到了阻碍作用。最后通过对贸易潜力进行测算，本节得出中国对于欧盟总体的出口贸易效率介于 0.60～0.70 之间，出口潜力较大。

2. 对策建议

为了进一步提高中国对欧盟各国出口高新技术产品的贸易效率并释放出口潜力，本节提出以下建议。

①根据欧盟各国发展现状及市场需求，调整高新技术产品出口结构，同时中国要加强自身的自主创新能力，对于高新技术产品投入更多的人才资源和财力支持，增强研发的力度，毕竟打铁还需自身硬。既要保证自己在优势产业的优势地位，又要积极开拓高附加值的高新技术产品，以求扭转不利的局面。

②积极与欧盟国家政府构建良好的经济伙伴关系，加强双方之间的对话，协调各方，达成共赢的局面。尽可能地减少技术性贸易壁垒等限制措施的存

在，使双方达到贸易互通的友好合作境地。

③要大力发展海运，完善相关的运输网络，使中国与欧盟之间的贸易往来能更加便捷，进一步降低贸易成本。由于进口国与中国的地理距离是影响中国高新技术产品出口的重要原因之一，可以通过自身运输网络的完善、运输工具的进步等方式缩短运输的时间。

④坚持具体问题具体分析，中国对于欧盟不同国家的出口贸易潜力也不尽相同，我们要充分挖掘还未被大力开发的新兴欧盟市场，也要保持已经获得开发的高出口贸易效率值的国家，要进一步地开源，以点带动面的发展。

5.4　中国与中东欧十六国水产品贸易竞争性、互补性及贸易潜力研究

中东欧十六国大多数地处内陆，海上交通不便捷，海上资源不丰富，这构成了中东欧十六国进口水产品的基本条件，加之政府对水产品贸易的政策扶持，使得水产品贸易逐渐成为中东欧十六个国家国际贸易的重要组成部分。

一直以来，中国通过实施各类支持两地水产品贸易的政策，使得中东欧十六国与中国在水产品贸易方面的合作日益密切，成为彼此对外贸易的重要合作伙伴。2013 年，中国发起了"一带一路"倡议，中国和中东欧国家的合作在"一带一路"倡议下更具有前景。针对中国与中东欧十六国之间水产品贸易的发展状况做实证分析，不仅对于中国与中东欧十六个国家水产品贸易的未来发展有重要意义，也能够为中国与其他国家水产品贸易的发展提供借鉴。

5.4.1　文献综述与问题的提出

由于水产品是人类所需的动物蛋白质的重要来源（联合国粮农组织，2007；孙海文，2009），为全球和中国的食物和营养安全提供了重要保障［世界银行，2017；陈等（Chan et al.），2017］，同时，水产品又是国际食品贸易程度非常高的一类产品，估计有 78％的海产品进入国际贸易竞争（联合国粮农组织，2018）。改革开放以来，中国非常重视水产科学研究和渔业经济发展，自 1989年以来中国水产品总产量连续 30 年稳居世界首位，2018 年总产量达 6457.66万吨，占世界总产量的四成以上，成为公认的世界"渔业生产大国"（王佳迪等，2019）。同时，中国水产品贸易也蓬勃发展，自 2002 年以来水产品出口额连续 17 年稳居世界第一，2018 年中国水产品进出口总量 954.42 万吨，进出口总额 371.88 亿美元，同比分别增长 3.33％和 14.44％，水产品出口额达223.26 亿美元，年均增幅超两成，贸易顺差 74.65 亿美元，中国已成为世界

水产品贸易大国（农业部渔业渔政管理局，2019）。

近年来，中国通过各种贸易便利化措施促进中国与中东欧十六国水产品贸易的发展[①]。中东欧十六国大多数地处内陆，海上交通不便捷，海上资源不丰富，这构成了中东欧十六国进口水产品的自然禀赋条件。当前，中东欧各国水产品贸易得益于政府政策的大力支持，水产品贸易在各国国际贸易中的地位日益提升（杨波等，2017）。然而，中国与中东欧十六国的水产品贸易长期波动且增长缓慢，在双边贸易中的地位有待提高。在这种情况下，"一带一路"倡议、亚洲基础设施投资银行和中国与中东欧 "16＋1" 合作机制带来的 "设施联通、贸易畅通、资金融通" 等投资和贸易便利化条件，将为挖掘双边水产品贸易潜力提供新的机会和平台（郭书克，2017；邵桂兰和王蕾，2018）。

王屏（2007）提出中国与中东欧国家的经贸合作自进入 21 世纪以来不断取得新突破，达成新进展。张秋利（2013）、刘威（2015）的研究发现我国在对中东欧十六国出口的产品中，机械及运输设备有显著竞争优势，但是出口结构单一，进出口产品失衡。尚宇红、高运胜（2014）基于 CMSA 模型对中国与中东欧十国的出口产品竞争力展开研究，认为总市场份额增加主要来自产品竞争力效应，商品结构效应呈中性化。张丹、张威（2014）认为中国与中东欧十六国在贸易和投资方面进展迅速，但仍然需要政策的推动和引导。刘威（2015）发现中国对外出口的产品结构和中东欧国家进口的产品贸易结构都十分单一，中国和中东欧国家应该开展产业内、产业间的贸易，深入挖掘贸易潜力。姚铃（2016）研究认为中国与中东欧贸易合作现状良好，为了更好的发展前景双方应该改善贸易投资便利化条件。曲如晓、杨修（2016）研究了中国与中东欧国家的贸易合作以及中国对中东欧直接投资的现状，结论表明强互补性主要发生在产业间，所以中国应该加强优势产业的往来，并对中东欧各国实施差异化措施。

关于中国和中东欧国家间的竞争互补性分析也有学者进行过研究。龙海雯、施本植（2016）通过出口市场相似度指数、产品相对贸易指数、双边贸易综合互补指数、贸易紧密度指数等，表明中国和中东欧国家有竞争优势的产品和市场方面均体现出互补性，应该不断开发新贸易伙伴国的潜力。

基于此，本节利用 UN Comtrade 数据库数据，针对中国与中东欧十六国双边水产品贸易市场结构、商品结构及贸易竞争性和互补性进行定量分析，实

[①] 本文选取外交意义上的中东欧十六国作为研究对象，即阿尔巴尼亚、波黑、保加利亚、克罗地亚、捷克、爱沙尼亚、匈牙利、拉脱维亚、立陶宛、马其顿、黑山、波兰、罗马尼亚、塞尔维亚、斯洛伐克、斯洛文尼亚。

证分析双边水产品贸易潜力影响因素，并运用随机前沿引力模型测算双边水产品贸易潜力，提出具有重要参考价值的政策建议。

5.4.2 中国与中东欧十六国水产品贸易现状

1. 贸易规模分析

中国与中东欧十六国双边水产品贸易规模在波动中逐年增长。中国有着从北到南非常丰富的渔业资源，中东欧十六国大多处于内陆，仅有波兰、罗马尼亚、保加利亚等国临海，因此多数国家的渔业资源依赖于进口。另外，中东欧十六国的水产品种类不如中国丰富，但是一年四季温差较小，渔业资源生长环境优越，生长周期短，产量较多。在如此优厚的自然环境下，双边水产品贸易情况并非如设想一般良好。2017 年，中东欧十六国向中国出口的水产品贸易额仅占中东欧水产品出口世界总额的 9.8%，位列全球各经济体第三；同时，中东欧十六国从中国进口水产品仅占中东欧十六国从世界进口水产品贸易额的 7.9%，位于分别占 12.3%、10.0%、8.4% 的美国、欧盟与澳大利亚之后。据图 5 - 15，我们不难看出中东欧十六国与中国的水产品贸易的趋势比较不稳定，即使有着天然的自然条件优势，双方的水产品贸易仍然受各方面因素的影响。

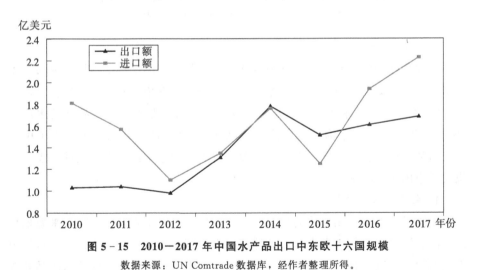

图 5 - 15　2010－2017 年中国水产品出口中东欧十六国规模

数据来源：UN Comtrade 数据库，经作者整理所得。

2. 国别结构分析

根据统计数据，中国水产品出口国别差异巨大、国别结构不平衡。波兰、立陶宛等是我国水产品出口的主要市场，随着中欧班列开通及中国与中东欧

"16+1"合作机制形成,极大便利了中国水产品对中东欧其他国家市场的开发,中国水产品在中东欧的出口市场主要集中于波兰、立陶宛和罗马尼亚三个国家(见图5-16)。

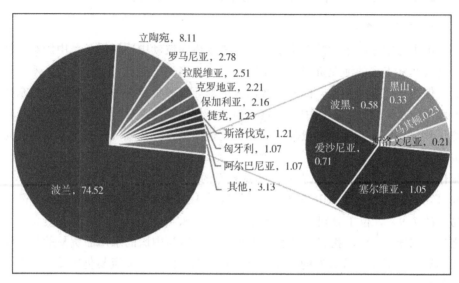

图5-16 中国水产品出口中东欧十六国国别结构(单位:%)
数据来源:UN Comtrade数据库,经作者整理所得。

3. 产品结构分析

相关数据表明,我国出口到中东欧十六国的水产品结构呈不均衡分布,主要出口鲜活冷藏及冻鱼,这与中东欧十六国国民的食用喜好有关(邵桂兰,王蕾,2018)。其进口水产品的细分品种也较为丰富,非单一细分品种的水产品[图5-17(a)数量结构,(b)为总值结构]。这样的贸易结构也体现了中国水产品加工行业发展的滞后性,为了促进双方水产品贸易的平衡发展,需要加快发展中国水产品加工。

4. 来源地结构分析

中国进出口贸易相关数据显示,我国出口中东欧十六国的水产品来源地较为广泛,沿海城市的各类水产品品种都有出口到中东欧十六国的记录,这是由于我国幅员辽阔,且海岸线较长。但是中东欧十六国出口到中国的水产品来源地较为单一,主要集中在波兰、立陶宛和罗马尼亚等几个国家,除了因为中东欧大部分地区是内陆以外,中东欧的水产品产量有限也是主要原因。中国对中东欧十六国水产品贸易的主要进口国是中东欧的沿海国家,进口贸易的数量较为平衡,来源地结构比较稳定(图5-18)。

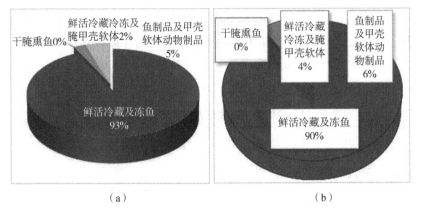

图 5-17　2017 年中国水产品出口中东欧十六国的品种数量 (a) 及金额 (b) 占比

数据来源：UN Comtrade 数据库，经作者整理所得。

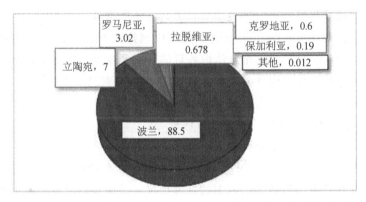

图 5-18　2017 年中国进口中东欧十六国水产品贸易来源地结构 (%)

数据来源：UN Comtrade 数据库，经作者整理所得。

5.4.3　双边水产品贸易竞争性与互补性分析

1. 双边水产品贸易竞争性分析与评价

（1）贸易竞争力指数分析

本节运用贸易竞争力指数（Trade Competitiveness Index，以下简称 TC 指数）来度量一国的国际贸易竞争力水平，这也是对国际竞争力分析时比较常用的测度指标之一，它表示一国进出口贸易的差额占进出口贸易总额的比重，计算式为：

$$TC_{ij} = (X_{ij} - M_{ij})/(X_{ij} + M_{ij}) \qquad (5-34)$$

式（5-34）中 TC_{ij} 度量 i 国对 j 国的贸易竞争力，X_{ij} 是 i 国对 j 国的出

口额，M_{ij}表示i国对j国的进口额。TC_{ij}的值域为 [-1，1]。TC_{ij}取值越接近于 0 表示竞争力越接近于平均水平；该指数为-1 时表示该产业只进口不出口，TC_{ij}越接近于-1 表示竞争力越薄弱；该指数为 1 时表示该产业只出口不进口，TC_{ij}越接近于 1 则表示竞争力越大（侯敏和邓琳琳，2017）。结果如表5-31 所示。

表 5-31 中国与中东欧十六国水产品贸易 TC 指数

年份	2010	2011	2012	2013	2014	2015	2016	2017
中东欧十六国	0.31	0.34	0.33	0.35	0.30	0.32	0.36	0.36
中国	0.35	0.44	0.45	0.53	0.55	0.58	0.64	0.68

数据来源：根据《UN Comtrade 数据库》数据计算而得。

（2）双边水产品贸易竞争性评价

表 5-31 中，中国水产品贸易竞争力指数自 2010 年开始呈上升趋势，表明中国水产品贸易具有一定的竞争力，并且在不断提升。中东欧十六国的贸易竞争指数呈波动状态，表明中东欧十六国应该重视发展面向中国的水产品贸易。中国与中东欧国家均应充分认识各自的要素禀赋差异，在双边水产品贸易中做到优势互补，充分发挥各自特有的竞争优势，克服两地距离遥远的劣势，达成互利共赢的合作局面（王佳迪等，2019）。

2. 双边水产品贸易互补性分析与评价

（1）贸易互补性指数分析

采用贸易互补性指数（TCI 指数）来度量双边水产品贸易的互补性程度，它可以测度双方进出口产品结构上的互补情况，是衡量双边贸易密切程度的流行指标，公式为：

$$TCI_{ijk} = RCA_{xik} \times RCA_{mjk} \tag{5-35}$$

式（5-35）中，TCI_{ijk}度量i国对j国在k产品上的贸易互补程度，其中$RCA_{xik} = (X_{ik}/X_i)/(X_{uk}/X_w)$从出口角度测度$i$国$k$产品的显示性优势，$RCA_{mik} = (M_{ik}/M_i)/(M_{uk}/M_w)$从进口角度测度$j$国$k$产品的显示性劣势。

表 5-32 中国与中东欧十六国水产品贸易 TCI 指数

	2010	2011	2012	2013	2014	2015	2016	2017
中国	1.08	1.20	1.25	1.50	1.65	1.75	1.88	2.05
中东欧十六国	0.80	0.84	0.85	0.95	0.90	1.05	1.04	1.08
C_{ijk}	0.86	1.01	1.06	1.43	1.49	1.84	2.00	2.21

数据来源：根据 UN Comtrade 数据库数据计算。

（2）双边水产品贸易互补性评价

上述基于比较优势的双边贸易互补性指数呈逐年增长趋势，且中国对中东欧的水产品贸易互补性指数都超过 1，反映出双边水产品贸易的互补性很强。中国与中东欧十六国水产品优势互补，双边水产品贸易存在很大的开发潜力。

5.4.4　中国与中东欧十六国水产品贸易潜力分析

1. 模型设定

本节运用贸易引力模型对双边水产品贸易潜力进行评价，该模型理论假设是双边或多边贸易流量的规模与两者地理距离成反比，与其各自的经济总量成正比。其典型形式（郭书克，2017）为：

$$Y_{ijt} = \frac{A X_{it} X_{jt} P_{it} P_{jt} \varepsilon_{ijt}}{D_{ij}} \qquad (5-36)$$

式（5-36）中，Y_{ijt} 指 t 时期 i 国对 j 国的出口总额；A 是常数；X_{it}、X_{jt} 分别为 t 时期 i 国和 j 国的收入（经济总量）；P_{it}、P_{jt} 分别为 t 时期 i 国和 j 国的人口数；D_{ij} 是 i 国首都到 j 国首都的地理距离；ε_{ijt} 为白噪声序列。

在实证研究中，为分析各种因素对双边贸易潜力的影响，学者们往往会对模型进行改进，如在模型中加入双边优惠贸易措施虚拟变量（郭书克，2017）。由于变量指标的数据来源不同，计量单位不统一，为了变量数据消除可能存在的异方差性及模型线性化处理，对原模型取对数形式：

$$\ln Y_{ijt} = \beta_0 + \beta_1 \ln X_{it} + \beta_2 \ln X_{jt} + \beta_3 \ln P_{it} + \beta_4 \ln P_{jt} + \beta_5 \ln PR_{ijt} + \beta_6 \ln D_{ij} + \mu_{ijt}$$
$$(5-37)$$

式（5-37）中，被解释变量 Y_{ijt} 指 t 时期 i 国对 j 国的出口总额；解释变量 X_{it} 和 X_{jt} 分别为各国的经济总量（GDP），是衡量各国经济发展水平和需求水平的指标，预期与 Y_{ijt} 正相关；P_{it} 和 P_{jt} 分别为 t 时期各国的人口数量，反映了市场规模，预期与 Y_{ijt} 正相关；PR_{ijt} 是虚拟变量，$PR_{ijt}=1$ 或 $PR_{ijt}=0$ 分别表示 i 国与 j 国之间存在或不存在贸易优惠措施；D_{ij} 是两国首都之间的地理距离，反映了运输成本，是贸易阻力的重要组成部分，预期与 Y_{ijt} 负相关；μ_{ijt} 是随机误差项。

2. 变量及数据说明

本节使用随机前沿引力模型实证分析双边水产品贸易的影响因素。相关理论认为，一国 GDP、人口总量和地理距离是影响贸易对象国之间贸易潜力大小的自然因素，是关键变量；制度安排、贸易壁垒、贸易开放度、基础设施等是影响贸易对象国之间的贸易非效率项大小的人为因素（郭书克，2017）。

本节构建随机前沿引力模型时选取的六个关键变量是出口国渔业总产值[①]、进口国 GDP、进口国与出口国人均 GDP 差额、人口总量、进出口国的地理距离，其中，贸易非效率项模型引入进口国班轮运输相关指数、进口国港口基础设施的质量、水产品关税征收与否虚拟变量和出口国出口周转时间四个变量来度量人为因素对贸易潜力的影响（侯敏和邓琳琳，2017）。实证分析中，为验证模型的有效性，还需对随机前沿引力模型进行适用性检验。

$$\ln Y_{ijt} = \beta_0 + \beta_1 \ln FOP_{it} + \beta_2 \ln GDP_{jt} + \beta_3 \ln PGDP_{it} + \beta_4 \ln POP_{jt} + \beta_5 \ln D_{ij} + V_{ijt} - U_{ijt}$$

$$(5-38)$$

其中，Y_{ijt} 是 t 时期 i 国对 j 国的水产品出口额；FOP_{it} 是 i 国的渔业产值；GDP_{jt} 是 j 国的名义 GDP（经济总量）；$PGDP_{it}$ 是 i 国与 j 国的人均国内生产总值之差；POP_{jt} 是 j 国的人口总量；D_{ij} 是两国首都之间的地理距离；随机扰动项 V_{ijt}；贸易非效率项 U_{ijt}。

贸易非效率模型如式（5-39）所示：

$$U_{ijt} = \alpha_0 + \alpha_1 \ln BL_{jt} + \alpha_2 \ln JC_{jt} + \alpha_3 \ln ZZ_{it} + \alpha_4 \ln PR_{ij} + \xi_{ij} \qquad (5-39)$$

式（5-39）中，BL_{jt} 是 t 时期 j 国的班轮运输相关指数，JC_{jt} 是 t 时期 j 国的港口基础设施的质量，ZZ_{it} 是 t 时期 i 国的出口周转时间，指标数据来自 UNCTAD *Review of Maritime Transport*（2004—2017）；虚拟变量 PR_{ij} 表示 i 国与 j 国之间的水产品贸易优惠措施，当 $PR_{ij} = 1$ 时，表示水产品执行零关税；当 $PR_{ij} = 0$ 时，表示水产品执行非零关税；ξ_{ij} 是随机误差项。

本节选取 2010—2017 年中国与中东欧十六国的贸易面板数据。进出口数据来自联合国商品贸易数据库（UN Comtrade）；中国渔业产值来自《中国渔业统计年鉴》；人口、GDP、运输指数、港口设施建设和出口周转期等数据来自世界银行 WDI 数据库；距离数据来自 CEPII 数据库，各国加入欧盟的情况源自欧盟网站。

3. 对模型的假设检验

为选择合适的引力模型，在估计模型之前，需要对贸易非效率项是否显著影响中国与中东欧十六国水产品贸易潜力做出判断，这就需要对随机前沿引力模型的适用性进行极大似然比原理检验。若接受原假设 $U_{ijt} = 0$，即认为贸易非效率项不存在，则选择传统引力模型；若拒绝原假设 $U_{ijt} = 0$，即贸易非效率项存在，则用随机前沿引力模型。在存在贸易非效率项的基础上，对贸易非效率项的时变性进行检验，以判断贸易非效率项的设定是否合理。

---

① 为更好地反映出口国水产品的生产出口能力，文中使用中国渔业总产值代替出口国内生产总值，有关文献讨论了其合理性（徐雪峰，2018）。

表 5 - 33　模型适用性检验结果

原假设	约束模型	非约束模型	LR 统计量	1%临界值	检验结果
不存在贸易非效率项	−133.07	−106.88	55.6	17.82	拒绝
贸易非效率项设定有误	−133.07	−106.88	55.6	15.39	拒绝

数据来源：根据《UN Comtrade 数据库》数据计算。

表 5 - 33 检验结果表明，本节适合采用随机前沿引力模型，贸易非效率项 U 必须存在且其设定是合理的。式（5 - 40）即为本节选定的模型：

$$\ln Y_{ijt} = \beta_0 + \beta_1 \ln FOP_{it} + \beta_2 \ln GDP_{jt} + \beta_3 \ln PGDP_{it} + \beta_4 \ln POP_{jt} + \beta_5 \ln D_{ij}$$
$$+ V_{ijt} - (\alpha_0 + \alpha_1 \ln BL_{jt} + \alpha_2 \ln JC_{jt} + \alpha_3 \ln ZZ_{it} + \alpha_4 \ln PR_{ij} + \xi_{ij})$$

$$(5 - 40)$$

4. 贸易引力模型计算结果

本节采用 Stata12.0 软件，对式（5 - 40）的适用性进行检验之后，运用估算的随机前沿引力模型对中国与中东欧十六国的水产品贸易潜力进行测算。模型估计结果如表 5 - 34 所示。

表 5 - 34　贸易非效率模型估计结果

随机前沿函数			贸易非效率函数		
变量	系数	t 值	变量	系数	t 值
常数项	134.21*	41.26	常数项	1.09	1.11
$\ln FOP_{it}$	1.23*	3.54	$\ln BL_{jt}$	−2.17*	−9.13
$\ln GDP_{jt}$	1.31**	1.86	$\ln JC_{jt}$	0.54*	5.68
$\ln PGDP_{it}$	−0.53**	−1.89	$\ln ZZ_{it}$	0.86	1.34
$\ln POP_{jt}$	−3.11	−1.45	$\ln PR_{ij}$	4.7*	11.7
$\ln D_{ij}$	−0.57	−0.74	γ	0.99*	112.80

注：*、**分别表示显著水平为 1%和 5%。

表 5 - 34 中的 γ 趋近于 1，达到约 0.99，说明双边水产品贸易额未达到前沿贸易水平的原因可以归结于贸易非效率因素。具体来说，贸易非效率项是影响中国与中东欧十六国双边水产品贸易效率的组合误差波动的主要来源（约占 99%），只有约 1%的误差来自随机扰动项，再次肯定了使用随机前沿方法进行拟合分析的合理性。

渔业产值系数回归结果为正值，与预期结果一致。表明渔业经济总量对双边水产品贸易有促进作用，且富有弹性。因此我国应继续发展水产业，以增大水产品贸易的潜力。

进口国 GDP 系数回归结果为正值，与预期一致，表明进口国 GDP 对双边水产品贸易起促进作用，弹性系数 1.31。中东欧国家经济发展水平越高，越能促进双边水产品贸易的发展，这类中东欧国家应该成为我国重点培育的贸易伙伴。

人均 GDP 之差的系数回归结果为负值，与预期一致，表明其对双边水产品贸易起阻碍作用。符合林德的需求偏好原理。

进口国人口因素对双边贸易没有显著影响，且回归系数为负，与预期不符。说明对人口缓慢增长甚至负增长的中东欧国家来说，贸易的驱动力不是来自人口因素，而是经济发展水平因素，因为人口因素系数没有通过 5% 的显著性水平检验，表明人口因素的影响并不明确。

地理距离和运输距离对双边水产品贸易的影响并不显著，系数为负。说明虽然距离因素增加了水产品的储藏、保管、运输等物流成本，导致水产品贸易可能减少，但因其系数没有通过 5% 的显著性水平检验，因而其是否影响中国与中东欧国家双边水产品贸易并不确定。

进口国班轮运输指数（BL_{jt}）的弹性系数为 -2.17 且非常显著，即进口国班轮运输相关性指数的班轮运输条件对中国与中东欧水产品贸易非效率的负面影响是富有弹性的，非常敏感。中国与中东欧沿海国家可以通过合作建设港口基础设施、设立合资或独资企业、改善服务等方式改善中东欧各国的班轮运输条件，促进双边水产品贸易的发展。

中东欧国家在港口基础设施的投入状况对贸易非效率项的弹性系数为 0.54，显著性水平 1%，即显著正相关，与预期不符。这说明中国与中东欧十六国水产品贸易的发展依赖于双边市场容量，而港口基础设施投资的匮乏是抑制双边水产品贸易发展的瓶颈。

出口周转期对双边水产品贸易非效率项的弹性系数为 0.86，显著性水平 1%，即显著正相关。这说明为提升中国与中东欧国家水产品贸易水平，必须提升水产品贸易便利化水平，提高通关效率；提高运输便利化和物流系统作业效率，缩短出口周转时间。

双边水产品贸易零关税政策虚拟变量对双边水产品贸易非效率项的弹性系数为 4.7，显著性水平 1%，即显著正相关。表明消除中国与中东欧十六国之间的水产品非关税贸易壁垒、实行水产品自由贸易政策，是促进中国与中东欧水产品贸易的有利举措。在中国对中东欧十六国的水产品贸易中，双边水产品贸易零关税政策促进了贸易效率的实现。

5. 中国与中东欧十六国水产品贸易潜力测算

基于估计的贸易引力模型（表 5-34），采用盛斌文献中的方法（盛斌，2004），将实际出口额除以用上述贸易引力模型预测得到的理论出口额，得到双边贸易潜力指数。该指数值大于 1 意味着双边贸易缺乏潜力，反之意味着双边具有贸易潜力。

$$TP = T/\hat{T} \tag{5-41}$$

基于回归方程（5-40）预测得到中国与中东欧十六国水产品贸易额的预测值，代入式（5-41）计算得到贸易潜力指数（见图 5-19 所示）。

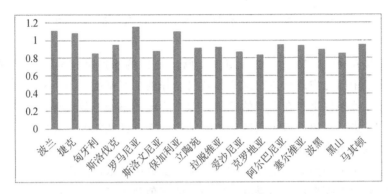

图 5-19　中国与中东欧各国水产品贸易潜力指数

根据贸易潜力指数测算结果可知，波兰、捷克、罗马尼亚、保加利亚 4 国的贸易潜力指数大于 1，它们是中东欧国家中的欧盟成员国，水产品贸易潜力已得到巨大的发掘，需要培育其他促进水产品贸易发展的因素，是"潜力再造型"国家；而其他 12 国的贸易潜力指数小于 1，双边水产品贸易理论值大于实际值，是"潜力开拓型"国家，贸易潜力有待发挥，可以通过加强基建合作、贸易便利化等方式挖掘双边水产品贸易潜力。

5.4.5　结论及对策建议

1. 结论

中东欧十六国与中国的水产品贸易发展不够稳定，出口市场较为集中，以波兰、立陶宛为主，水产品品种结构呈不均衡分布，且我国出口中东欧十六国的水产品来源地较为广泛，中东欧十六国出口到中国的水产品来源地却较为集中。中东欧十六国的贸易竞争指数呈波动状态，水产品贸易竞争力有较大提升空间。双边水产品贸易互补性指数呈缓慢上涨趋势，表现出一定的互补性及非竞争性。

进口国 GDP、中国渔业产值的系数为正，对双边水产品贸易有促进作用。地理距离、人口、双边经济发展水平的差距等影响系数为负，但系数没有通过显著性检验，其阻碍双边水产品贸易发展的作用并不确定；进口国 LSCI 对贸易非效率项有显著负向作用，双边水产品贸易零关税虚拟变量、出口周转期及进口港基础设施的优劣对贸易非效率项有显著正向作用。

波兰、捷克、罗马尼亚、保加利亚属于潜力再造型国家，需要发展培育其他促进水产品贸易发展的因素；其他国家属于潜力开拓型国家，双边贸易潜力有待进一步挖掘。

2. 对策建议

（1）基于双边水产品贸易互补性强的现实基础，提高双边水产品贸易依存度

从贸易互补性指数看，中国与中东欧十六国的水产品贸易互补性逐年提高，构成了中国与中东欧进行水产品贸易合作的良好基础。由于双方在水产要素禀赋和自然条件上存在巨大的差异，双方应统筹整合有效资源，挖掘各自的比较优势，进一步提升双边水产品贸易结构的互补性和相互依赖度，在更大程度上推动双边水产品贸易的发展。

（2）深化中国渔业供给侧结构性改革，提升中国水产品出口竞争力

从贸易引力模型估计结果看，中国渔业产值每增长 1%，双边水产品贸易就会增加 1.23%，是富有弹性的。双边水产品贸易具有一定互补性而非竞争性，因此，深化中国渔业供给侧结构性改革是挖掘双边水产品贸易潜力、提升中国水产品出口竞争力的关键。一是建立健全海洋渔业管理体制，为结构性改革提供良好的制度环境，促进海洋渔业产业结构转型升级。二是"提质增效"发展海洋渔业深加工，健全水产品市场体系。三是加快远洋捕捞业发展，以可持续协调发展为导向，完善捕捞权管理，统筹兼顾远洋和近海捕捞业发展。四是积极推广近海名特优养殖品种，力促养殖品种结构调整。五是整合资源投入，特别是如何合理有序高效地开发利用海洋生态资源，为渔业供给侧结构性改革添砖加瓦。

（3）以多渠道的交流机制为平台，开创双边水产品贸易新局面

实证结果表明，中国与中东欧国家应紧贴国家开放战略重心，充分利用"一带一路"倡议和"16＋1"中东欧经贸合作平台、亚洲基础设施投资银行等金融和贸易利好，加快双边海陆空运输体系建设的步伐，提升水产品运输服务效率和能力。双方都应抓住历史机遇，充分利用具有国际影响力的交流平台，再造双边开放型经贸协作新优势；强化双边港口、产业、经贸、基础设施和开放平台等全方位合作，推进境外水产生产加工基地、销售平台和产业园投资建设；嵌入融合数字化，助力传统渔业经济高质量发展，重点培育工贸一体化跨境电商渔业企业，借助"16＋1"中东欧合作平台，引导跨境电商布局与深耕中东欧市场，重点打造国家级的中国－中东欧博览会等现有经贸合作交流

平台。

（4）加强顶层设计，提高水产品贸易便利化水平

实证结果表明，要实现真正意义上的贸易便利化，需要绘制战略性、纲领性、引领性政策蓝图，防止政策制度碎片化。一是提高贸易便利化与加强口岸监管并重，切忌因过分偏重贸易便利而引发监管失察甚至权力寻租等风险。二是大力推行"关检合并"、设立"进口贸易便利化特快窗口"、对中东欧进口商品实行"集中报检、分批核销"检验模式等贸易便利化措施，提高通关效率。三是统筹谋划贸易便利化改革的制度安排，促进贸易便利化与运输便利化、金融国际化及中国与中东欧之间各类贸易示范区有机结合，降低水产品贸易成本，提高水产品出口效率。四是进一步推进中国－中东欧跨境电子商务物流便捷化通道建设，全面提升水产品邮政国际业务通达能级。

|参考文献|

中文文献：

[1] 白俊，刘园园，邱善运. 金融资产配置与股价信息含量 [J]. 南方经济，2019 (11)：53－71.

[2] 白一帆. 基于 DEA 模型的新三板企业融资效率研究 [D/OL]. 南京：南京大学，2016.

[3] 包迪鸿，俞鸿涛. 基于创新过程视角的非科技型中小企业创新能力提升策略研究 [J]. 科技管理研究，2018，38 (11)：13－20.

[4] [美] 保罗·萨缪尔森，威廉·诺德豪斯. 经济学 [M]. 萧琛，译. 北京：商务印书馆，2014：前言 & 目录.

[5] 才国伟，杨豪. 外商直接投资能否改善中国要素市场扭曲 [J]. 中国工业经济，2019 (10)：42－60.

[6] 曹阳. 基于随机非参数数据包络（StoNED）的我国高技术产业技术创新效率研究 [D/OL]. 天津：天津财经大学，2013.

[7] 曹霞，张路蓬. 金融支持对技术创新的直接影响及空间溢出效应——基于中国 2003—2013 年省际空间面板杜宾模型 [J]. 管理评论，2017，29 (7)：36－45.

[8] 钞小静，沈坤荣. 城乡收入差距、劳动力质量与中国经济增长 [J]. 经济研究，2014，49 (6)：30－43.

[9] 常洁，乔彬. 科技型中小企业产学研协同创新绩效评价 [J]. 统计与决策，2020，36 (6)：185－188.

[10] [英] 卡萝塔·佩蕾丝. 技术革命与金融资本 [M]. 田方萌，译. 北京：中国人民大学出版社，2007.

[11] 陈甫军，杨振. 制造业外资进入与市场势力波动：竞争还是垄断 [J]. 中国工业经济，2012 (10)：54－66.

[12] 陈伟，杨增煜，杨栩. 科技型中小企业技术创新模式选择研究 [J]. 学习与探索，2020 (3)：111－117.

[13] 陈胜蓝，刘晓玲. 公司投资如何响应"一带一路"倡议？——基于准自然实验的经验研究 [J]. 财经研究，2018 (44)：20－33.

[14] 陈运森，黄健峤. 股票市场开放与企业投资效率——基于"沪港通"的准自然实验 [J]. 金融研究，2019 (8)：151－170.

[15] 陈创练，谢学臻，林玉婷. 全球贸易效率和贸易潜力及其影响因素分析 [J]. 国际贸易问题，2016 (7)：27－39.

[16] 程惠芳. 国际直接投资与开放型内生经济增长 [J]. 经济研究, 2002 (10)：71－78, 96.

[17] 程新生, 谭有超, 刘建梅. 非财务信息、外部融资与投资效率——基于外部制度约束的研究 [J]. 管理世界, 2012 (7)：137－150.

[18] 丛树海. 基于调整和改善国民收入分配格局的政府收支研究 [J]. 财贸经济, 2012 (6)：15－20.

[19] [美] D·格林沃尔德. 现代经济词典 [M]. 北京：商务印书馆, 1981.

[20] [英] 戴维·皮尔斯. 现代经济学词典 [M]. 上海：上海译文出版社, 1988.

[21] 邓明. 财政支出、支出竞争与中国地区经济增长效率 [J]. 财贸经济, 2013, 34 (10)：27－37.

[22] 邓召明, 范伟. 我国证券市场融资效率实证研究 [J]. 国际金融研究, 2001 (10)：60－64.

[23] 邓建平, 曾勇. 金融生态环境、银行关联与债务融资——基于我国民营企业的实证研究 [J]. 会计研究, 2011 (12)：33－40, 96－97.

[24] 蒂莫西·J. 科埃利, 普拉萨德·拉奥, 克里斯托弗·J. 奥唐奈, 乔治·E. 巴蒂斯. 效率与生产率分析引论 (第二版) [M]. 王忠玉, 译. 北京：中国人民大学出版社, 2008.

[25] 董旭, 吴传清. 中国城市全要素生产率的时空演变与影响因素研究——来自 35 个主要城市 2000—2014 年的经验证据 [J]. 学习与实践, 2017 (5)：5－16.

[26] 董梅生. 竞争性国有上市公司与民营企业效率的实证研究 [J]. 软科学, 2012 (1)：98－103.

[27] 杜勇, 张欢, 陈建英. 金融化对实体企业未来主业发展的影响：促进还是抑制 [J]. 中国工业经济, 2017 (12)：113－131.

[28] 范德成, 杜明月. 高端装备制造业技术创新资源配置效率及影响因素研究——基于两阶段 StoNED 和 Tobit 模型的实证分析 [J]. 中国管理科学, 2018, 26 (1)：13－24.

[29] 范建双, 虞晓芬, 赵磊. 中国国有、私营和外资工业企业地区间效率差异研究 [J]. 数量经济技术经济研究, 2015, 32 (6)：21－38.

[30] 樊刚. 公有制宏观经济理论大纲 [M]. 北京：三联书店, 1990.

[31] 方先明, 吴越洋. 中小企业在新三板市场融资效率研究 [J]. 经济管理, 2015, 37 (10)：42－51.

[32] 冯旭南, 李心愉. 中国证券分析师能反映公司特质信息吗？——基于股价波动同步性和分析师跟进的证据 [J]. 经济科学, 2011 (4)：99－106.

[33] 高凌云, 毛日昇. 贸易开放、引致性就业调整与我国地方政府实际支出规模变动 [J]. 经济研究, 2011, 46 (1)：42－56.

[34] 高翔, 黄建忠. 贸易开放、要素禀赋与中国省际政府规模：1997—2013 [J]. 国际贸易问题, 2016 (5)：164－176.

[35] 高翔, 黄建忠. 对外开放程度、市场化进程与中国省级政府效率——基于 Malmquist-Luenberger 指数的实证研究 [J]. 国际经贸探索, 2017 (10)：20－36.

[36] 龚新蜀, 李永翠. 外商直接投资进入速度、规模存量与区域创新效率——基于面板门槛模型的实证分析 [J]. 工业技术经济, 2019, 38 (10)：3－91.

[37] 顾国达，麻晔. 财政支出偏向、金融约束与中国外贸失衡 [J]. 国际贸易问题，2015
(11)：156－164.

[38] 郭璐，田珍. FDI 与战略性新兴产业技术进步——基于中国企业微观数据的半参数最
小二乘法 [J]. 经济问题探索，2016 (10)：138－144.

[39] 郭研，张皓辰. 政府创新补贴、市场溢出效应与地区产业增长——基于科技型中小企
业技术创新基金的实证研究 [J]. 产业经济研究，2020 (4)：1－15.

[40] 郭秀强，孙延明. 广东珠三角地区创新政策分析——基于科技型中小企业技术创新视
角 [J]. 科技管理研究，2019，39 (11)：55－62.

[41] 郭书克. 中国与"一带一路"沿线国家水产品贸易流量与贸易潜力研究 [J]. 世界农
业，2017 (10)：106－112.

[42] 韩军，刘润娟，张俊森. 对外开放对中国收入分配的影响——"南方谈话"和"入
世"后效果的实证检验 [J]. 中国社会科学，2015 (2)：24－40，202－203.

[43] 韩大海，张文瑞，高凤英. 区域金融生态影响区域金融资源配置的机理 [J]. 财经研
究，2007 (4)：41－51.

[44] 郝书辰，田金方，陶虎. 国有工业企业效率的行业检验 [J]. 中国工业经济，2012
(12)：57－69.

[45] 杭品厚. 浙江省科技金融结合效率研究 [J]. 合作经济与科技，2018 (22)：38－41.

[46] 何枫. 经济开放度对我国技术效率影响的实证分析 [J]. 中国软科学，2004 (1)：
48－52.

[47] 何元庆. 对外开放与 TFP 增长：基于中国省际面板数据的经验研究 [J]. 经济学（季
刊），2007 (4)：1127－1142.

[48] 贺聪，尤瑞章. 中国不同所有制工业企业生产效率比较研究 [J]. 数量经济技术经济
研究，2008 (8)：29－41.

[49] 洪源，杨司键，秦玉奇. 民生财政能否有效缩小城乡居民收入差距？[J]. 数量经济技
术经济研究，2014，31 (7)：3－20.

[50] 侯敏，邓琳琳. 中国与中东欧国家贸易效率及潜力研究——基于随机前沿引力模型的
分析 [J]. 上海经济研究，2017 (7)：105－116.

[51] 胡兵，陈少林，乔晶. 贸易开放对地方政府支出规模影响的实证研究 [J]. 国际贸易
问题，2013 (8)：38－50.

[52] 胡文骏，刘晔. 财政分权、预算结构与地方政府生产性支出偏向——基于款级科目的
数据调整分析 [J]. 当代财经，2016 (5)：33－44.

[53] 胡文骏. 财政支出、贸易开放与收入分配 [J]. 财经经济，2017，38 (2)：35－50.

[54] 胡奕明，唐松莲. 独立董事与上市公司盈余信息质量 [J]. 管理世界，2008 (9)：
149－1160.

[55] 黄贤环，吴秋生，王瑶. 金融资产配置与企业财务风险："未雨绸缪"还是"舍本逐
末"[J]. 财经研究，2018，44 (2)：100－112，125.

[56] 黄险峰，李平. 国有企业效率、产出效应与经济增长：一个分析框架和基于中国各省
区的经验研究 [J]. 产业经济评论，2009 (3)：39－56.

[57] 回广睿. 我国科技金融的效率评价及其影响因素分析 [D/OL]. 西安：西北大
学，2014.

[58] 籍艳丽，赵丽琴．一种效率测度的新方法：随机非参数数据包络分析法 [J]．统计与决策，2011 (5)：33－34.

[59] 姜波克，李怀定．均衡汇率理论文献评述 [J]．当代财经，2006 (2)：44－50.

[60] 金雪军，王义中．理解人民币汇率的均衡、失调、波动与调整 [J]．经济研究，2008 (1)：46－59.

[61] 康继军，张宗益，傅蕴英．中国经济转型与增长 [J]．管理世界，2007 (1)：7－17.

[62] 雷根强，蔡翔．初次分配扭曲、财政支出城市偏向与城乡收入差距——来自中国省级面板数据的经验证据 [J]．数量经济技术经济研究，2012，29 (3)：76－89.

[63] 李磊，刘斌，胡博，谢璐．贸易开放对城镇居民收入及分配的影响 [J]．经济学（季刊），2011，11 (1)：310－327.

[64] 李永友，沈坤荣．财政支出结构、相对贫困与经济增长 [J]．管理世界，2007 (11)：14－26，171.

[65] 李增刚，韩相仪．教育财政支出对基尼系数影响的理论分析与实证检验 [J]．财贸经济，2009 (8)：58－64.

[66] 李双杰，秦轶那．开放式基金绩效实证分析——StoNED 与 DEA 方法的比较 [J]．经济论坛，2009 (8)：10－13.

[67] 李培．中国城市经济运行的特征分析 [J]．财经研究，2007 (5)：84－95.

[68] 李成友，王韧，宿玉海．进出口贸易、FDI 与国家技术效率变迁——基于东盟"10＋3"地区的实证分析 [J]．宏观经济研究，2018 (6)：53－65.

[69] 李未无．对外开放与能源利用效率：基于 35 个工业行业的实证研究 [J]．国际贸易问题，2008 (6)：7－15.

[70] 李青原，等．外商直接投资、金融发展与地区资本配置效率——来自省级工业行业数据的证据 [J]．金融研究，2010 (3)：80－97.

[71] 李建军，韩珣．非金融企业影子银行化与经营风险 [J]．经济研究，2019，54 (8)：21－35.

[72] 李东坤，邓敏．中国省际 OFDI、空间溢出与产业结构升级——基于空间面板杜宾模型的实证分析 [J]．国际贸易问题，2016 (1)：121－133.

[73] 李延凯，韩廷春．金融生态演进作用于实体经济增长的机制分析——透过资本配置效率的视角 [J]．中国工业经济，2011 (2)：26－35.

[74] 李春涛，宋敏，张璇．分析师跟踪与企业盈余管理——来自中国上市公司的证据 [J]．金融研究，2014 (7)：124－139.

[75] 李强．基于 DEA 方法的我国中小企业技术创新效率研究——以深交所中小上市公司为例 [J]．科技管理研究，2010，30 (10)：43－45.

[76] 梁小民．技术效率与经济效率 [N]．中国经济时报，2004-02-23 (3－4).

[77] 林永军．金融生态建设：一个基于系统论的分析 [J]．金融研究，2005 (8)：44－52.

[78] 林毅夫，巫和懋，邢亦青．"潮涌现象"与产能过剩的形成机制 [J]．经济研究，2010 (10)：4－19.

[79] 刘力昌，等．基于 DEA 的上市公司股权融资效率评价 [J]．系统工程，2004 (1)：55－59.

[80] 刘生龙，胡鞍钢．基础设施的外部性在中国的检验：1988—2007 [J]．经济研究，

2010，45（3）：4—15.

[81] 刘佳宁．科技、金融、产业"三融合"的广东实践 [J]．南方经济，2015（9）：112—116.

[82] 刘小玄．民营化改制对中国产业效率的效果分析 [J]．经济研究，2004（8）：16—25.

[83] 刘鹏，何冬梅．国有企业过度投资是否引致民营企业产能过剩 [J]．现代财经，2019（6）：3—14.

[84] 刘洪，蔡伟．基于熵值 TOPSIS 模型的各地区科教实力综合评价 [J]．科技进步与对策，2014，31（22）：118—121.

[85] 卢洪友，连玉君，卢盛峰．中国医疗服务市场中的信息不对称程度测算 [J]．经济研究，2011（4）：94—106.

[86] 陆铭，陈钊．城市化、城市倾向的经济政策与城乡收入差距 [J]．经济研究，2004（6）：54—58.

[87] 逯进，朱顺杰．金融生态、经济增长与区域发展差异——基于中国省域数据的耦合实证分析 [J]．管理评论，2015，27（11）：44—56.

[88] 鲁晓东，赵奇伟．中国的出口潜力及其影响因素：基于随机前沿引力模型的估计 [J]．数量经济技术经济研究，2010（10）：21—35.

[89] 罗能生，蒋雨晴．地方政府竞争及对外开放对环境污染的影响——以中国 270 个城市为例 [J]．城市问题，2017（12）：46—55.

[90] 吕凯波，任志成．新人口红利、生产性服务业发展与城市生产率——基于长三角城市群的实证研究 [J]．南京社会科学，2017（1）：31—38.

[91] 吕延方，王冬，陈树文．进出口贸易对生产率、收入、环境的门限效应——基于1992—2010 年我国省际人均 GDP 的非线性面板模型 [J]．经济学（季刊），2015（2）：703—730.

[92] 陆泱．中小企业在新三板的融资效果分析 [D]．上海：上海交通大学，2013.

[93] 马光威，王方．国有企业对经济增长影响的理论与实证研究——投资推动视角 [J]．经济问题探索，2016（12）：26—32.

[94] 马玉林，马运鹏，彭文博．中国科技金融效率的区域差异及动态演进分析 [J]宏观经济研究，2020（7）：124—134.

[95] 毛捷，管汉晖，林智贤．经济开放与政府规模——来自历史的新发现（1850—2009）[J]．经济研究，2015，50（7）：87—101.

[96] 梅冬州，龚六堂．开放真的导致政府规模扩大吗？——基于跨国面板数据的研究 [J]．经济学（季刊），2012，12（1）：243—264.

[97] 莫亚琳，张志超．城市化进程、公共财政支出与社会收入分配——基于城乡二元结构模型与面板数据计量的分析 [J]．数量经济技术经济研究，2011，28（3）：79—89.

[98] 倪国华，徐丹丹，谢志华．国有企业在不同经济发展阶段的效率图谱研究 [J]．数量经济技术经济研究，2016，33（7）：96—111.

[99] 聂红隆，沈友华．非关税贸易壁垒的理论与政策效应分析 [J]．甘肃社会科学，2009（2）：47—51.

[100] 聂红隆，许统生．中国进口关税保护的动态成本估计——基于商品价格关联效应的投入产出分析 [J]．经济学动态，2009（8）：28—32.

[101] 聂红隆，许统生．国内 R&D、进口贸易 R&D 溢出对技术进步的贡献——基于 SVAR 模型的实证分析 [J]．当代财经，2010 (12)：104－113.

[102] 潘慧峰，刘曦彤，周轩宇．资本市场对外开放促使价值投资回归了吗？——来自沪港通的证据 [J]．国际金融研究，2018 (11)：77－86.

[103] 彭俞超，倪骁然，沈吉．企业"脱实向虚"与金融市场稳定——基于股价崩盘风险的视角 [J]．经济研究，2018，53 (10)：50－66.

[104] 覃毅，张世贤．FDI 对中国工业企业效率影响的路径——基于中国工业分行业的实证研究 [J]．中国工业经济，2011 (11)：68－78.

[105] 齐峰，项本武．中国战略性新兴产业经济绩效实证检验 [J]．统计与决策，2015 (14)：110－114.

[106] 秦朵，何新华．人民币失衡的测度：指标定义、计算方法及经验分析 [J]．世界经济，2010 (7)：3－24.

[107] 单豪杰．中国资本存量 K 的再估算：1952—2006 年 [J]．数量经济技术经济研究，2008，25 (10)：17－31.

[108] 沈坤荣，张璟．中国农村公共支出及其绩效分析——基于农民收入增长和城乡收入差距的经验研究 [J]．管理世界，2007 (1)：30－40，171－172.

[109] 沈坤荣，耿强．外国直接投资、技术外溢与内生经济增长——中国数据的计量检验与实证分析 [J]．中国社会科学，2001 (5)：82－93.

[110] 盛斌，毛其淋．贸易开放、国内市场一体化与中国省际经济增长：1985—2008 年 [J]．世界经济，2011 (11)：44－66.

[111] 盛斌，廖明中．中国的贸易流量与出口潜力：引力模型的研究 [J]．世界经济，2004 (2)：3－12.

[112] 宋军，陆旸．非货币金融资产和经营收益率的 U 形关系——来自我国上市非金融公司的金融化证据 [J]．金融研究，2015 (6)：111－127.

[113] 宋来，常亚青．国有和私营工业企业的相对效率研究 [J]．工业工程与管理，2009 (4)：122－142.

[114] 孙国峰，孙碧波．人民币均衡汇率测算：基于 DSGE 模型的实证研究 [J]．金融研究，2013 (8)：70－83.

[115] 谭秀杰，周茂荣．21 世纪海上"丝绸之路"贸易潜力及其影响因素：基于随机前沿引力模型的实证研究 [J]．国际贸易问题，2015 (2)：3－12.

[116] 田卫民．省域居民收入基尼系数测算及其变动趋势分析 [J]．经济科学，2012 (2)：48－59.

[117] 田芬．基于多因素的企业集团融资效率比较 [J]．统计与决策，2011 (8)：179－182.

[118] 田泽，许东梅．我国对"一带一路"沿线国家的投资效率与对策 [J]．经济纵横，2016 (5)：84－89.

[119] 万广华，陆铭，陈钊．全球化与地区间收入差距：来自中国的证据 [J]．中国社会科学，2005 (3)：17－26，205.

[120] 万海远，田志磊，徐琰超．中国农村财政与村庄收入分配 [J]．管理世界，2015 (11)：95－105.

[121] 王云飞，朱钟棣．贸易发展、劳动力市场扭曲与要素收入分配效应：基于特定要素

的短期分析 [J]. 世界经济, 2009, 32 (1): 3-12.

[122] 王彬. 人民币汇率均衡、失衡与贸易顺差调整 [J]. 经济学 (季刊), 2015, 14 (4): 1277-1302.

[123] 王佳. 城市蔓延对城市全要素生产率的影响——基于地级市面板数据的分析 [J]. 城市问题, 2018 (8): 48-58.

[124] 王剑, 李锐. 长三角智慧城市群建设探讨——促进长三角地区更高质量一体化发展 [J]. 上海城市规划, 2019 (2): 11-17.

[125] 王领, 陈芮娴. 外商直接投资、进出口贸易与我国省际能源效率——基于 GMM 广义矩估计的实证研究 [J]. 技术与创新管理, 2019, 40 (1): 59-64.

[126] 王国刚, 冯光华. 中国地区金融生态环境评价 (2013—2014) [M]. 北京: 社会科学文献出版社, 2015.

[127] 王宏起, 徐玉莲. 科技创新与科技金融协同度模型及其应用研究 [J]. 中国软科学, 2012 (6): 129-138.

[128] 王莲莲, 蒋毅一. 中国不同经济类型工业企业综合效率评析 [J]. 江苏商论, 2009 (2): 127-129.

[129] 王桂军, 卢潇潇. "一带一路" 倡议可以促进企业创新吗? [J]. 财经研究, 2019 (1): 19-34.

[130] 王秀丽, 齐荻. 资本市场开放提高企业投资效率了吗——基于 "陆港通" 的多期双重差分法实验证据 [J]. 国际商务 (对外经济贸易大学学报), 2019 (6): 92-106.

[131] 王佳迪, 蒋科技, 王健, 缪翼, 吕海燕. 中国水产品国际贸易格局及竞争力评价 [J]. 中国渔业经济, 2019, 37 (1): 49-58.

[132] 魏浩, 赵春明. 对外贸易对我国城乡收入差距影响的实证分析 [J]. 财贸经济, 2012 (1): 78-86.

[133] 魏荣桓. 人民币汇率的双向波动及失衡程度——基于行为均衡模型的协整研究 [J]. 经济管理, 2017 (11).

[134] 魏下海. 贸易开放、人力资本与中国全要素生产率——基于分位数回归方法的经验研究 [J]. 数量经济技术经济研究, 2009 (7): 62-73.

[135] 魏开文. 中小企业融资效率模糊分析 [J]. 金融研究, 2001 (6), 67-74.

[136] 魏志华, 曾爱民, 李博. 金融生态环境与企业融资约束——基于中国上市公司的实证研究 [J]. 会计研究, 2014 (5): 73-80, 95.

[137] 魏峰, 荣兆梓. 竞争性领域国有企业与非国有企业技术效率的比较和分析——基于 2000—2009 年 20 个工业细分行业的研究 [J]. 经济评论, 2012 (3): 75-81.

[138] 翁欣月. 长三角地区商贸流通业空间溢出及收敛性研究 [D/OL]. 杭州: 浙江工商大学, 2017.

[139] 吴晓球. 现代经济体系的五大构成元素 [J]. 经济理论与经济管理, 2018 (1): 16-18.

[140] 席鹏辉, 梁若冰, 谢贞发等. 财政压力、产能过剩与供给侧改革 [J]. 经济研究, 2017 (9): 86-102.

[141] 邢小军, 周德群, 孙利娟. 基于 DEA 模型的农产品国际贸易效率的国际比较研究 [J]. 管理评论, 2011 (2): 60-64.

［142］许统生，聂红隆．贸易保护成本及估计方法研究的最新动态［J］．经济评论，2008
（2）：138－144.

［143］许雄奇，张宗益，康继军．财政赤字与贸易收支不平衡：来自中国经济的经验证据
（1978—2003）［J］．世界经济，2006（2）：41－50，96.

［144］许和连，亓朋，祝树金．贸易开放度、人力资本与全要素生产率：基于中国省际面
板数据的经验分析［J］．世界经济，2006（12）：3－10，96.

［145］许年行，于上尧，伊志宏．机构投资者羊群行为与股价崩盘风险［J］．管理世界，
2013（7）：31－43.

［146］许汝俊，龙子午，姚逍遥．基于 DEA-Malmquist 指数法的科技金融发展效率评价研
究——以长江经济带为例［J］．科技管理研究，2015，35（13）：188－191.

［147］徐丽．长三角城市群 16 城市经济效率及其影响因素研究［D］．上海：复旦大
学，2010.

［148］徐诺金．论我国的金融生态问题［J］．金融研究，2005（2）：35－45.

［149］徐思，何晓怡，钟凯．"一带一路"倡议与企业融资约束［J］．中国工业经济，2019
（7）：155－173.

［150］薛以硕．长三角区域创新效率差异性研究［D］．南京：南京财经大学，2017.

［151］闫海洲，陈百助．产业上市公司的金融资产：市场效应与持有动机［J］．经济研究，
2018，53（7）：152－166.

［152］颜赛燕．基于 AHP－模糊数学综合评价的科技型中小企业融资效果研究［J］．工业
技术经济，2020，39（3）：75－81.

［153］杨晓彤．中国养老服务业效率及其影响因素的实证分析［D/OL］．杭州：浙江工商
大学，2018.

［154］杨斌．我国收入分配状况的纠正：公共服务均等化还是税收调节——兼论改变经济
全球化中生产要素流动的非对称性对纠正收入分配的作用［J］．税务研究，2013
（1）：3－9.

［155］杨振．外资进入的技术效率与资源配置效率研究——基于中国制造业微观数据的实
证分析［J］．产业经济研究，2014（6）：64－72.

［156］杨艳红，卢现祥．中国对外开放与对外贸易制度的变迁［J］．中南财经政法大学学
报，2018（5）：12－20，162.

［157］杨建清．对外直接投资的区域差异及决定因素研究［J］．管理世界，2015（5）：
172－173.

［158］姚宇惠，王育森．人民币均衡汇率的再研究：1998—2015［J］．国际金融研究，2016
（12）：23－32.

［159］姚洋，章奇．中国工业企业技术效率分析［J］．经济研究，2001（10）：13－19，
28－95.

［160］叶康涛，陆正飞，张志华．独立董事能否抑制大股东的"掏空"？［J］．经济研究，
2007（4）：101－111.

［161］殷德生，唐海燕，王奕蓥．技能积累、财政政策与工薪差距［J］．世界经济，2015，
38（10）：79－98.

［162］于忠泊，田高良，齐保垒，张皓．媒体关注的公司治理机制——基于盈余管理视角

的考察 [J]. 管理世界，2011（9）：127—140.

[163] 原小能，杨向阳. 服务业外商直接投资的生产率效应与行业差异 [J]. 经济经纬，2014，31（2）：68—73.

[164] 张自然. TFP 增长对中国城市经济增长与波动的影响——基于 264 个地级及地级以上城市数据 [J]. 金融评论，2014，6（1）：24—37，123—124.

[165] 张汉林，袁佳. 开放经济条件下中国收入分配状况分析——对中国入世 10 周年的总结与反思 [J]. 财贸经济，2011（11）：14—22，136.

[166] 张莉，李捷瑜，徐现祥. 国际贸易、偏向型技术进步与要素收入分配 [J]. 经济学（季刊），2012，11（2）：409—428.

[167] 张杰，李勇，刘志彪. 出口促进中国企业生产率提高吗？——来自中国本土制造业企业的经验证据：1999—2003 [J]. 管理世界，2009（12）：11—26.

[168] 张海洋. R&D 两面性、外资活动与中国工业生产率增长 [J]. 经济研究，2005（5）：107—117.

[169] 张倩肖. 外商直接投资、市场竞争及对我国制造业的技术外溢效应——基于随机前沿生产函数的分析 [J]. 经济学家，2007（3）：60—65.

[170] 张成思，张步昙. 中国实业投资率下降之谜：经济金融化视角 [J]. 经济研究，2016，51（12）：32—46.

[171] 张敏，谢露，马黎珺. 金融生态环境与商业银行的盈余质量——基于我国商业银行的经验证据 [J]. 金融研究，2015（5）：117—131.

[172] 张林. 中国双向 FDI、金融发展与产业结构优化 [J]. 世界经济研究，2016（10）：111—124，137.

[173] 章潇萌，杨宇菲. 对外开放与我国产业结构转型的新路径 [J]. 管理世界，2016（3）：25—35.

[174] 赵秋运，张建武. 中国劳动收入份额的变化趋势及其驱动机制新解——基于国际贸易和最低工资的视角 [J]. 金融研究，2013（12）：44—56.

[175] 赵昌文. 科技金融 [M]. 北京：科学出版社，2009.

[176] 郑展鹏，刘海云. 体制因素对我国对外直接投资影响的实证研究——基于省际面板的分析 [J]. 经济学家，2012（6）：65—71.

[177] 钟覃琳，陆正飞. 资本市场开放能提高股价信息含量吗？——基于"沪港通"效应的实证检验 [J]. 管理世界，2018，34（1）：169—179.

[178] 周游，谭光荣，王涛生. 财政分权的门槛与 FDI 技术溢出效应的非线性研究——基于地方政府竞争视角 [J]. 管理世界，2016（4）：168—169.

[179] 周昌发. 中国农村金融生态法制环境建设研究 [J]. 云南社会科学，2013（2）：144—148.

[180] 周超. 经济增长，市场化程度与产业结构的区域性差异 [J]. 技术经济与管理研究，2016（12）：117—120.

[181] 周晓杰. 湖南省科技金融效率研究 [D/OL]. 长沙：中南林业科技大学，2014.

[182] 庄燕杰. 长三角城市体系规模分布测度及时空演进特征研究 [D/OL]. 杭州：浙江工商大学，2012.

[183] 朱承亮，岳宏志，李婷. 中国经济增长效率及其影响因素的实证研究：1985—2007

年 [J]. 数量经济技术经济研究, 2009 (9): 52—63.

[184] 朱红军, 何贤杰, 陶林. 中国的证券分析师能够提高资本市场的效率吗？——基于
股价同步性和股价信息含量的经验证据 [J]. 金融研究, 2007 (2): 110—121.

[185] 褚敏, 靳涛. 为什么中国产业结构升级步履迟缓——基于地方政府行为与国有企业
垄断双重影响的探究 [J]. 财贸经济, 2013 (3): 112—122.

英文文献：

[1] AFSHARIAN M. Metafrontier efficiency analysis with convex and non-convex metatechnologies by stochastic nonparametric envelopment of data [J]. Economics Letters, 2017 (160): 7—14.

[2] AGGARWAL R, BERRILL J, HUSTON E, et al. What is a multinational company? classifying the degree of firm-level multinationality [J]. International Business Review, 2011, 20 (5): 557—577.

[3] AGUIRRE A, CALDERON C. Real exchange rate misalignments and economic performance [D]. Working Papers Central Bank of Chile, 2005.

[4] AIGNER D, LOVELL K, SCHMIDT P. Formulation and estimation of stochastic frontier production function models [J]. Journal of Econometrics, 1977 (6): 121—153.

[5] AITKEN B J, HARRISON A E. Do domestic firms benefit from direct foreign investment? Evidence from Venezuela [J]. American Economic Review, 1999, 89 (3): 605—617.

[6] ALESINA A, PEROTTI R. The welfare state and competitiveness [J]. American Economic Review, 1997, 87 (5): 921—939.

[7] ALFARO L, CHANDA A, KALEMLI O S, et al. Does foreign direct investment promote growth? Exploring the role of financial markets on linkages [J]. Journal of Development Economics, 2010, 91 (2): 242—256.

[8] AN H, ZHANG T. Stock price synchronicity, crash risk, and institutional investors [J]. Journal of Corporate Finance, 2011, 21 (1): 1—15.

[9] ANDERSSON L. Openness and total factor productivity in Swedish manufacturing, 1980—1995 [J]. Weltwirtschaftliches Archiv, 2001, 137 (4): 690—713.

[10] ANDERSON J E. Theoretical foundation for the gravity equation [J]. American Economic Review, 1979, 69 (1): 106—116.

[11] ANDERSON J E, WINCOOP V E. Gravity with gravitas: A solution to the border puzzle [J]. American Economic Review, 2003, (93): 170—192.

[12] ARAWATARI R. Political economy of trade openness and government size [J]. Economics & Politics, 2015, 27 (1): 28—52.

[13] ARMSTRONG S. Measuring trade and trade potential: A survey [R]. Asia Pacific Economic Paper, 2007.

[14] BANKER R D, CHARES A, COOPER W W. Some models for estimating technical and scale inefficiencies in data envelopment analysis [J]. Management Science, 1984, 30 (9): 1078—1092.

[15] BARRO R J. Government spending in a simple model of endogenous growth [J]. Journal of Political Economy, 1990, 98 (5): 103—125.

[16] BATTESE G E, COELLI T J. A model for technical inefficiency effects in a stochastic frontier production function for panel data [J]. Empirical economics, 1995, 20 (2): 325—332.

[17] BENA J, FERREIRA M A, MATOS P, et al. Are foreign investors locusts? The long-term effects of foreign institutional ownership [J]. Journal of Financial Economics, 2017, 126 (2): 122—146.

[18] BERGH A, NILSSON T. Do liberalization and globalization increase income inequality? [J]. European Journal of Political Economy, 2010, 26 (4): 488—505.

[19] BUSSIERE M, FRATZSCHER M, MULLER G J. Productivity shocks, budget deficits and the current account [J]. Journal of International Money and Finance, 2010, 29 (8): 1562—1579.

[20] CAPELLO R. Regional economics [M]. Rutledge 2 Park Square. Milton Park, Ahingdon, Oxon OX14 4RN, 2007, 88—102.

[21] CHARNES A, COOPER W W, RHODES E. Measuring the efficiency of decision making units [J]. European Journal of Operational Research, 1978, 2 (6): 429—444.

[22] COMUNALE M. Dutch disease, real effective exchange rate misalignments and their effect on GDP growth in EU [J]. Journal of International Money & Finance, 2017 (73): 350—370.

[23] DEMIR F. Financial liberalization, private investment and portfolio choice: Financialization of real sectors in emerging markets [J]. Journal of Development Economics, 2009, 88 (2): 314—324.

[24] DRIFFIELD N, JINDRA B. Challenging the production function approach to assess the developmental effects of FDI [J]. European Journal of Development Research, 2012, 24 (1): 112—156.

[25] EDWARDS S. Openness, productivity and growth: What do we really know? [J]. Economic Journal, 1998 (108): 383—398.

[26] EGGER H, ETZEL D. The impact of trade on employment, welfare, and income distribution in unionized general oligopolistic equilibrium [J]. European Economic Review, 2012, 56 (6): 1119—1135.

[27] EGGER H, KREICKEMEIER U. Fairness, trade, and inequality [J]. Journal of International Economics, 2012, 86 (2): 184—196.

[28] ERICKCEK G A, WATTS B R. Emerging industries: looking beyond the usual suspects: A report to WIRED [R]. Kalamazoo: W. E. Upjohn Institute for Employment Research, 2007.

[29] FARRELL M J. Themeasurement of productive efficiency [J]. Journal of Royal Statistical Society, Series A, General, 1957 (A120): 253—415.

[30] FIDORA M, GIORDANO C, SCHMITZ M. Real exchange rate misalignments in the Euro Area [D]. European Central Bank Working Paper, 2018.

[31] FOELLMI R, OECHSLIN M. Market imperfections, wealth inequality, and the distribution of trade gains [J]. Journal of International Economics, 2010, 81 (1): 15－25.

[32] FRIED H O, LOVELL C A K, SCHMIDT S S, YAISAWARNG S. Accounting for Environmental Effects and Statistical Noise in Data Envelopment Analysis [J]. Journal of Productivity Analysis, 2002, 17 (1－2): 157－174.

[33] GIRMA S, WAKELIN K. Regional underdevelopment: Is FDI the solution? A semiparametric analysis [J]. Social Science Electronic Publishing, 2001, 100 (3): 425－462.

[34] GLEADLE P, PARRIS S, Shipman A, et al. Restructuring and innovation in pharmaceuticals and biotechs: The impact of financialisation [J]. Critical Perspectives on Accounting, 2014, 25 (1): 67－77.

[35] GRILICHES Z, PAKES A. Patent and R&D at the firm level: a first report [J]. Economics Letters, 1984, 5 (4): 55－72.

[36] GUL F A, KIM J B, QIU A. Ownership concentration, foreign shareholding, audit quality, and stock price synchronicity: Evidence from China [J]. Journal of Financial Economics, 2010, 95 (3): 425－442.

[37] HANSEN B E. Threshold effects in non-dynamic panels: Estimation, testing, and inference [J]. Journal of Econometrics, 1999 (93): 345－368.

[38] HIRSCHMAN A O. The strategy of economic development [M]. New Haven: Yale University Press, 1966.

[39] HSU P H, TIAN X, XU Y. Financial development and innovation: Cross-country evidence [J]. Journal of Financial Economics, 2014, 112 (1) : 116－135.

[40] HUANG Y P. Understanding China's belt & road initiative: motivation, framework and assessment [J]. China Economic Review, 2016 (40): 314－321.

[41] JENSEN M C, MECKLING W H. Theory of the firm: managerial behavior, agency costs and ownership structure [J]. Journal of Financial Economics, 1976, 3 (4): 305－360.

[42] JEONG H, TOWSEND R M. Sources of TFP growth: occupational choice and financial deepening [J]. Economic Theory, 2007, 32 (1): 179－221.

[43] JETTER M, PARMETER C F. Trade openness and bigger governments: The role of country size revisited [J]. European Journal of Political Economy, 2015 (37): 49－63.

[44] JONDROW J, LOVELL C A K, MATEROV I S, et al. On the estimation of technical inefficiency in the stochastic frontier production function model [J]. Journal of Econometrics, 1982, 19 (2－3): 233－238.

[45] KHAN S, KHAN D. An empirical analysis of Pakidtan's bilateral trade: A gravity model approach [J]. Romanian Econmic Journal, 2013, 16 (48): 103－120.

[46] KHAN S, NANDA P. Indian export potential to other SAAPC countries: A gravity model analysis [J]. Journal of Global Economy, 2010, 6 (3): 167－184.

[47] KIM S, ROUBINI N. Twin deficit or twin divergence? fiscal policy, current account, and real exchange rate in the U. S [J]. Journal of International Economics, 2008, 74 (2): 362－383.

[48] KUMBHAKAR S C, PARMETER C F. The effects of match uncertainty and bargaining on labor market outcomes: Evidence from firm and worker specific estimates [J]. Journal of Productivity Analysis, 2009, 31 (1): 1—14.

[49] KUMNOF M, LAXTON D. Fiscaldeficits and current account deficits [J]. Journal of Economic Dynamics and Control, 2013, 37 (10): 2062—2082.

[50] KUOSMANEN T. Stochastic nonparametric envelopment of data: Combining virtues of SFA and DEA in a unified framework [J]. Discussion Papers, 2006 (3): 7—14.

[51] KUOSMANEN T. Stochastic semi-nonparametric frontier estimation of electricity distribution networks: Application of the StoNED method in the finnish regulatory model [J]. Energy Economics, 2012, 34 (6): 2189—2199.

[52] KUOSMANEN T, KORTELAINEN M. Stochastic nonparametric envelopment of data: Cross-sectional frontier estimation subject to shape constraints [J]. Social Science Electronic Publishing, 2007, 38 (1): 11—28.

[53] KUOSMANEN T, KORTELAINEN M. Stochastic non-smooth envelopment of data: Semi-parametric frontier estimation subject to shape constraints [J]. Journal of Productivity Analysis, 2012, 38 (1): 11—28.

[54] LI J, MYERS S. R^2 around the world: New theory and new tests [J]. Journal of Financial Economics, 2006, 79 (2): 257—292.

[55] LI S, BROCKMAN P, ZURBRUEGG R. Cross-listing, firm-specific information, and corporate governance: Evidence from Chinese A-shares and H-shares [J]. Journal of Corporate Finance, 2015 (32): 347—362.

[56] LOEFFLER A. Reserve requirements and real exchange rate misalignments in emerging market economies [J]. Review of Development Economics, 2015, 19 (3): 516—530.

[57] LUCAS G. The marketing—R&D interface: Do personality factors have an impact? [J]. Journal of Product Innovation Management, 1988, 5 (4): 257—268.

[58] MATYAS, LASZLO, SEVESTRE P. The econometrics of panel data volume 46 II stochastic frontier analysis and efficiency estimation [J]. Advanced Studies in Theoretical and Applied Econometrics, 2008, 10 (21): 697—726.

[59] MORCK R, YEUNG B, YU W. The information content of stock markets: Why do emerging markets have synchronous stock price movements? [J]. Harvard Institute of Economic Research Working Papers, 1999, 58 (1): 215—260.

[60] MYERS S C, MAJLUF N S. Corporate financing and investment decisions when firms have information that investors do not have [R]. Working Paper, 2001.

[61] NILSSON L. Trade integration and the EU economic membership criteria [J]. European Journal of Political Economy, 2000, 16 (4): 807—827.

[62] NURKES, RAGNAT. Conditions of international monetary equilibrium, in American economics association, 1950 [J]. Reading in the Theory of International Trade, 1945 (1): 3—34.

[63] OLESEN O B, PETERSEN N C. Stochastic data envelopment analysis-A review [J]. European Journal of Operational Research, 2015, 251 (1): 2—21.

［64］ PIOTROSKI J D, ROULSTONE D T. The influence of analysts, institutional investors, and insiders on the incorporation of market, industry, and firm-specific information into stock prices ［J］. The Accounting Review, 2004, 79 (4): 1119—1151.

［65］ POLACHEK S W, YOON B J. A Two-tiered earnings frontier estimation of employer and employee information in the labor market ［J］. Review of Economics & Statistics, 1987, 69 (2): 296—302.

［66］ POLACHEK S W, YOON B J. Panel estimates of a two-tiered earnings frontier ［J］. Journal of Applied Econometrics, 1996, 11 (2): 169—178.

［67］ POTTER M E. Competitive strategy: techniques for analyzing industries and competitors ［M］. New York: The Free Press, 1980.

［68］ POYHONEN P A. Tentative model for the volume of trade betweencountries ［J］. Weltwirtschaftliches Archive, 1963 (90): 93—100.

［69］ RAM R. Openness, country size, and government size: Additional evidence from a large cross-country panel ［J］. Journal of Public Economics, 2009, 93 (1): 213—218.

［70］ RANA H, DINA R. Real exchange rate assessment in egypt: Equilibrium and misalignments ［J］. Journal of Economics and International Finance, 2015, 7 (4): 80—97.

［71］ RICHARDSON S. Over-investment of free cash flow ［J］. Review of Accounting Studies, 2006, 11 (2—3): 159—189.

［72］ RODRIK D. Why do more open economies have bigger governments? ［J］. Journal of Political Economy, 1998, 106 (5): 997—1032.

［73］ ROLL R. R^2 ［J］. Journal of Finance, 1988, 43 (2): 541—566.

［74］ ROMER P. Increasing returns and long-run growth ［J］. Journal of Political Economy, 1986, 94 (5): 1002—1037.

［75］ ROPERTO J D, EDGARDO C. Philippine export efficiency and potential: an application of stochastic frontier gravity model ［J］. MPRA Paper No. 53580. https: // mpra. ub. uni-muenchen. de/53580/.

［76］ SAADAOUI, JAMEL. Global imbalances: Should we use fundamental equilibrium exchange rates? ［J］. Economic Modelling, 2015: 383—398.

［77］ SALLENAVE A. Real exchange rate misalignments and economic performance for the G20 countries ［J］. International Economics, 2010, 121 (13): 59—80.

［78］ SCHNATZ B. Global imbalances and the pretence of knowing fundamental equilibrium exchange rates ［J］. Pacific Economic Review, 2011, 16 (5): 604—615.

［79］ SOLOW R M. Technical change and the aggregate production function ［J］. The Review of Economics and Statistics, 1957, 39 (3): 35—38.

［80］ SVEDIN D, JESPER, et al. Impacts of foreign direct investment on efficiency in Swedish manufacturing ［J］. Springerplus, 2016.

［81］ TAYLOR J, WREN C. UK regional policy: An evaluation ［J］. Regional Studies, 1997, 31 (9): 835—848.

［82］ TINBERGEN J. Shaping the world economy: suggestion for an international economy policy ［M］. New York: The Twentieth Century Fund, 1962: 34—45.

[83] TUCCI A. Trade, foreign networks and performance: a firm-level analysis for India [J]. Development Working Papers, 2005.

[84] WOLFF E N, ZACHARIAS A. The distributional consequences of government spending and taxation in the U. S. , 1989 and 2000 [J]. Review and Income and Wealth, 2007, 53 (4): 53—62.

[85] WU X, PERLOFF J M, GOLAN A. Effects of government policies on urban and rural income inequality [J]. Review of Income and Wealth, 2006, 52 (2): 213—235.

[86] YANG S F, CHEN K M, HUANG T H. Outward foreign direct investment and technical efficiency: Evidence from Taiwan's manufacturing firms [J]. Journal of Asian Economics, 2013 (27): 7—17.

[87] ZAKARIA M, FIDA B A. Trade openness and income inequality in China and the SAARC region [J]. Asian-Pacific Economic Literature, 2016, 30 (2): 33—44.